FAÇON DE PARLER!

Angela Aries &
Dominique Debney

eadway · Hodder & Stoughton

Acknowledgments

The authors and publishers wish to thank the following for their contributions to this book: Anne Sylvestre for permission to reproduce the words and music of 'Cécile et Céline' from her album *Fabulettes en Couleurs* (Référence 133037, Production: Anne Sylvestre, Distribution: WEA Filipacchi); J. Allan Cash for two of the photos on page 18; and Keith Gibson for the photos on page 38.

Illustrations by John Plumb

British Library Cataloguing in Publication Data

Aries, A. & Debney, D.
  Façon de parler!
  I. Title
  152.1'.4   QP475
  ISBN 0 340 26301 6

First published 1986
Eleventh impression 1992

Photoset in Linotron Gill and Palatino by
Rowland Phototypesetting Ltd, Bury St Edmunds, Suffolk.

Printed in Great Britain for
Hodder and Stoughton Educational,
a division of Hodder and Stoughton Ltd,
Mill Road, Dunton Green, Sevenoaks, Kent
by Clays Ltd, St Ives plc.

Contents

Introduction

Façon de Parler! is a course in two volumes for adult beginners and 'false' beginners wishing to reach GCSE standard. It is suitable both for students who wish to communicate easily in French when they travel in French-speaking countries, and for those wanting to concentrate on examinations. It contains many useful situational dialogues for the tourist and the businessman, as well as giving information about France and some of its most attractive regions, such as Brittany, Alsace, Corsica and even Martinique. A lot of varied exercises are included, plus a 'check your progress' page (*Faites le Point!*) every three units, and some activities (*A Vous!* and *Et Vous!*) specially devised for class use. Materials specifically for examination purposes are concentrated in the latter part of the second volume, although there is much useful practice throughout the two books. The comprehensive reference section includes notes on the alphabet and pronunciation, clear and thorough grammar explanations, plus a French–English and English–French vocabulary.

The course can be used either as a classroom textbook, or by the student working alone. The latter will find the final section (the *Study Guide*) most helpful as it gives:

– the answers to the *Avez-vous compris?* which is generally a series of questions on the presentation material;
– the key to all the *Exercises*, including suggested answers to the open-ended ones, and to the *Reading* and *Picture Comprehensions*;
– the key to the regular revision tests (*Faites le Point!*) and to the *General Revision Test* at the end of the book; and
– the answers to the *Listening Comprehensions* and their transcripts.

Where appropriate, teachers will also find some suggestions under the heading *For Extra Practice* . . ., and some *Dictations* every three or four units.

In addition, there are cassette tapes which form an integral part of the course, giving a brief guide to pronunciation, the scenes of dialogues and interviews from the book, and the texts of the listening comprehensions.

An accompanying cassette set is available through your usual bookseller. You should quote the following reference:

0 340 55319 7

Première unité

A group of tourists on a package holiday in Paris are waiting for their guide in the hotel lounge . . .

Qui est-ce ?

Je ne sais pas !

Mesdames, mesdemoiselles, messieurs, bonjour et bienvenue à Paris ! Je suis le guide de Tourama. Je m'appelle Guillaume Lejeune.

Et vous, comment vous appelez-vous, mademoiselle ?

Je m'appelle Jeanne Chouan.

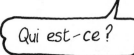

Et vous, mademoiselle ?

Je m'appelle Sylvie Clément.

Et vous, monsieur ?

Je m'appelle Henri Boivin.

Et vous, madame ?

Je m'appelle Claire Ouate.

Comment vous appelez-vous?

Moi, je suis parisien. Et vous ?

Je suis vendéenne.

Moi, je suis provençale.

Je suis bourguignon.

Nous sommes bretons.

Nous, nous sommes martiniquais.

Je suis normande.

Nous sommes corses.

Nous sommes alsaciens.

Alors, nous sommes tous français!

Et vous ?

Vous êtes anglais, irlandais, écossais, gallois, allemand, espagnol, indien?

Quelle est votre nationalité?

Guillaume: Moi, je suis de Paris. Et vous Jeanne?
Jeanne: Je suis de Luçon, en Vendée.
Guillaume: Et vous Sylvie, vous êtes de Cannes?
Sylvie: Non, je ne suis pas de Cannes, je suis de Grasse.
Guillaume: Lucien et Josée, vous êtes de Fort-de-France?
Lucien et Josée: Oui, nous sommes de Fort-de-France.
Guillaume: Antoine et Dominique, vous êtes de Bastia?
Antoine et Dominique: Non, nous ne sommes pas de Bastia, nous sommes d'Ajaccio.

A vous!

Fill in the gaps:

Guillaume: Vous êtes de Dijon, Henri?
Henri: Non, _Je ne suis pas Dijon_, je suis de Nuits-St. Georges.
Guillaume: Claire, vous êtes de Caen?
Claire: Non, _Je ne suis pas Caen_, je suis de Rouen.
Guillaume: Marie et François, vous êtes de Strasbourg?
Marie et François: Oui, _nous sommes de Strasbourg_
Guillaume: Annick et Yves, vous êtes de Rennes?
Annick et Yves: Non, _nous sommes pas de Rennes_, nous sommes de Quimper.

Et vous?

D'où êtes-vous?
Vous êtes de Londres? De Rome?

Our tourists do not know one another very well yet. They keep asking Guillaume, the guide, for his help.

And how well do you know famous people?

Napoléon

Elisabeth Ire

Beethoven

– Qui est-ce?
– C'est Napoléon.
– Il est français?
– Oui, il est français.

– Qui est-ce?
– C'est la reine Elisabeth Ire.
– Elle est française?
– Non, elle n'est pas française, elle est anglaise.

– Qui est-ce?
– C'est Beethoven.
– Est-ce qu'il est suisse?
– Non, il n'est pas suisse, il est allemand.

A vous!

Velasquez

– Qui est-ce?
– *C'est Velasquez*
– Est-ce qu'il est allemand?
– *Non, il n'est pas allemand*, il est espagnol.

Marie Stuart

– Qui est-ce?
– *C'est Marie Stuart*
– Est-ce qu'elle est espagnole?
– *Non, elle n'est pas espagnole*, elle est écossaise.

Florence Nightingale

– Qui est-ce?
– *C'est Florence Nightingale*
– Est-ce qu'elle est américaine?
– *Non, elle est anglaise*

Guillaume Tell

– Qui est-ce?
– *C'est Guillaume Tell*
– Est-ce qu'il est hollandais?
– *Non, il n'est pas hollandais il est suisse*

Jeanne d'Arc

– Qui est-ce?
– *C'est Jeanne d'Arc*
– Est-ce qu'elle est irlandaise?
– *Non, elle n'est pas irlandaise elle est française*

BIP BIP

– Qui est-ce?
– *C'est Bip Bip*
– Est-ce qu'il est martien?
– Peut-être!

Pierre et
Marie Curie

– Qui est-ce?
– C'est Pierre et Marie Curie.
– Est-ce qu'ils sont français?
– Oui, ils sont français.

Charlotte et
Emily Brontë

– Qui est-ce?
– C'est Charlotte et Emily Brontë.
– Est-ce qu'elles sont françaises?
– Non, elles ne sont pas françaises,
  elles sont anglaises.

A vous!

Lénine   Staline

– Qui est-ce?
Ce sont Lénine et Staline
– Est-ce qu'ils sont chinois? *chinois*
–Non, ils ne sont pas, ils sont russes.

Don Quichotte
et Sancho Pança

– Qui est-ce?
Ce sont Don Quichotte et Sancho Pança
– Est-ce qu'ils sont italiens?
–Non, il ne sont pas italiens
il sont espagnol

– Qui est-ce?
Ce sont Laurel et Hardy
– Est-ce qu'ils sont suisses?
–Non ils ne sont pas
suisses, ils sont américains

Laurel et Hardy

Jane Austen et
George Eliot

– Qui est-ce?
Ce, elles sont Jane Austen et George Eliot
– Est-ce qu'elles sont allemandes?
–Non, elles ne sont pas allemandes,
elles sont anglaises

– Qui est-ce?
Ce sont Marie de Médicis
et Lucrèce Borgia
– Est-ce qu'elles sont américaines?
–Non, elles ne sont pas améri-
elles sont italiennes

Marie de Médicis et Lucrèce Borgia

EXERCISES

Exercise A   Fill in the gaps:

Une touriste: Bonjour monsieur.
Le guide: Bonjour madame. Je ___*suis*___ le guide.

Une touriste: Ah! Vous _êtes_ de Paris?
Le guide: Oui, et _vous_?
Une touriste: Je suis _de_ Glasgow.
Le guide: Ah! Vous _êtes_ anglaise!
Une touriste: Non.
Le guide: Quelle est votre _nationalité_?
Une touriste: Je suis _écossaise_

Exercise B   Fill in the gaps:

Pierre: Bonjour Paul.
Paul: _Bonjour_ Pierre.
Pierre: Tu _es_ breton?
Paul: Oui.
Pierre: D'où es-tu?
Paul: _Je suis_ de Quimper. Et _toi_?
Pierre: _Moi_ aussi, je suis de Quimper!

Exercise C   Are they French?

example: L'amiral Nelson? Non, il n'est pas français, il est anglais.

1 Jeanne d'Arc?   2 Le commissaire Maigret?   3 Beethoven?   4 Lénine?
5 Claude Debussy?   6 Guillaume Tell?   7 La reine Elisabeth?
8 Georges Washington?   9 Edith Piaf?   10 Les Beatles?
11 Le général de Gaulle?   12 Joan Baez et Jane Fonda?   13 Le prince Charles?
14 Charles Aznavour?   15 Isabelle Huppert et Isabelle Adjani?

Exercise D   Fill in the gaps:

Annick et Yves: Bonjour.
Marie et François: Bonjour. _Comment_ vous appelez-vous?
Annick et Yves: Annick et Yves.
Marie et François: Vous _êtes_ normands?
Annick et Yves: Non, _nous sommes_ bretons.
Marie et François: _____ êtes-vous? De Rennes? X
Annick et Yves: Non, _nous sommes_ de Quimper. Et vous?
Marie et François: _Nous sommes_ alsaciens.

Exercise E   Fill in the gaps:

Sylvie: _Qui est-ce_ ?
Guillaume: C'est Henri.
Sylvie: Il est normand?
Guillaume: Non, il _n'_ est _pas_ normand, il est bourguignon.
Sylvie: Et François et Marie Muller, _ils_ _sont_ aussi bourguignons?
Guillaume: Ah non, ils _ne_ sont _pas_ bourguignons, ils sont alsaciens.
Sylvie: Et vous?
Guillaume: _____, je suis parisien.

See Grammar Section 1, 2, 4 (a)

Deuxième unité

As they are getting to know one another better, our tourists start asking more personal questions . . .

Et vous?

Quelle est votre situation de famille?

Et vous, Sylvie ?

Je suis ouvrière dans une usine de parfums.

Et moi, je suis pharmacien.

Moi, je suis fonctionnaire et Yves est pêcheur.

Et vous?

Quel est votre métier?

EXERCISES

Exercise A Jeanne Chouan has filled in her form for the package-tour company. Fill in the other one for yourself:

TOURAMA

Monsieur
Madame   NOM *CHOUAN*
Mademoiselle

Prénom(s) *Jeanne Chantal*
Nom de jeune fille ....../......
Date et lieu de naissance
17.08.61 à *Luçon (Vendée)*
Nationalité *Française*
Numéro de passeport ou de
carte d'identité *85-99.441*
Profession *Professeur*
Adresse *11 rue Victor Hugo*
85.400 Luçon
Date des vacances
Du *6.6.82* au *20.6.82*

TOURAMA

Monsieur
Madame   NOM *O'KEEFE*
Mademoiselle

Prénom(s) *HELENE MARIE*
Nom de jeune fille *SARAH*
Date et lieu de naissance
11.01.37 à *MELBOURNE, AUSTRALIE*
Nationalité *AUSTRALIE*
Numéro de passeport ou de
carte d'identité ....
Profession *ARTIST*
Adresse *APARTEMENT 1*
9 ROSARY JARDINS
Date des vacances
Du .... au ....

Exercise B Fill in the gaps:

1 Annigoni *est* peintre.
2 Kiri te Kanawa et Joan Sutherland *sont* chanteuses.
3 Graham Greene *est* écrivain.
4 Peter Maxwell Davies *est* compositeur de musique.
5 Roger Moore et Sean Connery *sont* acteurs de cinéma.
6 Jane Fonda *est* actrice de cinéma.

Exercise C Test your knowledge in our *métier/nationalité* quiz:

1 Neil Armstrong et John Glenn sont (a) chanteurs (b) astronautes (c) acteurs.
  Ils sont (a) américains (b) espagnols (c) russes.
2 Sophia Loren et Gina Lollobrigida sont (a) actrices (b) chanteuses (c) danseuses.
  Elles sont (a) suisses (b) françaises (c) italiennes.
3 Diana Ross et Grace Bumbry sont (a) actrices (b) peintres (c) chanteuses.
  Elles sont (a) américaines (b) anglaises (c) hollandaises.
4 Lord Snowdon et David Bailey sont (a) peintres (b) photographes (c) écrivains.
  Ils sont (a) belges (b) allemands (c) anglais.
5 Charles Aznavour et Barbara sont (a) chanteurs (b) peintres (c) danseurs.
  Ils sont (a) irlandais (b) écossais (c) français.

6 Richard Rodney Bennett et Andrew Lloyd Webber sont (a) photographes (b) astronautes (c) compositeurs de musique.
   Ils sont (a) britanniques (b) bretons (c) belges.
7 Jean-Paul Belmondo et Catherine Deneuve sont (a) chanteurs (b) acteurs (c) danseurs.
   Ils sont (a) gallois (b) suisses (c) français.
8 Rudolf Nureev et Galina Samsova sont (a) danseurs (b) acteurs (c) compositeurs de musique.
   Ils sont (a) russes (b) polonais (c) espagnols.

Exercise D Answer according to the cues given:

example: You are from Reading, on holiday in France to visit Claire, your fiancée.
         Your name is Peter.
– Comment vous appelez-vous? Je m'appelle Peter.
– Est-ce que vous êtes français? Non, je ne suis pas français, je suis anglais.
– Est-ce que vous êtes marié? Non, je ne suis pas marié, je suis fiancé.

1 You are a fisherman from Florida. Your wife is Chinese. Your name is Brown.
   – Comment vous appelez-vous? *Je m'appelle Brown*
   – Est-ce que vous êtes canadien? *Non, je suis Américain .*
   – Est-ce que vous êtes célibataire? *Non, je suis marié.*
   – Est-ce que madame Brown est aussi américaine? *Non, elle est chinois*
   – Est-ce que vous êtes professeur? *Non, je ne suis pas professeur, je suis pêcheur*

2 You are on honeymoon in Paris. You and your husband come from Leningrad. You are a nurse. Your name is Tania.
   – Comment vous appelez-vous? *Je m'appelle Tania .*
   – Est-ce que vous êtes française? *Non, je suis russe*
   – Est-ce que vous êtes de Moscou? *Non, nous sommes de Leningrad*
   – Est-ce que vous êtes mariée? *Oui, nous sommes mariés*
   – Est-ce que vous êtes secrétaire? *Non, je suis ingénieur .*

3 You and your husband were born in Bombay. You are both teachers. You both answer the questions (use *nous*).
   – Est-ce que vous êtes indiens? *Oui, nous sommes indiens Bombay*
   – Est-ce que vous êtes de Calcutta? *Non, nous sommes de Calcutta .*
   – Est-ce que vous êtes fiancés? *Non, nous sommes mariés .*
   – Est-ce que vous êtes ingénieurs? *Non, nous sommes professeur*

4 You are Antoine. A small child asks you some questions.
   – Est-ce que tu es d'Ajaccio?
   – Est-ce que tu es étudiant? *Non, je suis artiste peintre*
   – Est-ce que tu es fiancé? *Non, je suis divorcé*

5 Your parents are Welsh. They come from Cardigan. They are both writers. Their name is Evans.
   – Monsieur et madame Evans sont écossais? *Non, ils sont gallois welsh*
   – Est-ce qu'ils sont de Cardiff? *Non, il sont de Cardigan*
   – Est-ce qu'ils sont peintres? *Non, il sont écrivains*

6 Your fiancée's name is Paula. She is German and comes from Berlin. She is a
singer.
  – Est-ce que Paula est autrichienne? *Non, elle est allemande.*
  – Est-ce qu'elle est de Munich? *Non, elle est de Berlin.*
  – Est-ce qu'elle est danseuse? *Non, elle est chanteuse*

Listening Comprehension

**Listen carefully to the five dialogues on Cassette 1.
Answer the questions after each one, in English.
You will hear each dialogue twice.**

1 Who are the two people talking?
  What are they talking about?

2 What do these two people wish to know?
  What are the answers?

3 What does the first person try to find out?
  What answer do they get?

4 Have these two people the same marital status?
  What detail do we learn about the second one?

5 What are these men talking about?
  What do we find out?

See Grammar Section 12 (a) (b) (e).

Troisième unité

The tourists are waiting for the coach to go on a tour of Paris.

Guillaume: Voici la place de l'Etoile, maintenant appelée place Charles de Gaulle, avec l'Arc de Triomphe et les douze grandes avenues. Nous sommes maintenant avenue Kléber

. . . voilà le palais de Chaillot.
Claire: Qu'est-ce que c'est?
Guillaume: C'est un centre culturel, avec des musées, un théâtre et une cinémathèque. Voici la Seine, la

rivière de Paris. Nous sommes sur le pont d'Iéna.

Henri: Regardez, un bateau mouche!

Guillaume: Oui, et voilà la célèbre tour Eiffel . . . A droite, ce sont les Invalides . . .

Claire: Qu'est-ce que c'est?

Guillaume: A l'origine, un hôpital pour les soldats, aujourd'hui, le musée de l'Armée . . .

Henri: Il y a aussi le tombeau de Napoléon, n'est-ce pas?

Guillaume: Oui, c'est vrai . . . Nous arrivons à Saint Germain-des-Prés.

Claire: Qu'est-ce que c'est?

Guillaume: Une église . . . Et voilà le quartier Latin, le quartier des étudiants . . . Nous sommes maintenant dans l'île de la Cité, le cœur de Paris. A gauche vous voyez la cathédrale de Notre-Dame . . . Nous voici place de l'Hôtel-de-Ville . . .

Henri: Est-ce que le centre Pompidou est par ici?

Guillaume: C'est exact. Allons le voir. C'est un bâtiment très intéressant, et il y a souvent un spectacle sur l'esplanade.

Claire: Quoi par exemple?

Guillaume: Des jongleurs, des chanteurs . . .

Claire: Oh, allons-y, allons-y!

Avez-vous compris?

1 What is the name of the square in which the Arc de Triomphe stands?
2 What can be found in the palais de Chaillot?
3 What river flows through Paris?
4 What is 'les Invalides'?
5 What is the heart of Paris, and what can be found there?
6 Why does Guillaume advise the tourists to go and see the Pompidou centre?

– Qu'est-ce que c'est?
– C'est l'Arc de Triomphe.
– Est-ce que c'est un palais?
– Non, c'est un monument.

– Qu'est-ce que c'est?
– C'est le palais de Chaillot.
– Est-ce que c'est un quartier?
– Non, c'est un centre culturel.

A vous!

La tour Eiffel

– Qu'est-ce que c'est?
– _____
– Est-ce que c'est une statue?
– _____

L'hôtel des Invalides

– Qu'est-ce que c'est?
– _____
– Est-ce que c'est une église?
– _____

Saint Germain-des-Prés

– Qu'est-ce que c'est?
– _____
– Est-ce que c'est un hôpital?
– _____

Le Centre Pompidou

– Qu'est-ce que c'est?
– _____
– Est-ce que c'est une tour?
– _____

After their walk to the Pompidou centre, the coach tour continues . . .

Guillaume: Nous sommes maintenant à Montmartre, dans le nord de Paris . . . Voilà le Sacré-Cœur.

Claire: Qu'est-ce que c'est?

Guillaume: C'est une église, une basilique exactement.

Henri: Et la place du Tertre, c'est aussi à Montmartre?

Guillaume: Oui, c'est aussi à Montmartre, là-haut!

Henri: C'est une place avec des artistes, des peintres, n'est-ce pas?

Guillaume: Oui, c'est ça . . . Ah voici les grands boulevards. Voilà le Printemps, les Galeries Lafayette . . .

Claire: Qu'est-ce que c'est?

Guillaume: Ce sont des grands magasins . . . Voici l'église Saint Augustin . . . La Madeleine . . . C'est aussi une église, de style grec . . . Et voilà l'Opéra de Paris . . . Nous sommes maintenant au Palais-Royal. Voici la Comédie-Française.

Claire: Qu'est-ce que c'est?

Guillaume: C'est un théâtre . . . Et voici le Louvre, un palais converti en musée . . . Voici le jardin des Tuileries . . . Et voilà la place de la Concorde. Zut! il y a un embouteillage!

Claire: Oh, qu'est-ce qu'il y a au milieu?

Guillaume: C'est un obélisque égyptien, l'obélisque de Louqsor.

Henri: Mais qu'est-ce qu'il y a? Une cérémonie? Une manifestation?

Guillaume: Non, seulement un embouteillage! . . . Ah! nous sommes enfin aux Champs-Elysées, l'hôtel n'est plus loin.

Avez-vous compris?

1 In what part of Paris is Montmartre?
2 What is the place du Tertre famous for?
3 Name two famous department stores in Paris.
4 What is the Comédie–Française?
5 The Louvre is a famous museum, but what was it originally?
6 What is there in the middle of the Concorde square?
7 What delays the coach there?

– Qu'est-ce que c'est?
– C'est le Sacré-Cœur.
– Est-ce que c'est un musée?
– Non, ce n'est pas un musée,
  c'est une église.

– Qu'est-ce que c'est?
– C'est l'Opéra.
– Est-ce que l'Opéra et la
  Comédie–Française sont des
  grands magasins?
– Non, ce ne sont pas des
  grands magasins.

A vous!

La Concorde

– Qu'est-ce que c'est?
– _____
– Est-ce que c'est un pont?
– _____

Notre-Dame

– Qu'est-ce que c'est?
– _____
– Est-ce que Notre-Dame et la
  Madeleine sont des théâtres?
– _____

Le Louvre

– Qu'est-ce que c'est?
– _____
– Est-ce que le Louvre et les
  Invalides sont des églises?
– _____

When the tourists arrive back at their hotel, a prospective customer is making some enquiries at reception.

Réceptionniste: Bonjour monsieur.
Client: Bonjour madame. Il y a des chambres libres?
Réceptionniste: Oui monsieur.
Client: Il y a le téléphone dans les chambres?
Réceptionniste: Oui monsieur.
Client: Et est-ce qu'il y a la télévision?

Réceptionniste: Oui monsieur.
Client: Est-ce qu'il y a des chambres avec douche?
Réceptionniste: Naturellement monsieur. Il y a une chambre avec téléphone, télévision, douche et bidet au sixième étage.
Client: Il y a un ascenseur j'espère!
Réceptionniste: Bien sûr, monsieur!

A vous!

1 How would you ask in French:

If there are any vacancies?
If there is a telephone in the rooms?
If there is a television?

If there are rooms with showers?
If there is a lift?

2 What can you see in Jeanne's hotel room?
Qu'est-ce qu'il y a dans la chambre de Jeanne?

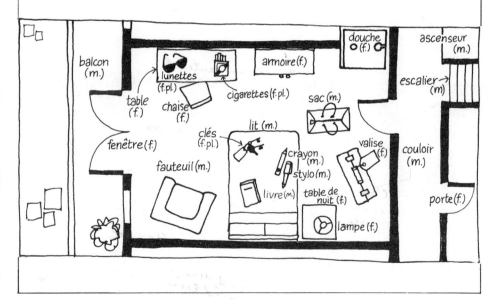

Et dans la classe, qu'est-ce qu'il y a?

EXERCISES

Exercise A **Fill in the gaps using the correct articles:**

example: **Le** Louvre est **un** palais converti en musée.

1 ___L'___ Arc de Triomphe est place Charles de Gaulle.
2 ___Le___ Palais de Chaillot est ___une___ centre culturel avec ___des___ musées ___La___ théâtre et ___la___ cinémathèque.
3 ___L'___ île de la Cité est ___le___ cœur de Paris.
4 ___Le___ Palais de Chaillot et ___le___ Centre Pompidou sont ___des / les___ centres culturels.
5 ___Le___ Printemps et ___les___ Galeries Lafayette sont ___les___ grands magasins.
6 Il y a ___les___ artistes place du Tertre.
7 ___La___ Madeleine est ___l'___ église de style grec.
8 ___L'___ obélisque de Louqsor est place de la Concorde.
9 Il y a ___l'___ embouteillage place de la Concorde.
10 ___Le___ hôtel n'est plus loin.

Exercise B **QU'EST-CE QUE C'EST?**

1 C'est un ...*stylo* 2 Ce sont des *lunettes* 3 C'est une *clé*

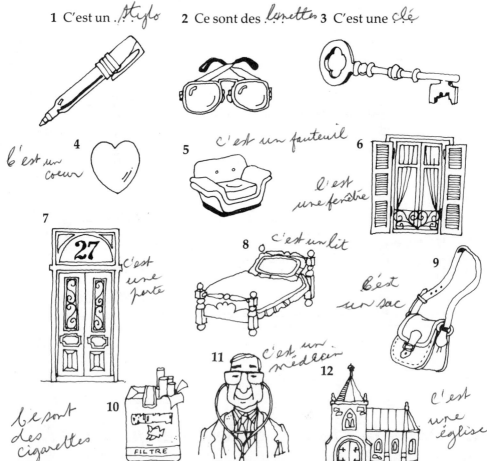

4 *C'est un cœur*
5 *C'est un fauteuil*
6 *C'est une fenêtre*
7 *C'est une porte*
8 *C'est un lit*
9 *C'est un sac*
10 *Ce sont des cigarettes*
11 *C'est un médecin*
12 *C'est une église*

Exercise C EST-CE QUE C'EST . . .

1 un balcon?
non, ce n'est pas *un balcon* C'est pas *Non Oui* *Non, cela n'est* *Non, ce n'est*
C'est une magazine *une clé.* *pas un fauteuil* *pas un car. C'est*
c'est des lunettes *C'est une table* *un bateau.*

2 une clé?

3 un fauteuil?

4 un car?

5 une statue?

7 un dictionnaire?
Oui. C'est un
dictionnaire.

8 une secrétaire?

n, ce n'est pas
statue. C'est
n crayon.

6 un guide? *Non, ce n'est pas*
un guide. C'est un touriste.

Non, ce n'est pas
une secretaire. C'est
une infirmière

12 un stylo?

9 une chaise?

11 une armoire?

on, ce n'est pas une 10 un jardin? *Non, ce* *Non, ce n'est* *Non, ce n'est*
ise. C'est un fauteuil. *n'est pas un jardin,* *pas une* *pas un stylo.*
C'est une chemin *armoira.* *C'est une*
de train. rivière. C'est une douche. *cigarette.*

Exercise D Ask the questions with QUI EST-CE? or QU'EST-CE QUE C'EST?:

1 *Qu'est - ce que c'est* ? C'est Napoléon.
2 *Qu'est - ce que c'est* ? C'est la princesse Anne.
3 *Qu'est - ce que c'est* ? C'est l'Arc de Triomphe.
4 *Qu'est-ce que c'est* ? C'est le président de la République.
5 *Qu'est - ce que c'est* ? Ce sont des livres.
6 *Qu'est - ce que c'est* ? C'est le centre Georges Pompidou.
7 *Qu'est - ce que c'est* ? C'est le guide.
8 *Qu'est-ce que c'est* ? C'est un bateau mouche.
9 *Qu'est ce que c'est* ? C'est la Seine.
10 *Qu'est ce que c'est* ? C'est le roi Louis XIV.

See Grammar Section 3 (a) (b), 9 (a) (b)

FAITES LE POINT! – UNITES 1–3

1 Fill in the gaps:

a Dominique et Antoine ne *sommes* pas ingénieurs, ils *sont* cuisiniers.

b Nous *sommes* fiancés, nous ne *sommes* pas mariés.

c Vous *êtes* français? Non, je ne *suis* pas français, je *suis* anglais.

d 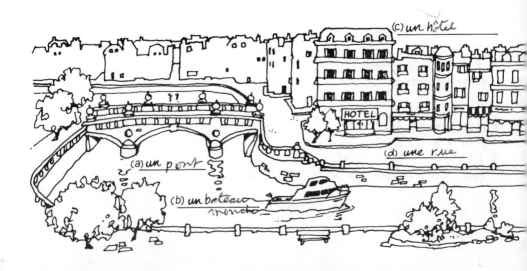 Qui est-ce? *C'est* Josée.
Est-ce qu'elle est professeur? Non, elle *n'est pas* professeur,
elle est *ménagère et aussi secrétaire de Lucien.*

e *Qui est ce?* C'est Henri.
Et Vous vous êtes veuf? Non, il *n'est pas* veuf, il *sont* divorcé.
Henri et il veuf

2 Choose the correct answer:

a Sylvie est fonctionnaire dans une usine de parfums.
  infirmière
  ouvrière

b Annick et Yves sont de Quimper. Ils sont bretons.
  alsaciens.
  corses.

c Quelle est votre nationalité?
  Quelle est votre situation de famille? Je suis veuf.
  Quel est votre métier?

d Comment vous appelez-vous? Je suis Jeanne.
  Je suis professeur.
  Je m'appelle Jeanne.

e Je ne suis pas marié, je suis célibataire.
  fonctionnaire.
  allemand.

3 What can you see in the picture? Fill in the gaps:

(c) *un hôtel*

(a) *un pont*

(b) *un bateau mouche*

(d) *une rue*

**4 Here is an area of the Etoile hotel.
Fill in the gaps:**

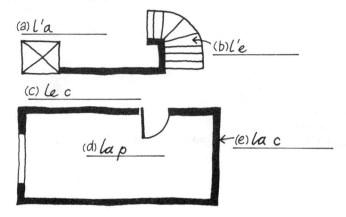

(a) L'a _____

(b) L'e _____

(c) le c _____

(d) la p _____

(e) la c _____

**5 Here is a bedroom of the Etoile
hotel. Fill in the gaps:**

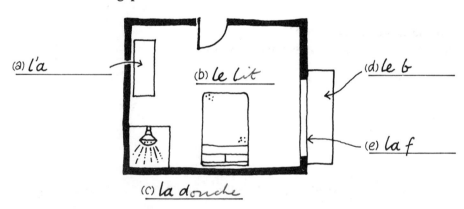

(a) l'a _____

(b) le lit

(c) la douche

(d) le b _____

(e) la f _____

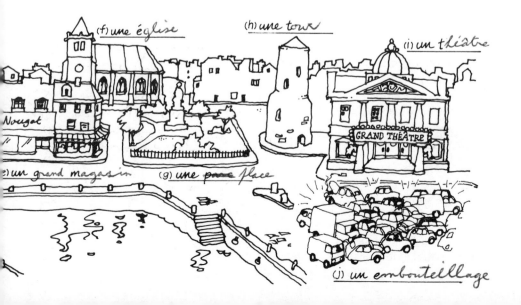

(f) une église

(h) une tour

(i) un théâtre

(e) un grand magasin

(g) une place

(j) un embouteillage

Quatrième unité

Later that evening Guillaume is chatting to the tourists over a drink.

– Claire a deux enfants, un appartement et une voiture.
– Elle a des enfants.
– Est-ce qu'elle a une bicyclette?
– Non, elle n'a pas de bicyclette, elle a une voiture.

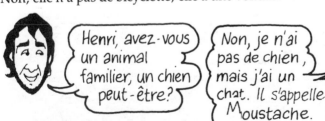

– Henri n'a pas de chien, il a un chat.
– Est-ce qu'il a des poissons rouges?
– Non, il n'a pas de poissons rouges. Il a un chat.

– Jeanne a une voiture. Elle a une voiture.
– Est-ce qu'elle a aussi un garage?
– Non, elle n'a pas de garage. Elle a seulement une voiture.

– Est-ce que Marie et François ont une maison?
– Non, ils n'ont pas de maison, ils ont un appartement.

– Jeanne et Annick ont-elles des enfants? ⬸
– Non, elles n'ont pas d'enfants. ⬸

– Est-ce qu'Antoine et Dominique ont des amis à Paris?
– Non, ils n'ont pas d'amis à Paris. Ils ont des amis à Nice.

A vous

Antoine, as-tu une moto?

Non, je n'ai pas de moto. J'ai une Mobylette.

– Antoine a-t-il une moto?
– Non, il *n'a pas de moto*,
il a une Mobylette.

Yves, as-tu un tracteur?

Non, je n'ai pas de tracteur. J'ai un bateau de pêche.

– Yves a-t-il un tracteur?
– Non, il *n'a pas de tracteur.*
Il a un bateau de pêche.

Et vous, Guillaume, avez-vous un camion?

Non, moi j'ai seulement un vélo...et quelquefois un car!

– Guillaume a-t-il un car?
– Il *a seulement un vélo et*
quelquefois un car.

Lucien et Josée, avez-vous des enfants?

Oui, nous avons deux enfants.

– Lucien et Josée ont-ils des enfants?
– *ils ont deux enfants*

Et vous

Avez-vous des enfants? Des animaux? Une voiture? Etc. . .

AU POLE NORD . . .

J'ai froid.

A LA MARTINIQUE . . .

J'ai chaud.

AU RESTAURANT . . .

Vous avez faim ?

Oui, nous avons faim.

A LA CUISINE . . .

Il a soif.

EAU POTABLE

AU CASINO . . .

Vous avez de la chance!

A L'ECOLE . . .

2+2 = 3   2+2=4

Non, tu as tort.   Oui, tu as raison.

A LA MAISON . . .

J'ai peur!

A LA MAISON

Il a sommeil !

A vous!

'Vous avez de la chance!' – 'Non, je n'ai pas de chance'.
'Vous avez sommeil?' – 'Non, je n'ai pas sommeil'.

1 Deny the following in the same way:

'Vous avez peur!'
'Vous avez chaud?'

2 How would you say in French: 'I'm cold, I'm hungry and I'm thirsty.'

3 And how would you tell a close friend: 'I'm right and you're wrong!'

Au cabaret 'La plume de ma tante', il y a combien de plumes?

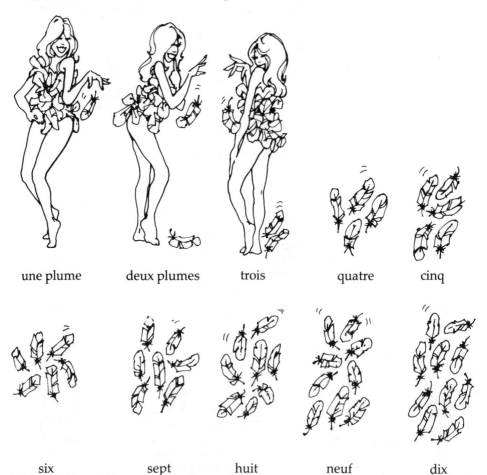

| une plume | deux plumes | trois | quatre | cinq |

| six | sept | huit | neuf | dix |

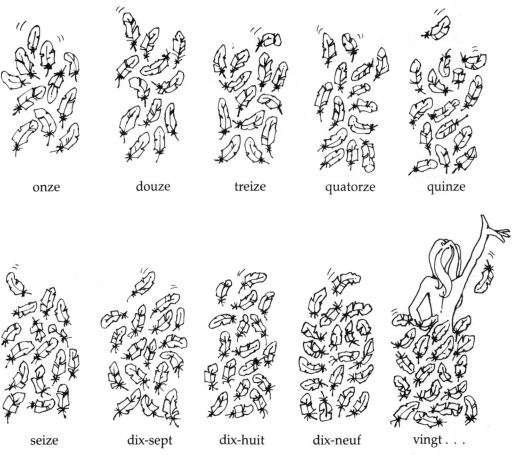

onze   douze   treize   quatorze   quinze

seize   dix-sept   dix-huit   dix-neuf   vingt . . .

Il y a seulement vingt plumes!

A vous!

Read aloud:

example:	$2 + 3 = \ldots$	$20 - 2 = \ldots$
	deux plus trois égalent cinq	vingt moins deux égalent dix-huit
	$10 + 7 =$	$16 - 4 =$
	$4 + 5 =$	$20 - 6 =$
	$13 + 2 =$	$19 - 3 =$
	$11 + 8 =$	$17 - 6 =$
example:	$2 \times 4 = \ldots$	$20 \div 2 = \ldots$
	deux fois quatre égalent huit	vingt divisé par deux égalent dix
	$3 \times 6 =$	$16 \div 4 =$
	$4 \times 4 =$	$15 \div 5 =$
	$2 \times 10 =$	$14 \div 2 =$
	$5 \times 3 =$	$18 \div 3 =$

A vous!

Fill in the gaps:

1 Paul _____ onze ans.   2 Elisabeth _____ sept _____.
3 Quel âge _____ Paul et Elisabeth?   4 Quel âge
_____-vous?   5 Nous _____ onze ans et sept ans.
6 Moustache _____ six _____.   7 Quel âge _____-tu?
8 J'_____ quinze ans.   9 Quel _____ a Jeanne?   10 Je ne
_____ pas _____ âge elle _____!

EXERCISES

Exercise A   **Fill in the gaps with the correct form of AVOIR:**

1 J' __ai__ _____ un chien et un chat.
2 Vous __avez__ _____ quatre enfants.
3 Elle est fiancée, elle _____ __a__ _____ un fiancé.

4 Nous _avons_ une maison à Reading.
5 Ils _ont_ un appartement à Moscou.
6 Tu _as_ un vélo.
7 Elle _a_ un fils.
8 Nous _avons_ une voiture italienne.
9 Il y _a_ des touristes à Paris.
10 Vous _avez_ de la chance.

Exercise B   Interview your neighbour:

Prepare questions about his/her belongings, house, car, pets etc.

Exercise C   Provide the questions to the following answers:

example: Non, je n'ai pas de chien.
  Avez-vous un chien?

1 Oui, elle a une voiture. *A-t-elle une voiture? Est-ce qu'il y a*
2 Il y a vingt touristes. *Quel numéro des touristes?*
3 Non, je n'ai pas d'amis à Paris. *Avez-vous des amis à Paris?*
4 Il a quatorze ans. *Quel âge a-t-il?*
5 Oui, nous avons trois enfants. *Avez-vous des enfants?*
6 Non, nous avons seulement un appartement. *Avez-vous une maison?*
7 Oui, il y a un ascenseur. *Il y a un ascenseur?*
8 Non, ils n'ont pas de chat. *Ont-ils un chat?*
9 Elle a treize mois. *Quel âge a-t-elle?*
10 Non, je n'ai pas peur. *Avez-vous peur? Est-ce que vous avez peur*

Exercise D   Here is a dialogue taking place in a hotel. Fill in the gaps with the following vocabulary:

faim   seize   ascenseur   chance   désirez   soif
étage   il y a   clés   dix-sept

Réceptionniste: Bonjour messieurs–dames. Vous _désirez_
Client: Bonjour madame. _Il y a_ des chambres libres?
Réceptionniste: Oui monsieur.
Client: Nous sommes _seize._
Réceptionniste: Il y a seulement _dix-sept_ chambres!
Client: Ah, nous avons de la _chance,_ Paul et Paulette sont mariés! A quel
étage sont les chambres?
Réceptionniste: Il y a des chambres sur douze étages, mais il y a un _ascenseur_
Client: Ah, très bien. Nous avons _faim._ Est-ce qu'il y a un restaurant?
Réceptionniste: Oui monsieur.
Client: Et nous avons _soif_. Il y a un bar?
Réceptionniste: Oui monsieur, là. Et voici les _clés_.
Client: Merci madame.

See Grammar Section 4 (d)

Cinquième unité

After his first day in Paris, our cook Antoine dreams that he is having an unfortunate experience in a restaurant, with his brother Dominique and some of the other tourists of their group:

Jeanne: J'ai faim!

Sylvie: Moi aussi.

Dominique: Moi, j'ai très soif!

Antoine: Moi aussi.

Guillaume: Garçon, le menu s'il vous plaît!

Garçon: Voilà messieurs-dames.

Guillaume: Merci . . . Voyons . . . Hmm . . .

Sylvie: Moi, je voudrais de la soupe pour commencer. Vous avez de la soupe de tomates?

Garçon: Je suis désolé, il n'y a pas de soupe le midi.

Sylvie: Alors de la salade de tomates.

Garçon: Il n'y a pas de crudités aujourd'hui, mais il y a de la charcuterie.

Sylvie: Bon, alors du pâté de campagne.

Garçon: Bien, mademoiselle.

Guillaume: Pour moi aussi.

Antoine: Et pour moi, du saucisson à l'ail.

Dominique: Pour moi aussi.

Garçon: Oui, et pour mademoiselle?

Jeanne: Je ne sais pas . . . un œuf dur à la mayonnaise, peut-être.

Garçon: Très bien.

Avez-vous compris?

1 Who is hungry?
2 Who is thirsty?
3 What is not served at lunchtime?
4 Why can't Sylvie have tomato salad?
5 Who chooses garlic sausage?
6 What sort of egg does Jeanne ask for?

Garçon: Et ensuite?
Jeanne: Moi, je voudrais de la viande . . . un bifteck bien saignant avec des frites.
Garçon: Je suis désolé mademoiselle, il n'y a plus de bifteck.
Jeanne: Oh, quel dommage! Alors . . . voyons . . . du poulet rôti avec des frites.
Garçon: Il n'y a plus de frites non plus.
Jeanne: Est-ce que vous avez des légumes?
Garçon: Bien sûr! Aujourd'hui il y a de la ratatouille. Il y a aussi du riz.
Jeanne: Alors du poulet rôti et de la ratatouille.
Antoine: Moi, je voudrais du poisson. Vous avez du poisson aujourd'hui?
Garçon: Oui, mais seulement des sardines à l'huile.

Antoine: Non merci!
Garçon: Une omelette peut-être?
Antoine: Quelle bonne idée! Hm . . . Une omelette aux champignons.
Garçons: Désolé monsieur, il n'y a pas de champignons.
Antoine: Alors une omelette au jambon.
Garçon: Il n'y a plus de jambon.
Antoine: Eh bien une omelette nature, c'est possible?
Garçon: Oui, bien sûr.
Dominique: Moi aussi, s'il y a assez d'œufs!
Guillaume: Moi aussi.
Garçon: Très bien. Et vous mademoiselle?
Sylvie: Du coq au vin.
Garçon: Il n'y a plus de coq au vin. Du poulet?
Sylvie: Alors du poulet et du riz.
Garçon: Bien.

Avez-vous compris?

1 What does Jeanne fancy?
2 What sort of chicken does she order?
3 What can she have with it?
4 What kind of fish do they serve?
5 Why do some of our tourists have to settle for a plain omelette?
6 Why can't Sylvie have the chicken cooked in wine?

Garçon: Et comme dessert?
Jeanne: Oh pour moi, du fromage.
Garçon: Oui, mais il n'y a plus de camembert, plus de brie, plus de fromage de chèvre, plus de . . .
Jeanne: Qu'est-ce qu'il y a exactement?
Garçon: Du gruyère.
Jeanne: Très bien.
Sylvie: Avez-vous des yaourts?
Garçon: Oui, mais seulement aux fraises.
Guillaume: Vous avez des fruits?
Garçon: Oui, mais seulement des oranges.
Dominique: Vous avez peut-être des gâteaux?
Garçon: Nous avons une excellente tarte aux poires maison.

Guillaume, Antoine et Dominique: Parfait.
Garçon: Alors, du gruyère, un yaourt et trois tartes?
Guillaume: C'est ça.
Antoine: Quel restaurant! il n'y a pas de bifteck, pas de frites, pas de soupe, pas de coq au vin . . .
Garçon: Mais si, monsieur!
Antoine: Comment, il y a du coq au vin?
Garçon: Il n'y a pas de coq, mais il y a du vin!
Antoine: Alors une bouteille de bordeaux.
Garçon: Nous avons seulement du bourgogne.
Tous (sauf Guillaume):   Parfait!
Guillaume: Moi, je voudrais de l'eau, s'il vous plaît. Il y en a?

Avez-vous compris?

1 Is there a good cheese selection?
2 What kind of yogurts do they have?
3 Is there a good selection of fruit?
4 What is made with pears?
5 What wine do they finally order, and why?
6 Who asks for water?

A vous!

1 Re-read the whole dialogue carefully, and work out what each of our tourists ordered.

	Entrée	Plat principal	Dessert
Antoine			
Dominique			
Jeanne			
Sylvie			
Guillaume			

2 Imagine *you* are a tourist in a French restaurant. How would *you* ask for:

soup   fish   water   chips   rice   meat   cheese
tomato salad   sardines   wine.

Start with: 'Je voudrais'.

3 This time, imagine you are a French waiter. Tell the customers that you are sorry, but there is no steak, there is no soup and there are no mushrooms. Then tell them that there are no chips, no chicken in wine and no ham left.

Start with: 'Je suis désolé'.

The first morning in Paris, Jeanne wanted her breakfast served in her room. This is the form she filled in to order it.

ETOILE HOTEL
PETIT DEJEUNER

POUR 1/2 PERSONNE(S)

CHAMBRE: 18

Jus de fruit   Orange ☐   Pamplemousse ☐

Café   Noir ☑   Au lait ☐   Décaféiné ☐

Thé   Nature ☐   Au lait ☐   Au citron ☐

Chocolat chaud ☐

Pain ☐ ✓
Beurre ☑
Pain grillé ☐
Confiture ☐
Croissants ☑
Miel ☐

A   7 heures   ☐
7 heures et demie   ☐
8 heures   ☑
8 heures et demie   ☐
9 heures   ☐

Et vous?

Que prenez-vous au petit déjeuner?

EXERCISES

Exercise A   **Fill in the gaps with DU, DE LA, DE L' or DES:**

Je voudrais __du__ poisson, __du__ pain, __du__ vin, __du__ café, __du__ thé, __du__ fromage et __du__ lait.

Je voudrais __de la__ moutarde, __de la__ crème, __de la__ bière, __de la__ viande, __de la__ confiture et __de la__ soupe.

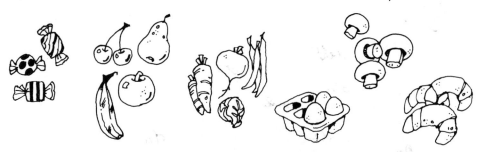

Je voudrais ___*des*___ bonbons, ___*des*___ fruits, ___*des*___ légumes, ___*des*___ œufs, ___*des*___ champignons et ___*des*___ croissants.

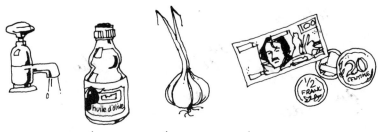

Je voudrais ___*de l'*___ eau, ___*de l'*___ huile, ___*de l'*___ ail et ___*de l'*___ argent.

Exercise B   Write ten sentences:

example: Il n'y a pas de viande dans le réfrigérateur.

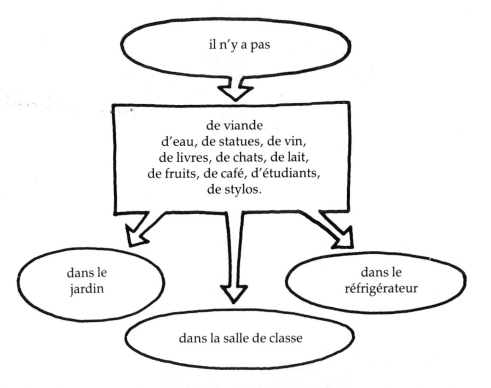

il n'y a pas

de viande
d'eau, de statues, de vin,
de livres, de chats, de lait,
de fruits, de café, d'étudiants,
de stylos.

dans le
jardin

dans le
réfrigérateur

dans la salle de classe

Exercise C Fill in the gaps with DU, DE LA, DE L', DES, DE or D':

Marchand: Bonjour monsieur. Vous désirez?
Client: Je voudrais **de l'** huile d'olive, s'il vous plaît.
Marchand: Je suis désolé, je n'ai plus **d'** huile d'olive.
Client: Je voudrais **du** pain.
Marchand: Désolé, je n'ai pas **de** pain.
Client: Je voudrais de la bière.
Marchand: Je n'ai pas **de** bière, j'ai seulement **du** vin.
Client: **Du** bordeaux?
Marchand: Oui monsieur, voilà!
Client: Merci. Avez-vous **de la** salade?
Marchand: Non, je n'ai pas **de** salade, mais j'ai **des** fruits et **des** légumes.
Client: Avez-vous **de la** moutarde?
Marchand: Oui, j'ai **de la** moutarde de Dijon.
Client: Très bien. Je voudrais aussi **du** thé.
Marchand: Je suis désolé, je n'ai plus **de** thé, mais j'ai **du** café.
Client: Alors **du** café. Avez-vous **du** lait?
Marchand: Je n'ai pas **de** lait aujourd'hui, mais j'ai **du** fromage.
Client: Non merci, pas dans le café!
Marchand: Alors c'est vingt francs, monsieur.
Client: Oh, je suis désolé, mais je n'ai pas **d'** argent!

Exercise D Re-read the dialogue of Exercise C carefully. Make a list of the items the shopkeeper cannot provide, and a list of the items the customer could get if he had the money.

Listening Comprehension

Listen to the text carefully and answer the following questions in English:

1 What starter doesn't the restaurant offer at lunchtime? *crudité + charcutier*
2 Is today a chips or a rice day?
3 Why does Antoine finally order fish?
4 Does Sylvie get the sweet she fancies? Why?
5 What do they have to drink with the meal?

See Grammar Section 5 (b)

Sixième unité

At the hotel in the evening, François is having a shower and Marie cannot find her keys:

Marie: François, où sont les clés?
François: Dans ton sac peut-être?
Marie: Non!

François: Sur la table de nuit?
Marie: Non!

François: Sous le journal alors?
Marie: Non plus!

François: Tu es sûre qu'elles ne sont pas par terre?
Marie: Ahhh!

François: Qu'est-ce qu'il y a?
Marie: Il y a une énorme araignée au plafond!

François: Ce n'est pas méchant. Et derrière le radiateur?
Marie: Une araignée derrière le radiateur!
François: Mais non, les clés!

Marie: Pourquoi derrière le radiateur? Pourquoi <u>pas</u> sur le balcon, devant la fenêtre ou au mur derrière le tableau!
François: Je ne sais pas moi!
Marie: Victoire! François, devine où elles sont!
François: Aucune idée!
Marie: Elles sont tombées entre le sac et la valise.

Avez-vous compris?

1 Est-ce que les clés sont dans le sac?
2 Est-ce qu'elles sont sur la table de nuit?
3 Est-ce qu'elles sont sous le journal?
4 Qu'est-ce qu'il y a au plafond?
5 Les clés sont-elles sur le balcon devant la fenêtre?
6 Est-ce que les clés sont au mur derrière le tableau?
7 Où sont les clés?
8 Est-ce qu'elles sont par terre?

A vous!

Read the following sentences, filling in the gaps:

example: Il y a un avion **dans** le ciel.

1 Il y a des lettres _dans_ le
tiroir.
(strawer)

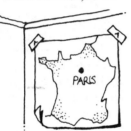

2 Il y a une dame
sous le
parapluie.
(umbrella)

3 Il y a une carte ~~~~ _au_ mur

4 Il y a _une bicyclette_ contre le mur de
l'école.

5 Il y a un oiseau _sur_ la
branche.

6 Il y a des journaux et des
magazines _par terre_

7 Il y a une araignée _au plafond_

8 Il y a un fauteuil
~~devant~~ la
porte.

9 Il y a une auto _entre_ le
camion et le car.
truck

10 Qu'est-ce qu'il y a _dans_ la
boîte?

Guillaume shows a friend some photos given to him by the tourists as souvenirs:

– Qu'est-ce que
   c'est?
– C'est le bateau
   d'Yves.
– Yves?
– Oui, *le* pêcheur.
– Ah! C'est le bateau *du* pêcheur.

– Qu'est-ce que c'est?
– C'est Moustache,
   le chat d'Henri.
– Henri?
– Oui, *le* pharmacien.
– Ah! C'est le chat *du* pharmacien.

– Qui est-ce?
– Ce sont les enfants
   de Josée.
– Josée?
– Oui, *la* Martiniquaise.
– Ah! Ce sont les enfants *de la* Martiniquaise.

– Qui est-ce?
– C'est Paul,
   le fils de Claire.
– Claire?
– Oui, *la* Normande.
– Ah! C'est le fils *de la* Normande.

– Qu'est-ce que c'est?
– C'est Strasbourg, la ville de
   François et de Marie.
– François et Marie?
– Oui, *l'*ingénieur et *l'*infirmière.
– Ah! C'est la ville *de l'*ingénieur et
   *de l'*infirmière.

– Qu'est-ce que c'est?
– C'est Grasse, la ville de Sylvie.
– Sylvie?
– Oui, *l'*ouvrière.
– Ah! C'est la ville *de l'*ouvrière.

– Qu'est-ce que c'est?
– C'est le restaurant
   d'Antoine et
   de Dominique.
– Antoine et Dominique?
– Oui, *les* cuisiniers.
– Ah! C'est le restaurant *des*
   cuisiniers.

– Qu'est-ce que c'est?
– C'est Pimpin,
   le lapin de Paul et
   d'Elisabeth.
– Paul et Elisabeth?
– Oui, *les* enfants de Claire.
– Ah! C'est le lapin *des* enfants.

Avez-vous compris?

example: Est-ce que c'est le bateau des cuisiniers?
          Non, c'est le bateau du pêcheur.

1 Est-ce que Paul est le fils de l'ouvrière?
2 Est-ce que Grasse est la ville de la Normande?
3 Est-ce que Moustache est le chat des enfants?
4 Est-ce que Pimpin est le lapin de l'ingénieur?
5 Est-ce que Strasbourg est la ville du pêcheur?

QUEL?

– Qu'est-ce que c'est?
– C'est un stylo.
– *Quel* stylo?
– Le stylo du professeur.

– Qu'est-ce que c'est?
– C'est une porte.
– *Quelle* porte?
– La porte de la mairie.

– Qu'est-ce que c'est?
– Ce sont des livres.
– *Quels* livres?
– Les livres de l'étudiant.

– Qu'est-ce que c'est?
– Ce sont des lunettes de soleil.
– *Quelles* lunettes de soleil?
– Les lunettes d'Annick.

A vous!

example: Voilà le livre.
          Quel livre?
          Le livre de l'étudiant.

1 Voilà la mobylette.
  Quelle mobylette?
  La mobylette *de* Antoine.
2 Voilà la voiture.
  quelle voiture?
  La voiture *du* professeur.

3 Voilà l'usine.
  de la usine?
  L'usine *de* Sylvie.
4 Voilà le jardin.
  quel jardin?
  Le jardin *des* Tuileries.

5 Voilà la place.
   Quelle place?
   La place _de la_ Concorde.
6 Voilà le vélo.
   Quel vélo?
   Le vélo _de_ Guillaume.

7 Voilà les enfants.
   Quels enfants?
   Les enfants _de la_ secrétaire.
8 Voilà les clés.
   Quels clés?
   Les clés _de la_ maison.

EXERCISES

Exercise A   **Look at the following picture and answer the questions in French:**

1 Qu'est-ce qu'il y a derrière l'arbre?   *La moto est derrière l'arbre*
2 Où est l'oiseau?   *L'oiseau est au-dessus l'arbre.*
3 Qu'est-ce qu'il y a devant la moto?   *L'arbre est devant la moto.*
4 Où est le hamac?   *Le hamac est entre les arbres.*
5 Où sont les enfants?   *Les enfants sont sur la mobylette et devant l'école.*

Exercise B   **Look at the following picture and write sentences about it:**

Exercise C   **Put DE, DU, DE LA, DE L', or DES:**

example: Où sont les bagages **des** touristes?

1 C'est le mari _de_ Josée.
2 Le Quartier Latin est le quartier _des_ étudiants.
3 La femme _du_ cuisinier n'est pas française.
4 Le palais _de_ Versailles est près de Paris.
5 L'appartement _de Monsieur_ Müller est à Strasbourg.
6 Moustache, le chat _du_ pharmacien a six mois.
7 Le mari _de_ l'infirmière est de Strasbourg.
8 Les enfants _des_ cuisiniers ont faim.
9 Le fiancé _de la_ secrétaire est anglais.
10 Les étudiants _du_ professeur de français ont sommeil.

Exercise D   **Make one sentence:**

example: C'est le sac de Josée. Josée est ménagère.
          C'est le sac **de la** ménagère.

1 C'est le chat de monsieur Boivin. Monsieur Boivin est pharmacien.
2 Ce sont les lunettes de Sylvie. Sylvie est ouvrière.
3 C'est la 4L de Claire Ouate. Claire Ouate est enquêteuse.
4 C'est le bureau de Jeanne. Jeanne est professeur.
5 C'est le fiancé d'Annick. Annick est fonctionnaire.
6 C'est le lapin d'Elisabeth. Elisabeth est la fille de Claire.
7 C'est la mobylette d'Antoine. Antoine est cuisinier.
8 Ce sont les touristes de Guillaume. Guillaume est guide.
9 C'est le vélo de Guillaume. Guillaume est étudiant.
10 C'est le chien de Lucien. Lucien est médecin.

Exercise E   **Match the following expressions:**

1 What a pity!	a Quelle bonne idée!
2 What a hotel!	b Quel hôtel!
3 What a good idea!	c Quel restaurant!
4 What a restaurant!	d Quel nom!
5 What a name!	e Quel dommage!

See Grammar Section 5 (a), 7

FAITES LE POINT! – UNITES 4–6

1 Odd one out.

  a Which is not a means of transport?
    bateau, vélo, parapluie, camion.
  b Which of these would you not be able to fit into your handbag?
    clés, crayons, stylos, douches.
  c Who would not normally be working in a town?
    fonctionnaire, pêcheur, médecin, professeur.
  d Which is not edible?
    riz, poulet, poisson, carte.
  e Which is not a building?
    église, champignon, palais, tour.

2 Fill in the gaps with the correct part of the verb AVOIR:

Claire ___*a*___ deux enfants, un fils et une fille. Elle ___*a*___ un appartement et une voiture. Elle n'y ___*a*___ pas de bicyclette. Yves et Annick n' ~~*ont*~~ pas d'enfants. Ils n' ~~*ont*~~ pas de maison, ils ___*ont*___ seulement un appartement.

3 Fill in the gaps in the conversation with the correct part of the verb AVOIR:

  – Antoine et Dominique, ___*avez*___ vous des amis à Londres?
  – Non, nous n' ___*avons*___ pas d'amis à Londres.
  – Jeanne et Annick, est-ce que vous ___*avez*___ des enfants?
  – Non, nous n' ___*avons*___ pas d'enfants.

4 Fill in the gaps with the correct word:

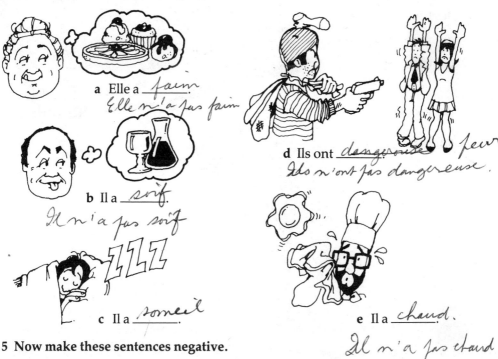

  a Elle a ___*faim*___
    Elle n'a pas faim

  b Il a ___*soif*___.
    Il n'a pas soif

  c Il a ___*sommeil*___.

  d Ils ont ___~~*dangereuse*~~ *peur*___
    Ils n'ont pas dangereuse.

  e Il a ___*chaud*___.
    Il n'a pas chaud

5 Now make these sentences negative.

6 Fill in the gaps:

Dans la chambre, il y a  _des livres_

des journals et _des magazines_

Il y a _des croissants_

des baguettes et _des gateaux_ sur la table.

Dans le magasin, il y a _du Thé , du vin_

_____ et _du café_

Dans un restaurant, il y a _des tomates_

du boeuf et _des frittes_

7 Tick the types of food that are on the menu for today:

du poisson ✓
des légumes ✓
de la charcuterie
des fruits ✓
du fromage ✓
des œufs ✓
de la viande ✓
des gâteaux

Menu

Sardines
Poulet
Omelette nature
bifteck
Salade

Fraises
Poires
Gruyère
Camembert

8 Fill in the gaps:

Où sont les animaux?
a L'oiseau est _sur_ la branche.
b Le chien est _derrière_ l'arbre.
c La souris est _devant_ l'arbre.
d Le chat est _entre_ la souris et le lapin.

9 Who does it belong to? Fill in the gaps:

a C'est le stylo *de le professeur*
b C'est le bateau *de le pêcheur,*
c C'est le téléphone *de la secrétaire*
d C'est le sac *de l'infirmière*
e Ce sont les lunettes *de le docteur /*
    du

10 Fill in the gaps:

a   *l'araignée* est dans la soupe.

b   *le tableau* est au mur.

c   *Le parapluie* est derrière la valise.

d   La lettre est dans *la boîte*

e   Le vase est sur *la table*.

Septième unité

The tourists are trying to find their way around . . .

Antoine: Dites-moi Guillaume, j'ai encore faim, est-ce qu'il y a une boulangerie dans le quartier?

Guillaume: Probablement. Tiens voilà une pâtisserie.

Antoine: Oh, une pâtisserie! Je voudrais un gros gâteau à la crème!

Sylvie: Moi, j'ai besoin de dentifrice et d'aspirine. Il y a une pharmacie par ici? *near here*

Guillaume: Oui, là-bas. *over there*

Sylvie: Ah oui, merci.

Dominique: Je n'ai plus de cigarettes, où est le bureau de tabac?

Guillaume: Il y a des cigarettes au café.

Dominique: Ah très bien.

Jeanne: Moi, j'ai besoin de timbres pour mes cartes postales. Où est la poste?

Guillaume: Je ne sais pas, mais il y a aussi des timbres au café. Moi, je voudrais trouver une librairie pour acheter le journal . . . si j'ai le temps de lire!

Avez-vous compris?

1 Why is Antoine asking about a baker's?
2 What shop does Guillaume spot?
3 What does Antoine then fancy?
4 Why is Sylvie looking for a chemist's?
5 Why does Guillaume send Antoine and Jeanne to a café?
6 What is he looking for himself?

A vous!

Re-read the dialogue carefully, then try and ask or say:

1 Is there a cake shop in the district?
2 Where is the chemist's?
3 The post office is over there.
4 I need (some) toothpaste and (some) stamps.
5 Is there a bookshop round here?

Josée and Lucien are asking Guillaume about various things to see in Paris:

Josée: Guillaume est-ce que le jardin des Tuileries est loin de l'hôtel?
Guillaume: Non, il est entre la place de la Concorde, au bout des Champs–Elysées, et le Louvre.

Lucien: Et c'est l'obélisque de Louqsor qui est au milieu de la place de la Concorde?

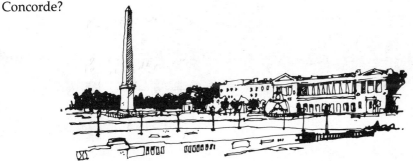

Guillaume: C'est ça.
Josée: Et où est la rue de Rivoli?
Guillaume: Elle est à côté des Tuileries.

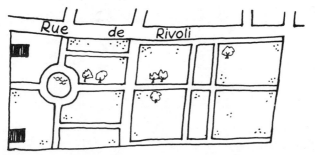

Lucien: Est-ce que le Sacré-Cœur est près d'ici?
Guillaume: Ah non! Il est loin d'ici, il est au nord de Paris.

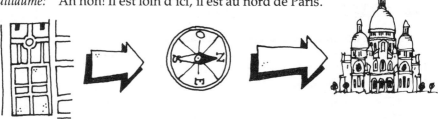

Lucien: Et où est l'Ecole Militaire exactement?
Guillaume: Elle est en face de la tour Eiffel et près du palais de l'Unesco.

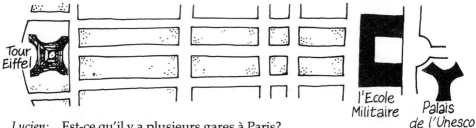

Lucien: Est-ce qu'il y a plusieurs gares à Paris?
Guillaume: Oui, bien sûr! Il y a la gare Montparnasse, la gare du Nord, la gare St-Lazare, assez près de l'Opéra . . .
Josée: Est-ce qu'il y a des choses intéressantes autour de l'Opéra?
Guillaume: Oui, il y a la Madeleine, la place Vendôme, le boulevard Haussmann et les grands magasins . . .

Josée: Les grands magasins! Alors Lucien, c'est décidé, viens vite!
Lucien: Où est la station de métro?
Guillaume: La station de métro et l'arrêt d'autobus sont dans la première rue à droite de l'hôtel.

Josée: Merci Guillaume. A ce soir!
Guillaume: Bonne journée!

Avez-vous compris?

1 Où est le jardin des Tuileries?
2 Qu'est-ce qu'il y a au milieu de la place de la Concorde?
3 La rue de Rivoli est-elle loin des Tuileries?
4 Est-ce que le Sacré-Cœur est près de l'hôtel?
5 Où est le palais de l'Unesco?
6 Quelle gare est près de l'Opéra?
7 Qu'est-ce qu'il y a autour de l'Opéra?
8 Où sont la station de métro et l'arrêt d'autobus?

A vous!

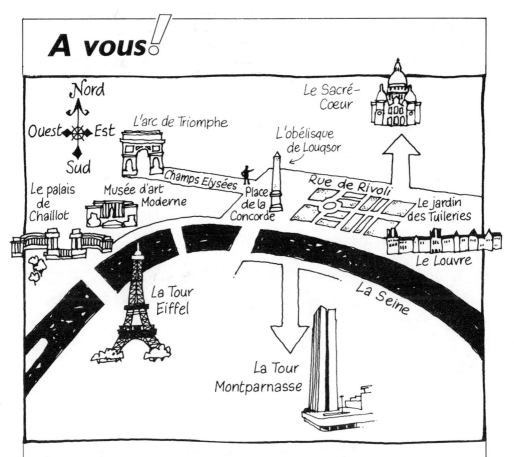

You are standing in the Champs–Elysées near the place de la Concorde. A tourist is questioning you about the sights of Paris. Describe the position of the following as accurately as you can:

le palais de Chaillot.   l'arc de Triomphe.   le Louvre.   le jardin des Tuileries.   l'obélisque de Louqsor.   la tour Eiffel.   le Sacré-Cœur.   la tour Montparnasse.

In the street, a lady is asking a policeman the way:

La dame: Pardon monsieur l'agent, pour aller au cinéma Rex, s'il vous plaît?
L'agent de police: C'est très facile.
La dame: C'est loin?
L'agent de police: Non, c'est à cinq minutes à pied. Allez tout droit jusqu'au croisement . . .
La dame: Il y a des feux?

L'agent de police: Oui. Traversez. Prenez la deuxième rue à gauche, puis la première à droite. Continuez tout droit jusqu'à l'église, et vous y êtes!
La dame: Non, c'est le cinéma Magic; moi, je cherche le Rex.
L'agent de police: Mais madame, le Rex est juste en face du Magic.
La dame: Ah bon! Merci bien, monsieur l'agent.
L'agent de police: A votre service, madame.

Avez-vous compris?

The lady is looking for _____. It is not _____, it is _____ on foot.
There are some _____ at the crossroads. The lady must _____, take
the second street _____, then the first _____.
She must carry on _____ to the church.
The Rex is _____ the Magic.

A vous!

1 **Give the direction corresponding to each diagram:**

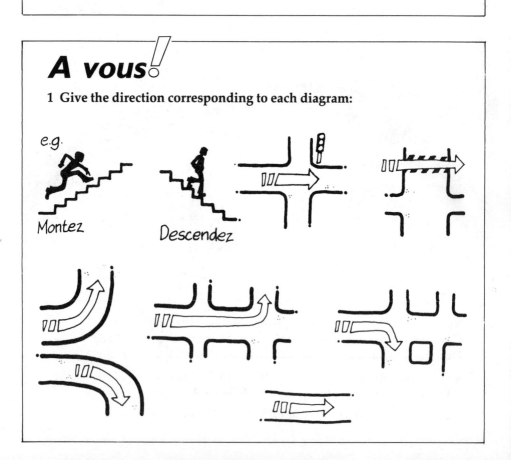

e.g.

Montez

Descendez

2 Look at the map below, and join the following treasure hunt (la course au trésor):

Vous êtes rue de la Liberté, devant le cinéma Rex, en face du bureau de poste. Prenez la première rue à gauche, et continuez tout droit jusqu'à la place de la République. Tournez à gauche. Allez jusqu'au pont Royal. Traversez le pont. Tournez à droite dans le boulevard Pasteur. Traversez le pont Neuf. Tournez à droite, puis prenez la deuxième à gauche. Traversez la Grande Rue, et le trésor est à gauche. Où est le trésor?

Plan de la ville

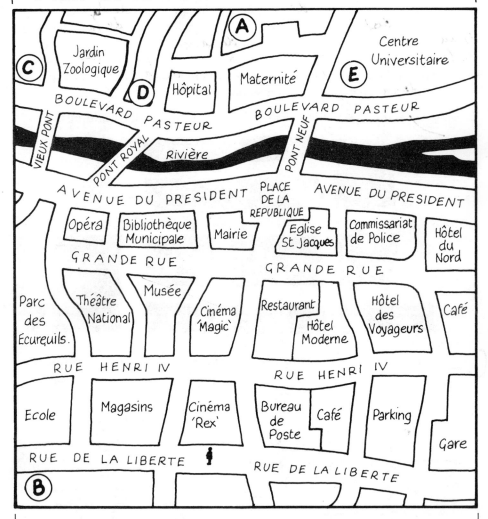

3 Imagine that you are standing at A, B, C, D or E. Ask your neighbour to help you get to various other parts of the town.

Start with: 'Pardon . . ., pour aller . . ., s'il vous plaît?'

EXERCISES

Exercise A   Ask for the following, using either: OÙ EST/SONT . . .? or IL Y A . . . PAR ICI? accordingly:

1 Une banque. *Où est une banque?*
2 La gare. *Où est la gare?*
3 Les Champs–Elysées. *Où est les*
4 Une pharmacie. *Il y a une? par ici*
5 L'arrêt d'autobus. *Il y a / Où est*
6 Les grands magasins. *Il y a les g.m par ici?*
7 La tour Eiffel. *Il y a ... par ici*
8 Un hôtel. *Il y a*
9 Une librairie. *Il y a*
10 La rue de Rivoli. *Où est*

Exercise B   Fill in the gaps:

Dans la ville, il y a une école et un collège. L'école n'est pas loin du collège. Il y a un arrêt d'autobus en face __de__ l'école. L'école est à côté __de la__ mairie qui est au milieu __d'__ un grand jardin. L'hôpital est à un bout __de la__ ville, près __de la__ rivière. La gare est à l'autre bout __de la__ ville. Il y a un hôtel en face __de la__ gare. Il y a deux cafés dans la ville – 'Le Flash' est à côté __du__ cinéma, et 'Le Repos' est en face __des__ magasins, au coin __de la__ rue. Il y a une place au milieu __de la__ ville.

Exercise C   Write 10 sentences to describe the position of the buildings:

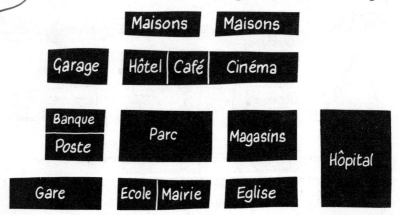

Exercise D   Fill in the gaps using the diagram and the following vocabulary:

tournez   droite   gauche   tout   traversez   croisement
prenez   place   jusqu'à   première.

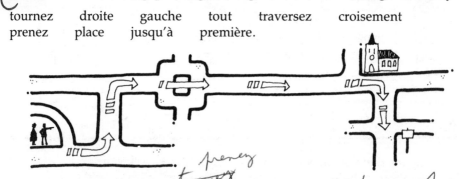

Pour aller à l'arrêt d'autobus, __prenez/tournez__ la deuxième rue à __gauche__, puis la __première__ à __droite. Traversez__ le __croisement__, continuez __tout__ droit __jusqu'à__ l'église. __Tournez__ à droite. Allez jusqu'au __place__. L'arrêt d'autobus est là.

Exercise E **Write a short dialogue between a tourist, looking for the Tourist Office (LE SYNDICAT D'INITIATIVE), and a French policeman.**

To get there, the tourist must take the first left, go straight up to the lights, then turn right and cross the bridge. The Tourist Office is opposite the town hall.

Listening Comprehension

Listen carefully to the series of sentences and answer the following questions in English (one question per sentence):

1 Where is the nurse's car?
2 Whose dog is in the garden?
3 Who is 19?
4 Where is the cat?
5 Where are the tourists' suitcases?
6 Is the teacher's dictionary on the table?
7 Are the secretary's children thirsty?
8 What is the nurse's husband doing?
9 Where are the children's books?
10 Is the key of the flat in the bag?

See Grammar Section 5 (c), 6 (a)

Handwritten answers:

2 Le chien de la médecin c'est dans le jardin
3 Les cuisiniers du Restaurant de Coq d'or ont dix-neuf

4

5 Les valises des touristes sont au milieu de la place.

6 Le dictionaire de la professeure n'est pas sur la table

7 Les enfants de la secretaire font faim

8 La mairie de la' infirmière est sous la douche

9 Les livres des enfants sont entre les journeuse et sous la lampe

10 La clef de l'apartement est dans le sac.

Huitième unité

Je suis étudiant, je travaille à Paris.

Nous travaillons à Strasbourg.

Moi, je travaille dans une usine à Grasse.

Tu travailles dans un restaurant, Antoine?

Oui

Nous travaillons à Fort-de-France.

Nous travaillons en Bretagne.

Je travaille dans une pharmacie à Nuits-St-George.

Avez-vous compris?

1 Où travaille Guillaume?
2 Où travaillent les Muller?
3 Où travaille Sylvie?
4 Antoine travaille-t-il dans un restaurant?
5 Est-ce que les Cousin travaillent à Fort-de-France?
6 Est-ce que Henri Boivin travaille dans une clinique?
7 Annick et Yves travaillent-ils en Normandie?
8 Qui travaille en Normandie?

Et vous?

Où travaillez-vous? En Angleterre?
A Londres? Dans un hôpital?

Je travaille à Rouen en Normandie.

Laurent and Chantal are two young people who are also from Rouen in Normandy. Let's see who they are and how they meet for the first time:

Voilà Laurent.

Où habitent-ils?

Voilà Chantal.

Il habite à Rouen, en France.

Elle habite dans la banlieue de Rouen.

Où travaillent-ils?

Il est employé de banque, il travaille dans un bureau.

Elle est vendeuse, elle travaille dans un magasin.

Où mangent-ils le midi?

Il mange un sandwich, au café.

Elle mange à la cantine.

Le soir, ils restent à la maison.

Il regarde la télévision et il fume la pipe.

Elle écoute la radio ou des disques.

Le jeudi soir ils étudient l'anglais.

Laurent étudie l'anglais.

Chantal étudie aussi l'anglais.

Dans la classe, Laurent remarque Chantal.

A la pause-café, il parle à Chantal.

Au laboratoire de langues, il regarde Chantal.

Avez-vous compris?

1 Est-ce que Laurent et Chantal habitent en Angleterre?
2 Où travaille Chantal?
3 Où Laurent mange-t-il le midi? Et Chantal?
4 Laurent fume-t-il des cigarettes?
5 Chantal regarde-t-elle la télévision le soir?
6 Qu'est-ce que Laurent et Chantal étudient?
7 Où Laurent remarque-t-il Chantal?
8 Quand Laurent parle-t-il à Chantal?

Let's observe Claire Ouate at work. We find her in a street in Rouen, interviewing various people.

Première interview: Laurent, Chantal et Claire Ouate

Mme Ouate: Excusez-moi messieurs-dames, je travaille pour la SNES et . . .

Laurent: Qu'est-ce que c'est la SNES?

Mme Ouate: C'est la Société Nationale d'Enquêtes par Sondages. Je fais une enquête sur les Français et le poisson et je voudrais vous poser quelques questions.

Chantal: Ah bon, d'accord.

Mme Ouate: Habitez-vous à Rouen?

Laurent: Oui, nous habitons à Rouen.

Mme Ouate: Travaillez-vous aussi à Rouen?

Chantal: Oui, nous travaillons à Rouen tous les deux.

Mme Ouate: Mangez-vous souvent du poisson?

Laurent: Je mange quelquefois de la morue.

Chantal: Moi je préfère les sardines, j'en achète régulièrement.

Mme Ouate: Alors vous aimez le poisson. Parfait! Goûtez ceci.

Laurent: Hmm, c'est délicieux!

Chantal: Pouah, c'est affreux! Qu'est-ce que c'est?

Mme Ouate: En fait, ce n'est pas du poisson. C'est du soja. C'est très riche en protéines et c'est bon à la santé.

Avez-vous compris ⌀

1 Pour qui travaille madame Ouate?
2 Laurent et Chantal habitent-ils à Rouen?
3 Où travaillent-ils?
4 Laurent mange-t-il souvent du poisson?
5 Quel poisson préfère Chantal?
6 Qu'est-ce qu'ils goûtent?
7 Est-ce qu'ils aiment le soja?
8 Est-ce que le soja est bon à la santé? Pourquoi?

A vous ⌀

Tell Claire Ouate that you and your friend:

live in Paris   work in an office   eat sandwiches at lunchtime
like fish.

Start with: 'Nous . . .'

Deuxième interview: Claire Ouate et un ouvrier d'usine

Mme Ouate: Bonjour monsieur. Vous habitez Rouen?

L'ouvrier: Comment?

Mme Ouate: Habitez-vous à Rouen?

L'ouvrier: Parlez plus fort, je suis un peu sourd.

Mme Ouate: Est-ce que vous habitez à Rouen?

L'ouvrier: Ah non madame, je n'habite pas ici, j'habite à Dieppe.

Mme Ouate: Travaillez-vous aussi à Dieppe?

L'ouvrier: Non, je ne travaille pas à Dieppe, je travaille ici.

Mme Ouate: Vous habitez au bord de la mer, aimez-vous le poisson?

L'ouvrier: Le poison!!!

Mme Ouate: Non, non, pas le poison, le poisson.

L'ouvrier: Ah, le poisson! Non madame, je n'aime pas le poisson, je ne mange jamais de poisson, je déteste le poisson!

Mme Ouate: Alors tant pis! Merci monsieur, au revoir.

L'ouvrier: Comment?

Mme Ouate: Au revoir!

Avez-vous compris?

1 Pourquoi madame Ouate parle-t-elle fort?
2 L'ouvrier habite-t-il à Rouen?
3 Où travaille-t-il?
4 Où est Dieppe?
5 L'ouvrier aime-t-il le poisson?

A vous!

Now, tell Claire that you:

do not live in Rouen   do not work in Dieppe   do not like fish
never eat fish   hate fish.

Start with: 'Je . . .'

Troisième interview: Claire Ouate et une concierge, Mme Ragot

Mme Ouate: Bonjour madame, vous habitez Rouen?

Mme Ragot: Je pense bien, je suis concierge ici depuis vingt-cinq ans!

Mme Ouate: Avez-vous des enfants?

Mme Ragot: Oui, j'ai deux filles.

Mme Ouate: Quel âge ont-elles?

Mme Ragot: Elles ont dix-neuf et vingt ans. Elles étudient à l'université.

Mme Ouate: Elles habitent aussi à Rouen?

Mme Ragot: Non, elles habitent à Paris maintenant.

Mme Ouate: Aiment-elles la vie parisienne?

Mme Ragot: Oui beaucoup, elles préfèrent Paris.

Mme Ouate: Ont-elles des passe-temps?

Mme Ragot: Elles aiment le sport et la musique.

Mme Ouate: Vraiment?

Mme Ragot: Elles aiment la natation, elles jouent au tennis. Sophie aime la musique moderne, elle joue de la guitare et elle adore danser. Nicole préfère la musique classique, elle joue du piano.

Mme Ouate: Et vous, vous êtes musicienne aussi?

Mme Ragot: Non, mais je chante les airs de Sacha Distel: Toute la pluie tombe sur moi, la la la la . . .'

Mme Ouate: A propos, aimez-vous le poisson?

Mme Ragot: Drôle de question! Oui, j'aime bien le poisson, pourquoi?

Avez-vous compris?

1 Est-ce que madame Ragot habite Rouen depuis longtemps?
2 Combien a-t-elle d'enfants?
3 Quel âge ont-elles?
4 Travaillent-elles?
5 Où habitent-elles?
6 Sont-elles musiciennes?

A vous!

This time, tell Claire about two sisters that you know. Tell her that they:

study at university   live in Paris   like sport and music   play tennis and the guitar.

Use: 'Elles . . .'

HOW TO ASK QUESTIONS

Réponse 1: Oui, j'habite/nous habitons à Rouen.
Questions: **a** Vous habitez à Rouen?
b Est-ce que vous habitez à Rouen?
c Habitez-vous à Rouen?

A vous!

Réponse: Oui, j'étudie/nous étudions le français.
Questions: **a** *Est-ce que vous étudiez le français?*
b *Vous étudiez le français?*
c *Étudiez-vous le français?*

Réponse 2: Oui, il mange au restaurant le midi.
Questions: **a** Il mange au restaurant le midi?
b Est-ce qu'il mange au restaurant le midi?
c Mange-t-il au restaurant le midi?

A vous!

Réponse: Oui, elle joue de la harpe.
Questions: **a** *Elle joue de la harpe?*
b *Est-ce que joue de la harpe?*
c *Joue-t-elle de la harpe?*

Réponse 3: Oui, Laurent aime Chantal.
Questions: **a** Laurent aime Chantal?
b Est-ce que Laurent aime Chantal?
c Laurent aime-t-il Chantal?

A vous!

Réponse: Oui, Sylvie travaille dans une usine.
Questions: **a** *Sylvie travaille dans une cuisine?*
b *Est-ce que Sylvie travaille dans une cuisine?*
c *Sylvie travaille-t-elle dans une cuisine?*

Réponse: Oui, monsieur Boivin a un chat.
Questions: **a** *Monsieur Boivin a un chat?*
b *Est-ce que Monsieur Boivin a un chat?*
c *Monsieur Boivin a-t-il un chat?*

Réponse: Non, Laurent et Chantal n'habitent pas à Paris.
Questions: **a** *Laurent Chantal n'habitent pas à Paris?*
b *Est-ce que Laurent et Chantal n'habitent pas à Paris?*
c *Laurent et Chantal n'habitent pas à Paris?*

EXERCISES

Exercise A Interview your neighbour:

Ask him/her where they live, work, whether they like sport, play a musical instrument, watch TV, smoke, often eat fish etc.

Exercise B Fill in the gaps:

example: Nous **étudions** l'espagnol (étudier)

1 Est-ce que vous _habitez_ au bord de la mer? (habiter)
2 Monsieur et madame Muller ~~travaillent~~ à Strasbourg. (travailler) *travaillent*
3 Sophie _aime_ la musique moderne. (aimer)
4 Laurent et Chantal _étudient_ l'anglais. (étudier)
5 Les filles de madame Ragot _jouent_ au tennis. (jouer)
6 _Jouez_-vous de la guitare? (jouer)
7 Laurent _remarque_ Chantal dans la classe. (remarquer)
8 Il _parle_ à Chantal à la pause-café. (parler)
9 Le soir je _regarde_ quelquefois la télévision. (regarder)
10 Nous _écoutons_ souvent des disques. (écouter)
11 Tu _fumes_ des cigarettes françaises. (fumer)
12 Le midi, _mangez_-vous au café ou à la cantine? (manger)
13 Ils _goûtent_ le soja dans la rue. (goûter)
14 Moi je _préfère_ la viande. (préférer)
15 Madame Ouate _pose_ beaucoup de questions. (poser)

Exercise C Write a short letter to your new French penfriend.

Tell him/her about yourself, but don't forget to ask a few questions too.

Start with: 'Cher' (masc.) or 'Chère' (fem.) followed by their first name, and end the letter with 'Amicalement', before your signature.

See Grammar Section 8, 9

Appartement ~~un~~ 1
7 Rosary Gardins
Londres SW7 4NN
~~La~~ *Chère Marie, j'ai ~~très~~ ~~trop~~ beaucoup de plaisir avoir une amie ~~de~~ en france pour écrire des lettres. J'habite ~~en Londres~~ à Chelsea dans le centre de Londres. Je suis peintre et j'adore ma travaille. Je suis australien et j'ai une fille et ~~de~~ elle est mariée, mais je suis divorcée. Nous habitons en londres ~~beaucoup d'~~ ans. de puis longtemps. Et vous, quel est votre métier? Habitez-vous une apartement en ville? Quel age avez-vous? Écrivez-vous bientôt s'il vous plaît. Amicalement Hélène*

Neuvième unité

7

Avez-vous compris?

1 Que fait la maman?
2 Qui fait les devoirs?
3 Qui fait du bruit?
4 Que font les garçons?
5 Que fait Antoine?
6 Est-ce que Annick fait la cuisine?
7 Que font les enfants Dupré?

A vous!

Fill in the gaps with the correct form of FAIRE:

Maman: Qu'est-ce que vous _faites_, les filles?
Filles: Nous _faisons_ les devoirs.
Maman: Et les garçons, qu'est-ce qu'ils _font_?
Filles: Ils jouent au football. Ils _font_ beaucoup de bruit!
Et toi, qu'est-ce que tu _fais_?
Maman: Moi je _fais_ la cuisine, naturellement.
Filles: Est-ce que tu _fais_ un gâteau?
Maman: Non, je _fais_ seulement une omelette.

NON, NON ET NON!

Look at the pictures on the last two pages again.

– Qu'est-ce que la maman fait?
  Elle tricote?
– Non, elle ne tricote pas,
  elle fait un gâteau.

– Qu'est-ce que les étudiants font?
  Ils bavardent?
– Non, *ils ne bavardent pas*
  ils font les devoirs.

– Qu'est-ce que les deux enfants font?
  Ils jouent du violon?
– Non, *ils ne jouent pas du violon,*
  Paul joue de la trompette et
  Elisabeth du tambour.

– Et Annick, qu'est-ce qu'elle fait?
  Elle fait le ménage?
– Non, *elle ne fait pas le ménage*
  elle fait la cuisine.

– Et les enfants, qu'est-ce qu'ils font?
  Ils jouent au tennis?
– Non, *ils ne jouent pas au tennis,*
  ils jouent au football.

Listen to the song written and sung by Anne Sylvestre.

CÉCILE ET CÉLINE

La famille de Cécile et Céline

Angèle

Arlette   Robert   Jocelyne

Thierry Cécile   Céline Valérie   Agnès Richard

Valérie Céline
Thierry sa frangine
Ont aussi Agnès
Qui de leurs parents est la nièce
Elle est leur cousine
Fille de Jocelyne
Qui est la dernière
La sœur d'Arlette et de Robert

Cécile et Céline
Ce sont deux cousines
Qui s'entendent bien
Qui ont le même œil coquin
Cécile et Céline
Ont ça se devine
Des parents qui ont
Grandi dans la même maison

Cécile est c'est chouette
La fille d'Arlette
La sœur de Robert
Qui de Céline est le père
Ça serait facile
Si avant Cécile
Il n'y avait Thierry
Qui est le cousin de Valérie

Donc dans la famille
Il y a quatre filles
Mais il y a aussi
Le petit cousin de Thierry

Agnès en est fière
C'est son petit frère
Il s'appelle Richard
Et il est né un peu plus tard

Richard et Céline
Ont d'autres cousines
et d'autres cousins
Et puis des cousins de cousins
Mais ma ritournelle
S'arrête à Angèle
Qui est leur grand'mère
Et qui fait tous leurs pull-overs

Si ça te fait rire
Essaie de me dire
Comment tes cousins
Ont pu te ressembler si bien
Et après tu chantes
De qui est la tante
La sœur de ta mère
Et la fille de ton grand-père

Muriel et Marine
Ce sont deux cousines
Qui ont trois cousins
Rodolphe Gilles et Sébastien
A toi de le dire
A toi de l'écrire
Tu le feras bien
Car moi je n'y comprends plus
    rien . . .

A vous!

Re-read the song carefully, and fill in the gaps with the correct words:

1 Cécile et Céline sont deux *cousines*.
2 Arlette est la *mère* de Cécile.
3 Le *frère* d'Arlette s'appelle Robert.
4 Robert est le *père* de Céline.
5 La *sœur* de Richard s'appelle Agnès.
6 Agnès est la *nièce* d'Arlette et de Robert.
7 Jocelyne est la *tante* de Cécile et de Céline.
8 Angèle, la *grand mère*, fait tous les pull-overs des enfants.

L'arbre généalogique de la famille Dupré

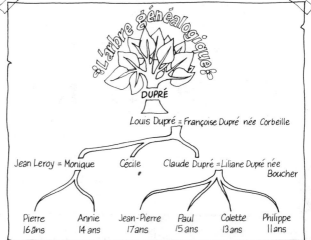

Look at the Dupré family tree carefully to try and get acquainted with them. Here are a few sentences explaining the family relationships:

Liliane est la femme de Claude Dupré.
Jean Leroy est le mari de Monique.
Colette est la petite-fille de Louis et de Françoise.
Pierre est le petit-fils de Louis et de Françoise.
Claude est l'oncle d'Annie.
Pierre est le neveu de Claude.

A vous!

1 Qui est le mari de Françoise?
2 Comment s'appelle la femme de Jean Leroy?
3 Louis et Françoise ont combien de petits-enfants?
4 Combien de petits-fils; et combien de petites-filles?
5 Qui sont les neveux de Jean et Monique Leroy?
6 Pierre et Annie ont combien d'oncles?

Louis Dupré est le beau-père de Liliane.
Françoise Dupré est la belle-mère de Jean Leroy.
Jean est le beau-fils de Louis et Françoise.
Liliane est la belle-fille de Louis et Françoise.
Monique et Cécile sont les belles-sœurs de Liliane.
Claude est le beau-frère de Jean Leroy.

A vous!

1 Qui sont les beaux-parents de Liliane?
2 Comment s'appelle le beau-fils de Louis et Françoise?
3 Combien de belles-sœurs a Liliane?
4 De qui Françoise Dupré est-elle la belle-mère?

Et vous?

Avez-vous des frères, des sœurs, des cousins, une belle-mère, des petits-enfants etc.?

La maison des Dupré

AU GRENIER
le chat attrape une
souris.

AU DEUXIEME
ETAGE
Colette danse dans
sa chambre.

AU PREMIER
grand-mère fume en
cachette dans sa
chambre.

AU REZ-
DE-CHAUSSEE
Madame Dupré
regarde la télé au
salon, monsieur
Dupré fait le ménage
dans la salle à
manger.

Paul fait des
devoirs et
Philippe
joue de la
trompette.

grand-père
chante dans
la salle de
bain, tante
Cécile fait
une patience.

et dans la
cuisine
Jean-Pierre
épluche les
pommes
de terre.

DANS LE JARDIN
le chien aboie
après
le facteur qui
apporte
une lettre.

A LA CAVE
l'oncle Jean goûte le cidre.

A vous!

Look at the Duprés' house and answer in French:

1 Où est monsieur Dupré? Que fait-il?
2 Où est tante Cécile? Ecoute-t-elle la radio?
3 Où est Colette? Est-ce qu'elle étudie?
4 Dans quelle pièce est madame Dupré? Travaille-t-elle?
5 Où est grand-mère? Que fait-elle?
6 Est-ce que Paul est dans sa chambre? Qu'est-ce qu'il fait?
7 Où est Philippe? Est-ce qu'il joue de la guitare?
8 Où est grand-père? Qu'est-ce qu'il chante?
9 Est-ce que Jean-Pierre est dans le jardin? Joue-t-il?
10 Où est le chat? Attrape-t-il un oiseau?
11 Qui est dans le jardin? Après qui aboie-t-il?
12 Qui est à la cave? Qu'est-ce qu'il fait?

QUEL TEMPS FAIT-IL? LES QUATRE SAISONS

Quelquefois
au printemps
il fait mauvais,
il pleut.

En été,
en général,
il fait
du soleil,
il fait
beau.

En hiver
il fait
froid.
Quelquefois
il neige.

En automne
il fait
souvent
du vent.

Dans le désert
il fait
très chaud.

Quelquefois, la nuit,
il fait du brouillard.

Avez-vous compris?

1 Quel temps fait-il en hiver?
2 Quel temps fait-il au printemps?
3 Quand fait-il beau?
4 Où fait-il très chaud?
5 Quand fait-il souvent du vent?

6 Quand neige-t-il quelquefois?
7 Quand fait-il du soleil en général?
8 Quel temps fait-il dans le désert?
9 Quand fait-il froid?
10 Quand est-ce qu'il pleut?

EXERCISES

Exercise A   What are they doing?

example: Elle chante.

(pêcher)

BLA, BLA, BLA

(jouer aux cartes)

(faire du ski)

L'ANGLAIS FACILE

La tour Eiffel est à Londres

(faire du vélo)

Exercise B   Answer, starting with JE:

1 Fumez-vous des cigares?
2 Préparez-vous quelquefois les repas?
3 Dansez-vous bien?
4 Jouez-vous de la clarinette?
5 Jouez-vous au bridge?
6 Travaillez-vous dans un collège?
7 Aimez-vous le sport?
8 Tricotez-vous?
9 Préférez-vous le thé ou le café?
10 Achetez-vous souvent du poisson?

Exercise C   Answer, starting with NOUS:

1 Habitez-vous à Rouen?
2 Mangez-vous souvent au restaurant?
3 Etudiez-vous l'espagnol?
4 Jouez-vous au tennis?
5 Ecoutez-vous souvent la radio?
6 Regardez-vous souvent la télévision?
7 Faites-vous les devoirs régulièrement?
8 Jouez-vous du piano?
9 Faites-vous du sport?
10 Qu'est-ce que vous détestez?

Exercise D   Answer NON to the following questions:

example: Est-ce que vous chantez bien?
     Non, je ne chante pas bien.

1 Habitez-vous en France? *Non, j'habite pas en France*
2 Est-ce qu'il fume? *Non, il ne fume pas.*
3 Prépare-t-elle un gâteau? *Non, elle ne prépare pas un gâteau*
4 Dansent-ils bien? *Non, ils ne dansent pas bien.*
5 Font-elles le ménage? *Non, elles —*
6 Travaille-t-elle dans une usine? *Non, elle ne travaille pas dans une usine.*
7 Aiment-ils le professeur? *Non, ils n'aiment pas le professeur.*
8 Jouez-vous du violon? *Non, je ne joue jamais du violon.*
9 Ecoutons-nous la radio? *Non, je n'écoute aucune la radio*
10 Fait-elle un pull-over? *Non, je ne fait elle ne fait plus un pull-over*
11 Jouez-vous aux cartes? *Non, je ne joue aucun*
12 Etudiez-vous le russe? *Non, je n'étudie que le russe.*

Exercise E   Look at the family tree on page 69 and fill in the gaps accordingly.

example: Colette et Annie sont les **nièces** de Cécile.

1 Cécile et Monique sont les *sœurs* de Claude.
2 Claude est le *mari* de Liliane.
3 Liliane est la *belle-fille* de Françoise et Louis.
4 Françoise et Louis sont les *grand-parents* de Pierre.
5 Pierre est le *frère* d'Annie.
6 Annie est la *cousine* de Colette.
7 Colette est la *petite-fille* de Françoise et de Louis.
8 Louis est le *beau-père* de Jean Leroy.
9 Jean Leroy est le *beau-frère* de Cécile.
10 Cécile est la *tante* de Paul.
11 Paul est le *neveu* de Monique.
12 Monique est la *femme* de Jean Leroy.

Listening Comprehension

Vocabulary: la plupart (de) = *most (of)*
en plein air = *in the open air*   voir = *to see*
ou/ou bien = *or*   envoyer = *to send*

Les touristes à Paris

Listen to the text carefully, and answer the following questions in English:

1 When do most foreign visitors arrive in Paris?
2 What do they particularly like to visit?
3 Name two famous churches in Paris.
4 Where do the artists work in Montmartre?
5 What do the tourists have made sometimes?
6 Where do they go to get refreshments?
7 What do the tourists like to do when the weather is fine?
8 Why do they climb to the top of the Eiffel tower?
9 What do they do to have nice souvenirs?
10 What do they buy for their families and friends?
11 Where do they go when it rains?
12 Name something famous in the Louvre.
13 What do the tourists do in the restaurants?
14 Which tourists go to the opera?
15 Which tourists go to the cinema or the theatre?

See Grammar Section 4, 8

FAITES LE POINT! – UNITES 7–9

1 Look at the picture and fill in the gaps:

– Où est le guide? – Il est _____ des touristes.
– Où sont les touristes? – _____.
– Où sont les clés du guide? – _____.

Guide

2 Look at the picture and fill in the gaps:

– *Où* est le café s'il vous plaît?
– Quel café?
– Le café de la poste.
– A droite de l'hôtel.
– *Où* est l'église s'il vous plaît?
– *Quelle* église?
– L'église St. Pierre.
– *à gauche* de la mairie.

CAFÉ PAPILLON   FLEUR   CAFÉ DE LA POSTE   HOTEL

EGLISE ST. PIERRE   MAIRIE   EGLISE ST. JACQUES

✗ **3 Complete the dialogue:** *Où est la gare s'il vous plaît?*

Vous: (Stop a passer-by politely and ask him how to get to the station.)
Le passant: C'est facile. Vous êtes à pied?
Vous: (Say yes, but ask if it is far.) *Oui. C'est loin?*
Le passant: Non, c'est à cinq minutes. Traversez le pont et prenez la première à gauche. La gare est au bout de la rue.
Vous: (Ask if there is a hotel near the station.) *Il y a un hôtel près de la gare?*
Le passant: Non, mais il y a un café juste en face.
Vous: (Ask if there is a hotel in the district.) *Il y a un hôtel par ici?*
Le passant: Oui, il y a un hôtel dans la deuxième rue à droite.
Vous: (Thank him and say goodbye.) *Merci beaucoup. Au revoir.*

✗ **4 Fill in the gaps with the following vocabulary:**

à droite   quelle   traversez   prenez   par ici   à côté de
tout droit   loin   à pied.

Un monsieur: Pardon madame, il y a une banque *par ici*?
Une dame: Oui, il y a le Crédit Rural.
Monsieur: C'est *loin*?
Dame: Non, c'est à cinq minutes *à pied*. Allez *tout droit* jusqu'à l'église.
Monsieur: *Quelle* église?
Dame: L'église St Jacques. Là, tournez *à droite*. *Traversez* la place et *prenez* la première à gauche. La banque est *à côté de* la poste.
Monsieur: Merci beaucoup madame. Au revoir.

5 Look at the family tree and choose the correct answer:

✗

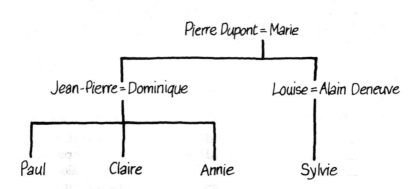

Pierre Dupont = Marie
Jean-Pierre = Dominique   Louise = Alain Deneuve
Paul   Claire   Annie   Sylvie

a Jean-Pierre est le père / le frère de Claire.

b Marie est la belle-mère / la grand-mère de Sylvie.

c Claire est la sœur / la femme d'Annie.

d Alain est le neveu / le mari de Louise.

e Louise est la tante / la nièce de Paul.

6 Match the pictures and sentences:

a Il fait du brouillard.

b Il fait du soleil. Il fait chaud.

c Il fait mauvais. Il pleut.

d Il neige. Il fait froid.

1.

2.

3.

4.

7 What are they doing? Complete the sentences using FAIRE:

a Il _____

b Elles _____

c Ils _____

d Ils _____

e Il _____

8 Complete the questions using EST-CE QUE . . .:

a _____ à Dinard? – Oui, j'habite Dinard.

b _____ à Dinard? – Non, je ne travaille pas à Dinard.

c Alors, où _____? – Je travaille à St. Malo.

d _____ secrétaire? – Non, je suis vendeuse.

e _____ dans un grand magasin? – Oui, c'est ça.

9 Complete the questions using the inversion form:

– Monsieur, je voudrais vous poser quelques questions . . .

a _____ au café le midi? – Non, je mange à la cantine.

b _____ souvent des sandwichs? – Non, je n'achète jamais de sandwichs.

c Pourquoi n'_____ pas de sandwichs? – Parce que nous n'avons que des sandwichs au jambon à la cantine.

d – _____ le jambon? – Non, je ne déteste pas le jambon mais je suis végétarien!

10 Look at the picture

Répondez vrai ou faux (Answer true or false):

a Madame Poivron est dans la cuisine.
b Elle tricote.
c Il y a un enfant sur la chaise.
d Madame Poivron et l'enfant écoutent la radio.
e La radio est par terre.
f Il y a une pendule au mur.
g Le chat est sous la table.
h Il attrape une souris.
i L'oiseau est devant la fenêtre.
j L'oiseau aboie.
k Madame Poivron et l'enfant sont derrière la table.
l Il y a du pain, de l'eau et des fruits sur la table.
m Il y a un jardin derrière la maison.
n Il y a un arbre dans le jardin.
o Il fait beau.

Dixième unité

Still in Rouen, Claire Ouate is now trying to find out about the French and their hobbies.

Première interview:
Claire et un jeune garçon

Claire: Pardon petit, je voudrais te poser quelques questions.
Garçon: Oui m'dame!
Claire: As-tu des frères et des sœurs?
Garçon: Oui m'dame, j'ai une grande sœur et un petit frère.
Claire: Est-ce que tu joues souvent avec ton petit frère?
Garçon: Après l'école on joue presque toujours avec des voisins.
Claire: A quoi jouez-vous?
Garçon: Quelquefois on joue au ballon, aux billes, moi je préfère jouer aux gendarmes et aux voleurs!
Claire: Et quand il ne fait pas beau?
Garçon: En général on regarde la télé, quelquefois on joue au ping-pong, au train électrique, aux fléchettes . . .
Claire: Et ta sœur, elle joue avec vous, de temps en temps?
Garçon: Oh non, elle ne joue plus, elle est trop vieille!
Claire: Ah oui, quel âge a-t-elle?
Garçon: Elle a quinze ans!

Avez-vous compris?

1 Le jeune garçon a-t-il des frères et des sœurs?
2 A quoi joue-t-il avec les voisins après l'école?
3 Que font-ils quand il fait mauvais?
4 Pourquoi la sœur ne joue-t-elle plus?
5 Quel âge a-t-elle?

A vous!

Imagine that you are a child. Tell Claire what you do with your neighbours after school.

example: play with a ball, marbles, cops and robbers, darts etc.

Use the familiar 'on' for 'we'.

Deuxième interview: Claire et un homme à la retraite

Claire: Pardon monsieur, je fais une enquête sur les Français et les passe-temps.

Homme: Tiens, pourquoi donc?

Claire: Je travaille pour la SNES. Que faites-vous quand vous avez du temps libre?

Homme: J'ai beaucoup de temps libre maintenant, je suis à la retraite depuis trente ans. Quand il fait beau je fais du jardinage.

Claire: Vous avez un grand jardin?

Homme: Assez grand. Je fais pousser des fleurs et des légumes.

Claire: Est-ce que vous aimez le jardinage?

Homme: Oui, beaucoup, mais je préfère aller à la pêche et quand il pleut j'aime aller aux escargots. J'adore les escargots!

Claire: Etes-vous très occupé le dimanche?

Homme: Non, rarement. Le matin j'assiste à la messe, et après je bois l'apéritif au café avant de déjeuner. Mais le samedi soir je joue de l'accordéon avec le groupe musical du village.

Claire: Ce sont des professionnels?

Homme: Oh non, des amateurs bien sûr!

Claire: Et le soir, que faites-vous?

Homme: Tous les soirs, sauf le samedi, je joue aux cartes avec des amis au café.

Claire: Et à la maison?

Homme: Quand je rentre à la maison je prépare le dîner, puis je regarde la télé.

Claire: Quelles émissions préférez-vous?

Homme: Je regarde tout, mais je préfère les films policiers et j'adore les émissions pour les enfants.

Claire: Je ne voudrais pas être indiscrète, mais quel âge avez-vous?

Homme: J'ai 95 ans.

Avez-vous compris?

1 Pourquoi le monsieur a-t-il beaucoup de temps libre?
2 Que fait-il pousser dans le jardin?
3 Que préfère-t-il faire quand il fait beau?
4 Qu'aime-t-il faire quand il pleut? Pourquoi?
5 Que fait-il le dimanche matin?
6 Et le samedi soir?
7 Où et avec qui joue-t-il aux cartes?
8 Que fait-il le soir à la maison?
9 Quelles émissions préfère-t-il?
10 Quel âge a-t-il?

A vous!

Now imagine that you are retired. Tell Claire that you do some gardening when the weather is fine, and tell her what you grow, but tell her that you prefer to go fishing. Tell her also what you do when it rains, at weekends and in the evenings.

Troisième interview: Claire et une jeune femme

Claire: Pardon madame, je fais une enquête sur les Français et les passe-temps. Avez-vous beaucoup de temps libre?

Jeune femme: Excusez-moi, mais je suis très pressée ce matin.

Claire: Est-ce que vous travaillez?

Jeune femme: Oui, mais seulement à mi-temps, et comme j'ai des enfants, j'ai beaucoup de travail à la maison.

Claire: Qu'aimez-vous faire quand vous avez un peu de temps?

Jeune femme: J'aime lire le journal et faire les mots croisés. J'aime bien aussi faire du crochet et de la couture.

Claire: C'est très utile! Et votre mari, qu'est-ce qu'il aime faire?

Jeune femme: Lui, il fait collection de timbres.

Claire: Et est-ce que vous êtes sportive?

Jeune femme: Moi, pas tellement! Je fais du yoga une fois par semaine, le mercredi soir, et le dimanche toute la famille aime faire une promenade dans les bois. Nous aimons ramasser des champignons.

Claire: Les enfants font-ils beaucoup de sport?

Jeune femme: Oh oui! Les garçons font du judo et les filles font de la danse. Et ils aiment tous la natation.

Claire: Et votre mari?

Jeune femme: Il ne fait jamais de sport. Il préfère regarder le sport à la télévision!

Avez-vous compris?

1 Est-ce que la jeune femme travaille?
2 Pourquoi a-t-elle beaucoup de travail à la maison?
3 Quels sont les passe-temps de la jeune femme?
4 Quel est le passe-temps du mari de la jeune femme?
5 La jeune femme fait-elle du sport?
6 Et les enfants?
7 Le mari est-il aussi sportif? Pourquoi?

A vous!

1 **Help Claire talk about the young woman by filling in the gaps with the following vocabulary:**

lire   travail   semaine   pressée   mi-temps   mots croisés

La jeune femme est très _____ ce matin, parce qu'elle a beaucoup de _____ à la maison. Elle travaille aussi à _____. Elle aime _____ le journal et faire les _____. Elle fait du yoga une fois par _____.

2 **This time, help Claire talk about the young woman's family by filling in the gaps with the following vocabulary:**

natation   timbres   télévision   promenade   sport
bois

Le dimanche, la famille aime faire une _____ dans les _____. Le mari fait collection de _____. Les enfants font beaucoup de _____. Ils aiment tous la _____. Mais le mari préfère regarder le sport à la _____.

Et vous?

Avez-vous des passe-temps?
Etes-vous sportif?

Claire has also been handing out some questionnaires.
Here's one for you to fill in:

Je déteste	Je n'aime pas	J'aime bien	J'adore	AGE: . . . ANS SEXE: MASC./FEM.
				QUESTIONNAIRE SNES: METTEZ UNE CROIX ☒ DANS LES CASES CORRESPONDANT A VOS GOUTS
				NOURRITURE
				aller au restaurant
				essayer un nouveau plat
				manger des gâteaux à la crème
				manger des plats exotiques
				manger des escargots et des cuisses de grenouilles
				boire du vin à table
				VACANCES
				aller à l'étranger
				aller à la montagne
				voyager en voiture
				rester à la maison
				faire du camping
				visiter les endroits intéressants
				LE SOIR
				regarder la télévision
				écouter la radio
				passer des disques
				jouer aux cartes
				aller au lit tôt
				sortir
				A LA MAISON
				faire la vaisselle
				passer l'aspirateur
				repasser
				bricoler
				faire la cuisine
				faire la lessive
				LE DIMANCHE
				rester au lit tard
				faire une promenade
				lire le journal
				inviter des amis
				faire le jardinage
				laver la voiture

L'ALPHABET DE L'AMITIE

A J'aime mon ami avec un A parce qu'il est autrichien, il habite à Aigen, il mange de l'ail et il boit de l'alcool, il joue de l'accordéon et il fait de l'alpinisme.

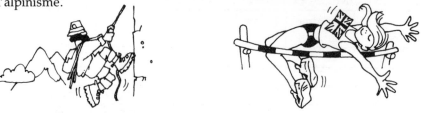

J'aime mon amie avec un A parce qu'elle est anglaise, elle habite à Aylesbury, elle mange des abricots et elle boit de l'anisette, elle joue de l'alto et elle fait de l'athlétisme.

B J'aime mon ami avec un B parce qu'il est belge, il habite à Bruxelles, il mange des biftecks et il boit du beaujolais, il joue au bridge et il fait du bruit.

J'aime mon amie avec un B parce qu'elle est brésilienne, elle habite à Brasilia, elle mange des bonbons et elle boit de la bière, elle joue au badminton et elle fait de la bicyclette.

C J'aime mon ami avec un C parce qu'il est canadien, il habite à Chicoutimi-Jonquière, il mange du camembert et il boit du calvados, il joue de la clarinette et il fait la cuisine.

J'aime mon amie avec un C parce qu'elle est chinoise, elle habite à Canton, elle mange des champignons et elle boit du champagne, elle joue de la contrebasse et elle fait du couscous.

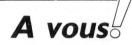

A vous!

Continue, using some other letters of the alphabet in the same way:
J'aime mon ami avec un D . . .

EXERCISES

Exercise A   **Express your personal tastes by telling someone:**

1 that you hate ironing
washing up
hoovering.
2 that you don't like going for a walk when it rains
going to bed early
reading the paper.
3 that you quite like doing crosswords
gardening when the weather is fine
playing cards with friends.
4 that you prefer going on holiday abroad
travelling by car
watching sport on television.
5 that you love inviting friends
pottering around
staying in bed late on Sundays.

Exercise B   **Provide the questions to the following answers:**

example: Il lave la voiture le dimanche.
Que fait-il le dimanche?
or   Quand lave-t-il la voiture?

1 Monsieur Boivin travaille dans une pharmacie.
2 Laurent étudie l'anglais le jeudi soir.
3 Oui, je fume la pipe.
4 Non, je regarde rarement la télévision.
5 Claude mange un sandwich.
6 Elle fait très bien la cuisine.
7 Elle travaille seulement le matin.
8 Marcel habite à Paris.
9 Non, il ne bricole jamais.
10 Parce qu'ils ont faim.

Exercise C   **Look at the following lists of time phrases and activities, and use them to make eight sentences:**

1 souvent
2 rarement
3 une fois par semaine
4 quelquefois
5 toujours
6 en général
7 de temps en temps
8 jamais

a jouer aux cartes
b aller au cinéma
c aller au restaurant
d repasser
e faire du sport
f faire une promenade

g lire le journal
h rester à la maison
i faire le jardinage
j regarder la télévision
k écouter la radio
l faire les mots croisés

Exercise D   **Write a second letter to your French penfriend telling him/her about your interests.**

See Grammar Section 10, 23 (a)

Onzième unité

La matinée d'une ménagère

Marie Muller tal

1 A sept heures, je prépare le petit déjeuner.

2 A huit heures, je passe l'aspirateur.

3 A huit heures un qua je fais les lits.

7 Si je rencontre des amies, je bavarde avec elles, mais pas après dix heures vingt.

8 A onze heures moins le quart, je rentre à la maison.

9 A onze heures moins dix je range les achats.

Avez-vous compris?

1 A quelle heure Marie prépare-t-elle le petit déjeuner?
2 Que fait-elle à 8 heures?
3 A quelle heure fait-elle les lits?
4 Que fait-elle à 8 h 30?
5 A quelle heure fait-elle sa toilette?
6 A quelle heure fait-elle les courses?
7 Que fait-elle quand elle rentre à la maison?
8 Que fait-elle à 11 heures?
9 Que fait-elle vers midi et demi?
10 A quelle heure commence-t-elle à l'hôpital?

...out a typical day in her life . . .

4 A huit heures et demie, je fais la vaisselle.

5 A neuf heures, je fais ma toilette.

6 A neuf heures et demie, je fais les courses.

12 Puis comme je travaille à mi-temps, je me prépare à aller à l'hôpital . . .

10 A onze heures je fais du lavage ou du repassage.

11 Je déjeune vers midi et demi.

où je commence à deux heures.

Et vous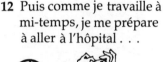

Comment passez-vous une journée?

1 Préparez-vous le petit déjeuner? Passez-vous l'aspirateur? Faites-vous les lits? La vaisselle? Si oui, tous les jours? Et à quelle heure?

2 Quand faites-vous les courses?

3 Bavardez-vous quelquefois avec des amis? Quand et où?

4 Faites-vous du lavage, du repassage, la cuisine? Souvent?

5 Travaillez-vous? Si oui, à quelle heure commencez-vous et à quelle heure terminez-vous?

Marie chez le boucher-charcutier

Marie is entertaining to-night, so she has decided to go and do her shopping . . .

La bouchère: Bonjour madame Muller, vous désirez?
Marie: Je voudrais des côtelettes d'agneau.

Bouchère: Oui, combien en voulez-vous?
Marie: Quatre.
Bouchère: Voilà! Et avec ça?
Marie: Un beau rôti de bœuf pour six personnes.
Bouchère: Comme ça?
Marie: Très bien. Je voudrais aussi un pot de rillettes et un petit saucisson sec.
Bouchère: Vous avez des invités ce soir?
Marie: Oui, d'anciens voisins qui habitent maintenant à Colmar.
Bouchère: Voilà! Ça sera tout?
Marie: Oui merci, ça fait combien?
Bouchère: Alors . . . 76 francs 40.
Marie: Voilà!
Bouchère: Merci et bonne soirée!

Avez-vous compris?

1 Combien de côtelettes d'agneau Marie achète-t-elle?
2 Quelle sorte de rôti achète-t-elle?
3 Est-ce un gros rôti? Pourquoi?
4 Quelle charcuterie achète-t-elle?
5 Combien dépense-t-elle à la boucherie?

A vous!

Provide the butcher's part of the dialogue:

Boucher: ___Quelle sorte de rôti achète-t-elle___? *(desirez-vous?)*
Client: Je voudrais un rôti de bœuf.
Boucher: ___Comme ça___?
Client: Oui, très bien.
Boucher: ___Voilà; ça sera tout___?
Client: C'est tout merci, ça fait combien?

Marie à la crémerie

La crémière: Bonjour madame, vous désirez?

Marie: Je voudrais un choix de fromages: un camembert, une tranche de roquefort, un beau morceau de gruyère . . .

Crémière: Combien de gruyère?

Marie: Environ une demi-livre.

Crémière: Bien, et avec ceci?

Marie: Un petit chèvre.

Crémière: Voilà.

Marie: Je voudrais aussi des yaourts.

Crémière: Natures ou aux fruits?

Marie: Natures.

Crémière: Oui, combien?

Marie: Huit . . . Merci. Je voudrais aussi un litre de lait et un petit pot de crème fraîche. Et ça sera tout. *That will be all*

Crémière: Bien madame, ça fait 37 francs 72.

Marie: Oh pardon! Il me faut aussi une douzaine d'œufs et une demi-livre de beurre.

Crémière: Quel beurre préférez-vous?

Marie: Du beurre doux des Charentes.

Crémière: Voilà. C'est tout?

Marie: Oui, cette fois c'est tout!

Avez-vous compris?

1 Combien de sortes de fromages Marie achète-t-elle?
2 Combien de gruyère demande-t-elle?
3 Achète-t-elle des yaourts aux fruits?
4 Combien achète-t-elle de lait? de crème fraîche?
5 Achète-t-elle du beurre de Normandie?

A vous!

Find phrases in the dialogue that mean:

How much?   About half a pound   That will be all   Is that all?

Marie chez le marchand de primeurs

Le marchand: A qui le tour?

Marie: C'est à moi! Je voudrais cinq kilos de pommes de terre, s'il vous plaît.

Une vieille dame: Pardon! C'est mon tour!

Marchand: Je crois que madame Muller a raison, madame.

Vieille dame: Eh bien ça c'est un comble! De mon temps monsieur . . .

Marchand: Alors, cinq kilos de pommes de terre . . . Voilà.

Marie: Merci! Je voudrais faire une salade de fruits. Donnez-moi un kilo de pommes, un kilo d'oranges, trois bananes et une livre de raisin.

Marchand: Voilà! Avec ceci?

Marie: Deux pamplemousses, un chou-fleur, un kilo de carottes, un peu de persil et 150 grammes de champignons.

Vieille dame: Ce n'est pas possible! Elle achète le magasin!

Marchand: Vous désirez autre chose?

Marie: Non, c'est tout pour aujourd'hui, merci. Au revoir messieurs-dames!

Avez-vous compris?

1 Marie achète combien de kilos de pommes de terre?
2 Pourquoi Marie achète-t-elle des fruits?
3 Quels légumes achète-t-elle?
4 Qu'achète-t-elle d'autre?
5 Est-ce que la vieille dame est contente?

A vous!

Fill in the gaps with the following vocabulary:

voilà   un   tout   voudrais   deux   combien
grammes.

Cliente: Je _voudre_ des pommes de terre.

Marchand: Oui _combien_?

Cliente: Trois kilos.

Marchand: _Voilà_ Et avec ça?

Cliente: _Deux_ pamplemousses, _un_ beau chou-fleur et deux cents _grammes_ de champignons.

Marchand: Et avec ceci?

Cliente: C'est _tout_ merci.

Marie à la boulangerie-pâtisserie

Boulangère: Vous désirez?

Marie: Je voudrais trois baguettes s'il vous plaît.

Boulangère: Voilà, et avec ça?

Marie: Je voudrais des gâteaux, six gâteaux.

Boulangère: Oui madame.

Marie: Hmmm, voyons, . . . deux éclairs au chocolat . . .

Boulangère: Je suis désolée, je n'ai plus d'éclairs au chocolat. Au café?

Marie: Alors au café. Deux mille-feuilles et deux tartes.

Boulangère: Pommes, prunes, abricots . . .

Marie: Non, deux tartes aux fraises s'il vous plaît.

Boulangère: Oui, voilà, et avec ça?

Marie: Ce sera tout merci, ça fait combien?

Boulangère: Alors, avec les trois baguettes, ça fait 35 francs 50 madame.

A vous!

Can you identify the following?

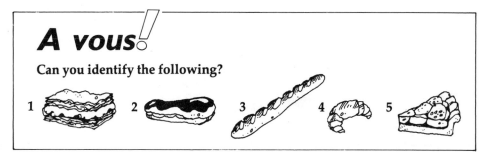

1   2   3   4   5

Quelques problèmes!

Il a beaucoup de travail.

Il y a trop de nourriture dans le réfrigérateur.

PRIX 10f

Je n'ai que 5 francs

Il n'a pas assez d'argent.

1 Ils ont _____ enfants.

2 Il y a _____ gens dans la voiture.

3 Il _____ hommes.

EXERCISES

Exercise A **Quelle heure est-il? Il est . . .**

Exercise B Fill in the gaps:

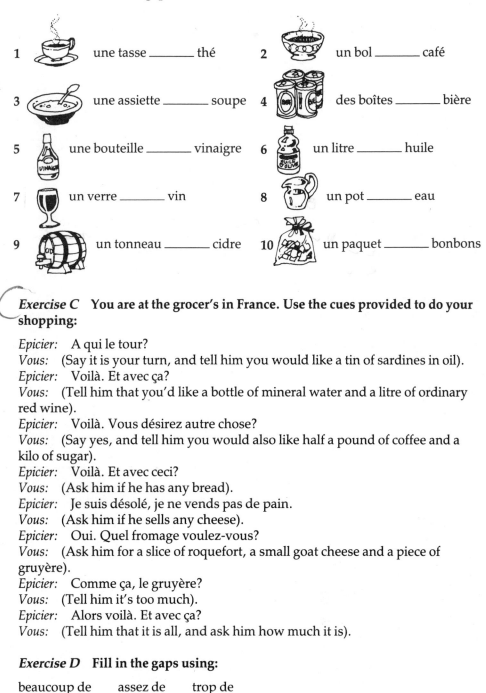

1 une tasse _____ thé   2 un bol _____ café

3 une assiette _____ soupe   4 des boîtes _____ bière

5 une bouteille _____ vinaigre   6 un litre _____ huile

7 un verre _____ vin   8 un pot _____ eau

9 un tonneau _____ cidre   10 un paquet _____ bonbons

Exercise C You are at the grocer's in France. Use the cues provided to do your shopping:

Epicier: A qui le tour?
Vous: (Say it is your turn, and tell him you would like a tin of sardines in oil).
Epicier: Voilà. Et avec ça?
Vous: (Tell him that you'd like a bottle of mineral water and a litre of ordinary red wine).
Epicier: Voilà. Vous désirez autre chose?
Vous: (Say yes, and tell him you would also like half a pound of coffee and a kilo of sugar).
Epicier: Voilà. Et avec ceci?
Vous: (Ask him if he has any bread).
Epicier: Je suis désolé, je ne vends pas de pain.
Vous: (Ask him if he sells any cheese).
Epicier: Oui. Quel fromage voulez-vous?
Vous: (Ask him for a slice of roquefort, a small goat cheese and a piece of gruyère).
Epicier: Comme ça, le gruyère?
Vous: (Tell him it's too much).
Epicier: Alors voilà. Et avec ça?
Vous: (Tell him that it is all, and ask him how much it is).

Exercise D Fill in the gaps using:

beaucoup de   assez de   trop de

1 M. Guignol fume cent cigarettes par jour. Il fume _____ cigarettes.
2 Madame Brède mange vingt gâteaux par jour. Elle mange _____ gâteaux.
3 Mademoiselle Biche boit deux bouteilles de cognac par jour. Elle boit _____ cognac.
4 Le fermier a dix tracteurs. Il a _____ tracteurs.

5 L'industriel a vingt-cinq usines. Il a _____ usines.
6 Le sultan Pasha a cinquante femmes. Il a _____ femmes.
7 M. Pierrot n'achète pas de maison à la campagne. Il n'a pas _____ argent.
8 L'étudiante a deux livres. Elle n'a pas _____ livres.

Listening Comprehension

Vocabulary: Les informations = *the news*
une émission = *a broadcast*
manquer = *to miss*

Listen carefully to the following radio announcements.
Now try and match the programmes with the times:

1 Jacqueline et Compagnie   ℬ ✓   **a** midi
2 Résultat de l'enquête sur le cinéma ℰ   **b** 14 heures à 16 heures
3 La route en chansons   𝔻 ✓   ~**c** 21 heures 30.
4 Info-Déjeuner   ɑ ✓   **d** 6 heures à 10 heures.
5 Le Hit-Parade   ℯ ✓   **e** 15 heures.

Listen again to the radio announcements.
Explain briefly in English what these five programmes are about.

See Grammar Section 5 (d), 6 (b)

Douzième unité

Claire questions a lady from Rouen about important dates and celebrations.

Claire: Pardon madame, je ne voudrais pas être indiscrète, mais quand est votre anniversaire?
Rouennaise: C'est le 17 mars.
Claire: Et votre fête?
Rouennaise: Je m'appelle Catherine. La Sainte Catherine est le 25 novembre.
Claire: Et à quelles dates êtes-vous en vacances?
Rouennaise: En général, je suis en vacances au mois d'août, cette année du 4 au 29 exactement.

Claire: Etes-vous mariée?
Rouennaise: Oui, depuis douze ans.
Claire: A quelle date est votre anniversaire de mariage?
Rouennaise: C'est le 12 juin. Nous le fêtons tous les ans. Je prépare un repas spécial et mon mari m'achète toujours un cadeau.
Claire: Et dites-moi, quand est l'anniversaire de votre mari?
Rouennaise: Je ne sais pas! J'oublie toujours!

Avez-vous compris?

1 Quand est l'anniversaire de la Rouennaise?
2 Quelle est la date de la Sainte Catherine?
3 Quand Catherine est-elle en vacances?
4 A quelle date est l'anniversaire de mariage de Catherine?
5 Quand est l'anniversaire du mari de Catherine?

A vous!

example: C'est le 11 novembre.

1 Now read the following dates:

And in another way; e.g. **21** Juin   Nous sommes le 21 juin.

31 Décembre   **15** Février   **1er** Avril

10 Août   **4** Octobre

2 Now tell Claire:

today's date   your birthday   your holiday dates   your
wedding anniversary (if applicable).

**To celebrate Laurent's birthday, Laurent and Chantal decide to spend the
weekend at the sea-side. They decide to go by train to avoid traffic jams.**

Samedi matin à huit heures moins
cinq, Chantal attend Laurent.

A huit heures, elle entend la voiture.

Elle prend l'appareil photo et le sac
de voyage.

Puis elle descend vite l'escalier.

Dans la voiture Laurent attend Chantal pour aller à la gare. Là, ils laissent la voiture au parking.

Comme ils sont un peu en avance, ils attendent le train.

Ils prennent le train à huit heures et demie exactement. Dans le train, ils admirent la campagne.

Une demi-heure plus tard, le train arrive à Dieppe. Ils descendent du train. Enfin ils sont au bord de la mer.

Avez-vous compris?

1 A quelle heure Chantal attend-elle Laurent?
2 Qu'est-ce qu'elle entend à huit heures?
3 Qu'est-ce qu'elle prend?
4 Comment descend-elle l'escalier?
5 Pourquoi Laurent attend-il Chantal?
6 A quelle heure prennent-ils le train?
7 Que font-ils dans le train?
8 Que font-ils quand ils arrivent à Dieppe?
9 Où sont-ils enfin?

A vous!

1 Laurent telephones the hotel to see if it is possible to catch a bus there. It is such a bad line that he has to repeat everything the receptionist says. You take the part of Laurent, and practice with your neighbour.

Réceptionniste: . . . Oui monsieur, vous attendez le bus devant la gare.
Laurent: J'attends le bus devant la gare.
Réceptionniste: Oui c'est ça, puis vous prenez le 37, direction centre-ville.
Laurent: Je . . .
Réceptionniste: C'est exact, puis vous descendez le boulevard Clémenceau, juste en face du casino.
Laurent: Alors je . . .

Réceptionniste: Oui c'est ça. Ensuite vous prenez la première rue à gauche, et vous y êtes, boulevard Verdun.
Laurent: Je . . .
Réceptionniste: Allô, allô, répondez s'il vous plaît monsieur . . . Vous entendez bien?
Laurent: Oui j' . . .
Réceptionniste: Ah bon! Cela me surprend, car moi je n'entends presque rien à cause de la circulation!

2 Now tell Chantal what you have to do.

Begin: 'Nous attendons le bus devant la gare . . .'

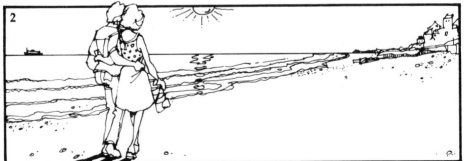

Ils laissent les bagages à l'hôtel, mais ils prennent l'appareil photo et les maillots de bain.

Puis, ils font une promenade. Il fait très beau, le soleil brille.

Ils prennent beaucoup de photos.

Tout à coup l'appareil ne marche plus.
Ils sont très surpris. Ils examinent
l'appareil. Chantal interroge Laurent,
mais il ne répond pas.

Enfin ils comprennent: la pellicule est
finie.

Sur la plage un jeune garçon vend
des glaces. Laurent et Chantal
achètent chacun un esquimau.

Le soir, au bar de l'hôtel, ils
bavardent avec d'autres clients.

Le dimanche matin, ils visitent
Dieppe et le midi, ils déjeunent dans
un petit restaurant du port.

La radio marche. Ils écoutent les informations.

Ils apprennent une mauvaise nouvelle: les cheminots sont en grève!

Avez-vous compris?

1 Que laissent-ils à l'hôtel?
2 Que prennent-ils?
3 Que font-ils ensuite?
4 Quel temps fait-il?
5 Que font-ils avec l'appareil photo?
6 Pourquoi l'appareil ne marche-t-il plus tout à coup?
7 Où achètent-ils des esquimaux?
8 Avec qui bavardent-ils le soir?
9 Que font-ils le dimanche matin?
10 Où déjeunent-ils?
11 Qu'est-ce qu'ils écoutent à la radio?
12 Est-ce qu'ils apprennent une bonne nouvelle?

A vous!

Help a friend say how she spends her weekends by filling in the gaps with the following vocabulary:

promenade   sac de voyage   bagages   beau   pellicule
mer   escalier   campagne   gare   appareil photo

Tous les week-ends, s'il fait _____, nous prenons le train pour aller au bord de la _____ ou à la _____. Quand j'entends la voiture de Michel, je prends l'_____ et le _____, et je descends vite l'_____. Nous laissons la voiture au parking de la _____. Quand nous arrivons, nous laissons les _____ à l'hôtel et nous faisons une _____. Nous prenons beaucoup de photos, et souvent, le soir, la _____ est finie.

EXERCISES

Exercise A

1 Quand est Noël?
2 Quand est la Toussaint?
3 Quel est le premier jour de l'année?
4 Quel est le premier jour du printemps?
5 Quand est Pâques cette année?
6 Quand est la Saint Valentin?

Exercise B   Use the following verbs to fill in the story of Paul, a record salesman:

prend   vend   descend   répond   comprend   apprend
attendre

Paul _____ le français parce qu'il voyage souvent en France pour son travail. Il _____ des disques. Il ne parle pas très bien, mais il _____. Il _____ toujours l'avion. En général, il _____ dans un petit hôtel à Paris. Quand la réceptionniste parle à Paul, il _____ en anglais. Il n'aime pas _____, alors il prend souvent le métro à cause des embouteillages.

Exercise C   In the following series of questions and answers, give the correct form of the verbs in brackets:

1 Qu'est-ce que vous _____? (vendre)
  Nous _____ beaucoup de choses.
2 Qu'est-ce que vous _____? (prendre)
  Je _____ un verre de vin. Et vous?
3 Qu'est-ce qu'il _____? (attendre)
  Il _____ le train.
4 Est-ce qu'ils _____? (comprendre)
  Non, ils ne parlent pas français, ils ne _____ rien!
5 Est-ce que vous _____ du pain? (vendre)
  Oui, mais les boulangers _____ du pain frais.
6 Où _____-vous? (descendre)
  Je _____ à la station 'Odéon'.
7 Est-ce que vous _____ l'allemand? (apprendre)
  Non, j'_____ l'espagnol.
8 Est-ce que tu _____ à la lettre de Mary en anglais? (répondre)
  Non, je _____ en français.

Exercise D **Write about Laurent and Chantal using the verbs given in brackets:**

Laurent et Chantal _____ (habiter) Rouen en Normandie. Ils _____
(travailler) aussi à Rouen, au centre de la ville, tout près de la cathédrale. Chaque
semaine, Laurent _____ (attendre) Chantal pour aller à l'école où ils _____
(apprendre) l'anglais. Chantal _____ (comprendre) bien, mais Laurent
n'_____ (être) pas fort et il ne _____ (comprendre) presque rien. Après la
classe les étudiants, _____ (prendre) un café ensemble, avant de rentrer chez
eux.

See Grammar Section 11

FAITES LE POINT! – UNITES 10–12

1 Tell a friend that:

- **a** you generally are on holiday in June
- **b** you often take pictures
- **c** you sometimes go for a walk on Sundays
- **d** you rarely play tennis
- **e** you have a bath everyday
- **f** you cook from time to time
- **g** you never take the bus
- **h** you do the shopping in the morning
- **i** you do not watch television on Saturdays
- **j** you often play the guitar
- **k** you study French once a week
- **l** you always do the homework

2 Write full sentences:

Quelle heure est-il? Il est . . .

a   b   c   d   e

3 Finish the sentences:

La matinée d'une ménagère.

a A neuf heures moins vingt elle . . .

b A dix heures elle . . .

c A dix heures un quart elle . . .

d et elle . . .

e A midi elle . . .

4 Fill in the gaps with the correct word:

a une _____	de thé	**b** des _____	de bière
c une _____	de vin	**d** un _____	d'eau
e une _____	de gâteau	**f** un _____	de crème fraîche
g un _____	de bonbons	**h** un _____	de cidre
i un _____	de café	**j** une _____	de soupe

5 Write full sentences:

Quelle date est-ce?

a 2 – 5
b 23 – 4
c 14 – 6
d 17 – 7
e 1 – 1

f 4 – 2
g 19 – 9
h 21 – 10
i 29 – 11
j 10 – 12

6 Fill in the gaps. Use the inversion form for questions:

a _____ dans la salle de bain? Madeleine est dans la salle de bain.
b Quand _____? Laurent étudie l'anglais le jeudi soir.
c _____? Ils mangent à la cantine.
d Que _____? Je mange un bifteck.
e _____? Elle danse bien.
f _____ fumez-vous? Parce que j'adore les cigarettes.

7 Give the correct form of the verbs:

Mme X: Qu'est-ce que vous _____ (vendre)?
Mme Y: Je _____ (vendre) beaucoup de choses.
　　　　Je _____ (vendre) du vin, de l'eau minérale . . .
Mme X: De la viande?
Mme Y: Non, les bouchers _____ (vendre) de la viande.
Mme X: Alors je _____ (prendre) une bouteille de vin blanc.

8 Give the correct form of the verbs:

Christine _____ (attendre) son ami Michel. Quand elle _____ (entendre) la voiture, elle _____ (prendre) son sac et ses lunettes et elle _____ (descendre) vite l'escalier. Michel _____ (attendre) Christine pour aller au cinéma.

9 What are they doing?

Complete the sentences:

a Ils _____ le bus.

b Ils _____ beaucoup de photos.

c Elles _____ l'escalier.

d Ils _____ un bain.

e Ils ne _____ pas.

10 You are at the greengrocer's. Complete the following conversation:

Vous: (Say hello to the greengrocer.)
Marchand: Bonjour. Vous désirez?
Vous: (Tell him you'd like a kilo of apples.)
Marchand: Voilà. Et avec ça?
Vous: (Ask for a pound of grapes.)
Marchand: Vous désirez autre chose?
Vous: (Ask for two grapefruit, a cauliflower and 200 grams of mushrooms.)
Marchand: Voilà. Avec ceci?
Vous: (Say that's all and ask how much it is.)
Marchand: Alors ça fait vingt-huit francs cinquante.
Vous: (Give him the money and say goodbye.)

11 Name the food. Use UN, UNE, DES or DU accordingly:

Treizième unité

One day during their holiday in Paris, the ladies of Guillaume's group went to a fashion show.

Mesdames, mesdemoiselles, messieurs, bienvenue chez Louis Riza qui vous présente sa nouvelle collection automne-hiver.

1 ◄ Voici Lucile. Elle porte une jupe plissée écossaise et un élégant corsage de soie blanc très classique . . .

4 ◄ Sous un imperméable gris clair, en tergal, Lucile porte cette fois un pantalon noir et un très joli chemisier à fleurs orange. Autour du cou elle porte un foulard en soie, également orange . . .

2 Paule porte un très ► joli tailleur brun, en laine, avec un pull-over en mohair beige et des chaussures marron . . .

Voici de nouveau ► Paule. Elle nous présente maintenant un manteau en tweed avec ceinture et boutons de cuir, des gants fourrés, un bonnet et une écharpe de laine assortis, rayés rouge et jaune, le tout complété par une paire de bottes de cuir . . .

5

3

◄ Elle est suivie par Elise qui porte une robe d'après-midi vert amande, très chic, sous une adorable petite veste de fourrure. Elle porte une toque assortie et des chaussures vernies . . .

6

◄ Elise revient maintenant dans une merveilleuse robe du soir, longue, décolletée dans le dos, en satin rose pâle.

Avez-vous compris?

1 What is Lucile's blouse made of?
2 What is the colour of Paule's suit? And her shoes?
3 What material is Elise's jacket made of?
4 What is the colour of Lucile's raincoat? And her trousers?
5 What are Paule's belt, buttons and boots made of? What about her hat and scarf?
6 Describe Elise's evening dress.

A vous!

What do you think of the first part of the fashion show? The fashion house is doing a survey on selected items. Fill in the questionnaire.

QUESTIONNAIRE   LOUIS RIZA

Mettez une croix ⊠ selon vos goûts.

J'adore	J'aime bien	Je n'aime pas	Je déteste	
				le pull-over en mohair beige.
				la jupe plissée écossaise.
				les chaussures marron.
				l'imperméable gris clair.
				la veste de fourrure.
				le pantalon noir.
				le chemisier à fleurs orange.
				les bottes de cuir.
				le manteau en tweed.
				la robe d'après-midi vert amande.
				la robe du soir en satin rose pâle.

The show continues . . .

◀ Emile commence la présentation de la collection pour hommes avec le style week-end. Il porte un blouson à fermeture éclair, à carreaux rouge et vert, un blue-jean et un pull-over à col roulé rouge . . .

◀ Emile porte maintenant un pardessus en poil de chameau sur un pantalon en velours côtelé brun et une chemise unie en coton. Il porte aussi un chapeau pour la pluie . . .

Edouard, lui, porte ▶ un costume bleu marine avec une chemise bleue et blanche à rayures et une cravate bordeaux . . .

Plus élégant que ▶ jamais, Edouard revient, portant un smoking noir et une très belle chemise blanche à jabot de dentelle, et un nœud papillon.

Avez-vous compris?

1 How does Emile's wind-cheater do up? What type of collar has his pullover got?
2 What colour is Edouard's suit?
3 What kind of hat is Emile wearing? What material is his overcoat made of?
4 What sort of tie does Edouard wear for his final appearance?

A vous!

An English buyer at the show is having difficulty in matching the lists of items in French and English. Can you help?

1	a silk tie.	**a**	des gants de cuir.
2	an evening dress.	**b**	une chemise à carreaux.
3	leather gloves.	**c**	une veste de laine.
4	patent-leather shoes.	**d**	une robe du soir.
5	striped trousers.	**e**	un manteau de fourrure.
6	a navy-blue raincoat.	**f**	un chapeau à fleurs.
7	a checkered shirt.	**g**	un pantalon rayé.
8	a pleated skirt.	**h**	une jupe plissée.
9	a woollen jacket.	**i**	un imperméable bleu-marine.
10	a hat with flowers.	**j**	une cravate en soie.
11	a low-neck blouse.	**k**	des chaussures vernies.
12	a fur coat.	**l**	un corsage décolleté.

Et vous?

Que portez-vous aujourd'hui?

Josée took advantage of her stay in Paris to update her wardrobe. One day she decided to buy some shoes.

Vendeuse: Bonjour madame, vous désirez?

Josée: Je voudrais essayer les sandales rouges que vous avez en vitrine.

Vendeuse: Les sandales à 495 francs?

Josée: Oui, c'est ça.

Vendeuse: Quelle est votre pointure?

Josée: Trente-huit.

Vendeuse: Bien madame. Asseyez-vous.

A few minutes later . . .

Vendeuse: Voilà madame.

Josée: Elles sont en cuir?

Vendeuse: Oui, bien sûr.

Josée: Elles sont très élégantes, elles me plaisent, mais elles sont un peu étroites.

Vendeuse: Elles taillent petit. Voulez-vous essayer la pointure au-dessus?

Josée: S'il vous plaît.

A few minutes later . . .

Vendeuse: Voilà madame.

Josée: Ah oui, elles sont très confortables. Je les prends.

Vendeuse: Nous avons le sac assorti, si vous voulez.

Josée: Oh, il est adorable. Il coûte combien?

Vendeuse: 695 francs.

Josée: Non, malheureusement, c'est un peu trop cher pour moi!

Avez-vous compris?

Answer true or false:

1 Josée wants to try on a pair of green sandals.
2 She normally takes size 38.
3 She does not like them because they are made of synthetic materials.
4 She finds the fitting too broad.
5 When she tries the next size up, she finds them uncomfortable.
6 She does not buy the matching handbag because it is too dear.

A vous!

Lucien also spotted some leather shoes that he liked in the window. They cost 545 francs. Take the part of the shop assistant and practice with your neighbour.

Vendeur: _____
Lucien: Je voudrais essayer les chaussures marron que vous avez en vitrine.
Vendeur: _____
Lucien: Oui, c'est ça.
Vendeur: _____
Lucien: Quarante-six.
Vendeur: _____

A few minutes later . . .

Vendeur: _____
Lucien: Elles sont en cuir?
Vendeur: _____
Lucien: Elles sont très confortables, elles me plaisent. Je les prends.
Vendeur: _____
Lucien: Merci monsieur, c'est tout pour aujourd'hui. Les chaussures ici à Paris sont un peu trop chères pour moi.

EXERCISES

Exercise A **Interview your neighbour:**

Prepare questions asking what he/she wears:

for pottering about   to go to work or school   when it snows   to work at home   for sports . . . etc.

example: Que portez-vous pour bricoler à la maison?

Exercise B **You are going away for the weekend. Write a list of the clothes you intend to pack. Give reasons for packing each item.**

Exercise C **Indicate the colour of the following garments and write in full what they cost:**

example: La jupe brune coûte deux cents francs.

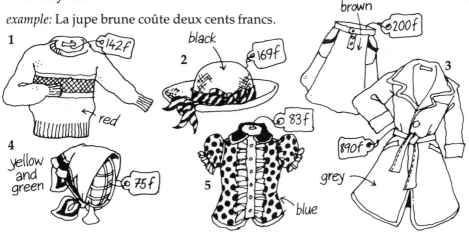

Exercise D **Write a short dialogue on the following subject:**

You go into a men's shop to buy a tie and/or a shirt either for yourself or as a present for a friend. Discuss the material, colour, pattern etc. with the assistant.

Listening Comprehension

Vocabulary: la chemise de nuit = *nightdress*
la taille = *size*

Listen to the dialogue then answer true or false:

1 François isn't too sure what to buy his wife.
2 He wants a full length nightdress with lace.
3 He doesn't know his wife's size.
4 He has no set ideas on colours.
5 The assistant first offers him a pink nightdress.
6 He doesn't want the black one because the neckline is too low.
7 He settles for the blue one only because his wife has blue eyes.
8 He buys her the matching dressing-gown.
9 He asks for the nightdress to be specially packed up.

See Grammar Section 12, 13

Quatorzième unité

It is Thursday evening and Chantal and Laurent are at their English class. During break two of their friends are chatting . . .

Denise: Qu'est-ce que c'est?
Cécile: C'est le cahier de Laurent.
Denise: Tu es sûre que c'est son cahier?

Cécile: J'en suis certaine!
Denise: Et ça, qu'est-ce que c'est?
Cécile: C'est le stylo de Chantal.
Denise: Tu crois?
Cécile: Mais oui, je suis sûre que c'est son stylo.
Denise: Oh la belle serviette en cuir! Tu crois que c'est la serviette de Laurent?
Cécile: Je ne sais pas si c'est sa serviette, mais en tout cas elle est toute neuve. C'est peut-être un cadeau d'anniversaire.
Denise: Peut-être . . . Oh regarde! Une bonne note: dix-huit sur vingt!
Cécile: Oui, c'est la note de Chantal.
Denise: Quelle note?
Cécile: C'est sa note pour la traduction.
Denise: Elle est vraiment bonne en anglais, elle a de la chance. Moi, je suis complètement nulle.

Cécile: Moi, c'est la prononciation qui me perd.
Denise: Oui, la prononciation est absolument impossible! Tiens, qu'est-ce que c'est que ces clés?
Cécile: Fais voir! . . . Ah! ce sont les clés de Chantal.
Denise: Tu es sûre que ce sont ses clés?
Cécile: Mais oui, je reconnais le porte-clés.

Denise: Et ça?
Cécile: Ce sont les lunettes de Laurent.
Denise: Il porte des lunettes maintenant?
Cécile: Oui, ce sont ses lunettes, il est un peu myope.
Denise: Oh le pauvre! Moi aussi, je suis myope, ce n'est pas drôle. Dis-moi ce qui est écrit au tableau, je ne vois pas.
Cécile (reading on the blackboard)   Deuxième partie de la leçon au laboratoire de langues . . . Viens vite, nous sommes en retard!

Avez-vous compris?

1 Describe the briefcase the girls refer to.
2 What did Chantal get a good mark for?
3 Is Denise good at English too?
4 What does Cécile find most difficult?

5 How does Cécile know that the keys belong to Chantal?
6 Why does Laurent wear glasses?
7 Why can't Denise read what is written on the blackboard?
8 Why haven't the other students come back to the classroom?

A vous!

1 Find in the dialogue the French equivalent of:

his exercise book   her pen   his briefcase   her mark   his glasses   her keys

From these examples, can you pinpoint the basic difference between the English and the French systems?

2 Now make some sentences about your neighbour's belongings:

example: Son stylo est sur sa table.

Laurent et Chantal sont déjà dans le laboratoire de langues:

Laurent: Eh Chantal, tu as un stylo à me prêter?
Chantal: Mais où est ton stylo?
Laurent: Mon stylo est dans ma serviette.
Chantal: Mais où est donc ta serviette?
Laurent: Ma serviette est dans la classe!
Chantal: Tiens, voilà mon bic.
Laurent: Merci . . . Eh Chantal!

Chantal: Quoi encore?
Laurent: Prête-moi tes lunettes.
Chantal: Mes lunettes? Mais pourquoi?
Laurent: Je ne vois rien.
Chantal: Mais je ne suis pas myope moi, j'ai seulement des lunettes de soleil! Et puis tu n'as pas besoin de voir. Ecoute!
Laurent: Mais Chantal . . .
Chantal: Chut! Je n'entends rien!

Avez-vous compris?

1 What does Laurent wish to borrow?
2 Where is his own?
3 Why are Chantal's glasses no good to him?
4 Why doesn't he really need glasses in the language laboratory?

A vous!

1 **From this dialogue, try and work out how to say MY and YOUR (familiar form) in French.**

2 **Now make some sentences about your own possessions:**

   example: Mon chat s'appelle Moustache.

Two business men (deux hommes d'affaires), are chatting about cars and work:

Lachance: Bonjour mon cher Déveine! Ça va?
Déveine: Comme ci comme ça, et vous?
Lachance: Très bien, merci!
Déveine: Dites-moi, c'est votre voiture?
Lachance: Oui, elle est toute neuve et très confortable.
Déveine: C'est une automatique?
Lachance: Oui, c'est formidable dans les embouteillages!
Déveine: Ma voiture n'est pas automatique, et en plus elle est en panne.

Lachance: Ah bon, c'est grave?
Déveine: Oui, c'est l'embrayage!
Lachance: Aïe, aïe, aïe!
Déveine: Je suppose que votre nouvelle usine est terminée?
Lachance: Oui, bien sûr! Elle est ultra-moderne. Les ouvriers sont contents.
Déveine: Nos ouvriers sont en grève depuis une semaine.
Lachance: C'est terrible!

Déveine: Oui. Mais vous, vos affaires marchent bien?
Lachance: Oui, nos affaires sont prospères. Notre firme a maintenant plusieurs succursales à l'étranger.
Déveine: Nous, nous n'avons qu'une petite usine en banlieue. Je suppose que vous voyagez beaucoup à l'étranger.
Lachance: Oui, très souvent.
Déveine: Vos voyages vous emmènent loin?
Lachance: Seulement en Europe.
Déveine: Votre secrétaire parle plusieurs langues?
Lachance: Elle est trilingue, français-anglais-allemand.
Déveine: Est-ce que toutes vos secrétaires sont trilingues?

Lachance: Non, mais elles sont toutes très jolies.
Déveine: Vous avez vraiment de la chance!!!

Avez-vous compris?

1 Describe monsieur Lachance's car.
2 What's the matter with monsieur Deveine's car?
3 How do monsieur Lachance's workers feel? Why?
4 What are monsieur Deveine's workers doing?
5 What is monsieur Lachance's business like? What proves it?
6 Is monsieur Deveine's business prosperous?
7 What does monsieur Lachance often do?
8 Where?
9 What is so special about his secretary?
10 Why does monsieur Deveine say that Lachance is really lucky?

A vous!

1 Find in the dialogue the French equivalents of:

your factory   your secretaries   our firm   our workers
how are you   so-so   traffic-jam   broken down   on strike
in the suburbs   abroad   business

2 Now ask your neighbour about his/her belongings:

example: Où sont vos clés?

**Two concierges, madame Ragot and madame Cancan, are talking
about the Ouate family:**

Mme Ragot: Bonjour madame
Cancan! Alors vos locataires du
septième sont de retour?
Mme Cancan: Ah, vous voulez
dire les Ouate! Oui, madame
Ouate est de retour après un petit
séjour à Paris. Avec leurs enfants
et leurs animaux, quelle famille!
Mme Ragot: Mais leurs enfants
sont à l'école, n'est-ce pas?

Mme Cancan: Oui, heureusement!
Leur fils Paul est maintenant au
C.E.S.

Mme Ragot: Et leur fille?
Mme Cancan: Elisabeth est encore
à l'école primaire.
Mme Ragot: Ils font toujours
autant de bruit?
Mme Cancan: C'est pire que
jamais! Ils dérangent tout
l'immeuble avec leur musique et
leurs animaux.

Mme Ragot: Ils ont combien
d'animaux?
Mme Cancan: En ce moment ils
gardent les animaux de leurs amis

qui sont en vacances. C'est une vraie ménagerie!

Mme Ragot: Qu'est-ce que c'est? Des chiens?

Mme Cancan: Il y a deux gros chiens qui aboient toute la journée, trois ou quatre chats qui miaulent toute la nuit, un singe . . .

Mme Ragot: Un singe!!!

Mme Cancan: Oui, un singe! Et il vole. Ils ont aussi des poissons rouges, une tortue, un lapin et des souris blanches.

Mme Ragot: Des souris! Quelle horreur! Moi, j'ai peur des souris! Au revoir!

Avez-vous compris?

1 Do the Ouates own their flat?
2 What does Mrs Cancan particularly dislike about the Ouate family?
3 Are the children always at home?
4 Why do the Ouates disturb the whole block?
5 Why do they have so many animals in their flat?
6 What animals are they?
7 What annoying things do they do?
8 Why does Mrs Ragot take her leave quickly?

A vous!

Find in the dialogue the French equivalents of:

their son   their daughter   their children   their animals
their friends

Make your own sentences with each of them.

EXERCISES

Exercise A   **Answer, using MON, MA or MES:**

1 Où est votre stylo?
    _____ stylo? Il est dans _____ sac.
2 Où sont vos clés?
    _____ clés? Elles sont dans _____ poche.
3 Où est votre école?
    _____ école? Elle est à côté de _____ maison.

4 Où est votre voiture?

_____ voiture? Elle est dans _____ jardin.

5 Où sont vos lunettes?

_____ lunettes? Elles sont sur _____ nez.

Exercise B   Answer using NOTRE or NOS:

1 C'est votre ville?   Oui, c'est _____ ville.
2 C'est votre école?   Non, ce n'est pas _____ école.
3 Ce sont vos cahiers?   Oui, ce sont _____ cahiers.
4 C'est votre professeur?   Oui, c'est _____ professeur de français.
5 Ce sont vos devoirs?   Non, ce ne sont pas _____ devoirs.

Exercise C   Put SON, SA, SES, LEUR or LEURS:

1 Voici le sac de Chantal. C'est _____ sac.
2 Voici l'auto de Laurent. C'est _____ auto.
3 Voici le fils des Dupré. C'est _____ fils.
4 Voilà la serviette de Laurent. C'est _____ serviette.
5 Voici les lunettes de Chantal. Ce sont _____ lunettes.
6 Voilà les chaussures de Claude Dupré. Ce sont _____ chaussures.
7 Voilà les parents de Denise. Ce sont _____ parents.
8 Voici les parents de Paul et d'Elisabeth. Ce sont _____ parents.
9 Voilà la cravate de Laurent. C'est _____ cravate.
10 Voici le bateau du pêcheur. C'est _____ bateau.

Exercise D   Complete the dialogue by using MON, MA, MES, TON, TA, TES, SON, SA, SES:

Paul: _____ père est-il médecin?

Simon: Non, _____ père n'est pas médecin, il est homme d'affaires; c'est _____ grand frère qui est médecin.

Paul: Et _____ mère est-ce qu'elle travaille?

Simon: Non _____ mère est ménagère.

Paul: D'accord, elle ne travaille pas! Et _____ sœurs?

Simon: Sophie déteste _____ métier; elle est vendeuse.

Paul: Et Marie?

Simon: Elle est infirmière, elle adore _____ malades.

Paul: Moi, _____ sœur a seulement sept ans, elle ne travaille pas bien sûr, mais _____ mère travaille. Elle fait des enquêtes pour la SNES.

Simon: Oui, ça ne m'étonne pas. Tu es comme _____ mère, tu es très curieux!

Exercise E   Fill in the gaps with the following vocabulary:

l'étranger   banlieue   grève   affaires   panne   embouteillages

L'usine de monsieur Déveine n'est pas dans le centre de Paris, elle est en _____. Le matin, il y a beaucoup d'_____, mais monsieur Déveine prend quand même sa voiture. Naturellement, si sa voiture est en _____ il prend l'autobus. Monsieur Déveine ne voyage pas souvent à _____. Les _____ de sa firme ne sont pas très prospères, et les ouvriers sont souvent en _____.

See Grammar Section 1 (d), 14

Quinzième unité

VIVE L'ALPINISME!

MONT BLANC
4807 mètres

Je vais au sommet.

Tu vas au sommet?

Il va au sommet!
Il est fou!

A vous!

Read the following, filling in the gaps with the correct form of ALLER:

example:

L'école

Où vont les enfants?
Ils **vont** à l'école.

2

LES MAGASINS

Où vont les ménagères?
Elles _____ aux magasins.

1

Le bureau

Où va l'homme d'affaires?
Il _____ au bureau.

3

La Maternité

Où va la future maman?
Elle _____ à la maternité.

4

LE STADE

Où va le sportif?
Il _____ au stade.

5

L'hôpital

Où va l'ambulance?
Elle _____ à l'hôpital.

6

La Piscine

Où vont les jeunes?
Ils _____ à la piscine.

7

LE COMMISSARIAT DE POLICE

Où vont l'agent et le voleur?
Ils _____ au commissariat.

8

LA BIBLIOTHEQUE

Où va l'étudiant?
Il _____ à la bibliothèque.

9

Le Syndicat d'Initiative

Où vont les touristes?
Ils _____ au Syndicat d'Initiative.

COMMENT Y ALLER?

Claire is out in Rouen early one morning asking people how they travel.

Première interview: Claire et un homme

Claire: Pardon monsieur. Vous allez travailler, je suppose?

Homme: Oui, comme vous le voyez je vais au bureau.

Claire: Comment y allez-vous?

Homme: En général en train, mais comme vous le savez, les cheminots sont en grève aujourd'hui, alors j'y vais en bus.

Claire: Le trajet dure combien de temps?

Homme: En train, vingt-cinq minutes exactement.

Claire: Et en autobus?

Homme: Je ne sais pas encore. Peut-être toute la matinée!

Avez-vous compris?

1 Comment l'homme va-t-il à son bureau d'habitude?
2 Comment y va-t-il ce matin?
3 Pourquoi?
4 Combien dure le trajet en train?
5 Et en bus?

Deuxième interview: Claire et deux enfants

Claire: Bonjour les enfants!

Enfants: 'Jour m'dame!

Claire: Vous allez à l'école.

Enfants: Quelle question. Bien sûr!

Claire: Votre école est près de chez vous?

Enfants: Oui, nous y allons à pied.

Claire: Est-ce que vous mangez à la cantine le midi?

Enfants: Nous y mangeons seulement le mardi parce que maman n'est pas à la maison.

Claire: C'est bon?

Enfants: Pouah! C'est infect, nous emportons toujours un sandwich.

Avez-vous compris?

1 Où vont les enfants?
2 Comment y vont-ils?
3 Mangent-ils à la cantine?
4 Pourquoi?
5 Aiment-ils les repas de la cantine?

Troisième interview:
Claire et une ménagère

Claire: Pardon madame, est-il indiscret de vous demander où vous allez?

Ménagère: Pas du tout! Je vais faire les commissions.

Claire: Où faites-vous vos achats?

Ménagère: Je vais au supermarché tous les mercredis.

Claire: Vous y allez toujours en vélo?

Ménagère: Oh là là non, heureusement! J'y vais en voiture, mais la batterie est à plat ce matin.

Claire: Ce n'est pas de chance!

Ménagère: Non, et pour tout arranger, il pleut!

Avez-vous compris?

1 Où va la ménagère?
2 Quel jour y va-t-elle?
3 Comment y va-t-elle ce matin?
4 Pourquoi?
5 Quel temps fait-il?

Quatrième interview:
Claire et une jeune fille

Claire: Pardon mademoiselle, vous êtes pressée?

Jeune fille: Non, je suis en vacances.

Claire: Très bien! Quelle formule de vacances préférez-vous?

Jeune fille: J'adore faire des randonnées à cheval avec un groupe d'amis.

Claire: Dans quelle région?

Jeune fille: Oh, ça n'a pas d'importance, mais j'aime beaucoup l'Auvergne.

Claire: Allez-vous quelquefois à l'étranger?

Jeune fille: Non, je préfère rester en France.

Claire: Ah bon, pourquoi? Vous êtes chauvine?

Jeune fille: Pas le moins du monde! Mais je déteste voyager. J'ai peur en voiture. Je n'aime pas voyager en avion parce que j'ai le mal de l'air, et j'ai horreur de voyager en bateau parce que j'ai le mal de mer.

Claire: Et en train?

Jeune fille: J'aime bien le train, mais il y a tellement de grèves!

Avez-vous compris?

1 Pourquoi la jeune fille n'est-elle pas pressée?
2 Quelle formule de vacances préfère-t-elle?
3 Aime-t-elle mieux aller à l'étranger ou rester en France?
4 Pourquoi déteste-t-elle voyager en voiture?
5 Pourquoi n'aime-t-elle pas voyager en avion?
6 Pourquoi a-t-elle horreur de voyager en bateau?
7 Quel est l'inconvénient des voyages en train?

Et vous?

Comment allez-vous au travail?
Aimez-vous voyager?

LA SANTÉ

M. Déveine and his friend Henri Boivin meet unexpectedly.

M. Déveine: Bonjour Henri.
Comment allez-vous?
Henri: Je vais très bien merci. Je
reviens de vacances, de Paris. Et
vous?
M. Déveine: Moi, ça va comme ci
comme ça.
Henri: Votre femme va bien?
M. Déveine: Elle est plutôt fatiguée
en ce moment.
Henri: Et les enfants, ils vont bien?
M. Déveine: Ils sont malades, ils ont
les oreillons.
Henri: Vous avez toujours la même
voiture?
M. Déveine: Oui, malheureusement!
Elle devient vieille et elle est encore
en panne.

Henri: Et votre petit chien?
M. Déveine: Il est mort.
Henri: Et le travail?
M. Déveine: Le travail, ça ne va pas
du tout; je suis en chômage depuis
trois semaines.
Henri: Et votre belle-mère?
M. Déveine: Oh, elle, elle va bien,
elle est en pleine forme, mais elle est
toujours à la maison!

Avez-vous compris?

1 Est-ce que Henri va bien?
2 D'où revient-il?
3 Comment va monsieur Déveine?
4 Et sa femme?
5 Ses enfants sont-ils en bonne santé?
6 Quelle sorte de voiture a-t-il?
7 Est-ce qu'elle marche bien?
8 Comment va son chien?
9 Et son travail?
10 Et comment va sa belle-mère?

A la ferme Paul and Elisabeth visit a farm.

A vous!

Find out if your neighbour is coming with you to various places:

au restaurant   au cinéma   au théâtre   à la plage
à la discothèque   à la piscine

For example begin with: 'Vous venez . . .?'

The reply can be affirmative or negative, but add an explanation:

– Non, je ne viens pas parce que je n'aime pas manger au restaurant.
or:
– Oui, je viens parce que j'adore manger au restaurant.

EXERCISES

Exercise A Complete the dialogue by using the correct form of ALLER:

Laurent rencontre un ami

Ami: Tiens, bonjour Laurent! Comment _____ -tu?

Laurent: Je _____ bien, merci. Et toi?

Ami: Moi ça _____. Et Chantal?

Laurent: Elle _____ bien, mais elle est fatiguée en ce moment.

Ami: Elle travaille trop dur sans doute.

Laurent: Oui, elle est très occupée au magasin, mais en plus nous sortons presque tous les soirs.

Ami: Où _____ -vous donc?

Laurent: Nous _____ au cinéma, au restaurant ou au théâtre. Quelquefois nous _____ chez des amis, et tous les jeudis nous _____ à l'école pour apprendre l'anglais. Résultat, nous _____ au lit très tard.

Ami: Vous _____ au lit trop tard!

Laurent: Tu as peut-être raison. Mais ça ne fait rien, nous _____ bientôt en vacances.

Ami: Ah! Où _____ -vous donc?

Laurent: Je ne sais pas encore!

Exercise B Spot the differences:

Dessin numéro 1

Il fait beau et le soleil brille. Il y a un vélo contre la porte du garage. La porte de l'étable est à moitié ouverte; à l'intérieur, il y a un cheval. Sur le toit, un coq chante. La fermière est dans la cour. Elle porte une robe d'été. Elle donne à manger aux volailles. Deux canards prennent un bain. Assis sur un seau, le chat regarde. Sous le pommier, une vache contemple la scène.

Can you find at least ten important differences between the two pictures? Write ten easy sentences in French about the second picture.

Exercise C In the following dialogue write the part of Michel, using the cues given in English.

Jules: Tiens, bonjour Michel, comment allez-vous?
Michel: (Tell him you're fine, and ask about him.)
Jules: Comme ci comme ça. Vous venez souvent à la piscine?
Michel: (Tell him you come twice a week.)
Jules: Et votre femme, elle vient avec vous?
Michel: (No she hates swimming and prefers staying at home.)
Jules: Et les enfants, ils viennent quelquefois?
Michel: (Yes, generally they come too, they love swimming; but at the moment they're abroad.)
Jules: Ah bon! Où ça?
Michel: (In London.)
Jules: Oh les jeunes, ils ont de la chance . . . Ils visitent les monuments, Big Ben etc, je suppose?
Michel: (No they go to football matches and discos.)
Jules: Et quand reviennent-ils?
Michel: (Paul returns on Tuesday evening and Jacques Friday afternoon.)
Jules: Ils ne voyagent pas ensemble!
Michel: (No, Paul is sea-sick and Jacques has air-sickness!)

Exercise D Write a short dialogue between two friends who meet at the theatre or swimming pool. They discuss their families, leisure activities etc.

Reading Comprehension

Read the following text carefully and answer the questions in French.

La famille Dupré habite une grande ferme en pleine campagne à quelques kilomètres de Rouen. La ferme appartient à la famille depuis très longtemps et le nom Dupré est d'origine très ancienne. Liliane Dupré n'est pas normande, elle vient de Grenoble et elle n'aime pas beaucoup la région. C'est surtout le paysage qui lui déplaît – les collines ondulantes et les vertes prairies. Malgré leur beauté, elle pense toujours avec nostalgie aux montagnes de son pays natal. Louis Dupré, le père de Claude, est maintenant en retraite, mais il habite toujours la vieille maison familiale. Il est trop vieux pour travailler dans les champs, mais chaque matin il donne à manger aux volailles. Il y a des poules, des canards et des oies. Sa femme a beaucoup de travail parce qu'elle fait la cuisine pour tout le monde et parfois il épluche les légumes ou il plume les poulets pour l'aider. Pendant les grandes vacances les enfants aident leurs parents à faire la moisson et la récolte des pommes avec lesquelles on fait le cidre et le calvados. Mais les garçons ne s'intéressent pas tellement à la vie de la ferme. Leur sœur, Colette, au contraire, adore s'occuper des animaux et conduire le tracteur de son père. Elle aime être en plein air et espère devenir fermière. Les enfants adorent quand leur grand-père raconte des histoires d'autrefois; ça les change de la télévision. Mais ils n'aiment pas quand sa voix matinale les réveille avec de vieilles chansons comme 'Ma Normandie'. Ils préfèrent la musique pop.

1 Où est située la ferme des Dupré?
2 Les Dupré habitent-ils dans cette ferme depuis longtemps?
3 Liliane est-elle normande?
4 Pourquoi n'aime-t-elle pas les belles collines normandes?
5 Louis Dupré travaille-t-il toujours dans les champs?
6 Que fait-il pour aider sa femme?
7 Pourquoi sa femme a-t-elle beaucoup de travail?
8 Que font les enfants pendant les grandes vacances?
9 Avec quoi fait-on le cidre et le calvados?
10 Qui aime la vie de la ferme? Pourquoi?
11 Qu'est-ce que les enfants adorent?
12 Quelle sorte de musique préfèrent-ils?

See Grammar Section 15 (d), 17 (a) (b), 19 (f)

FAITES LE POINT! – UNITES 13–15

1 Fill in the gaps using:

votre usine   nos amis   votre café   votre ville   vos bureaux

  a Vous connaissez notre musée?
     Non, c'est ma première visite dans _____.
  b Vous connaissez notre secrétaire?
     Non, c'est ma première visite dans _____.
  c Vous connaissez cette machine?
     Non, c'est ma première visite dans _____.
  d Vous connaissez le garçon?
     Non, c'est ma première visite dans _____.
  e Vous connaissez _____ Laurent et Chantal?
     Oui, je connais vos amis.

2 How would you say:

  a their son   **b** their daughter   **c** their children   **d** his patients
  e her patients.

3 Using SON, SA or SES, describe his clothes with the colours indicated:

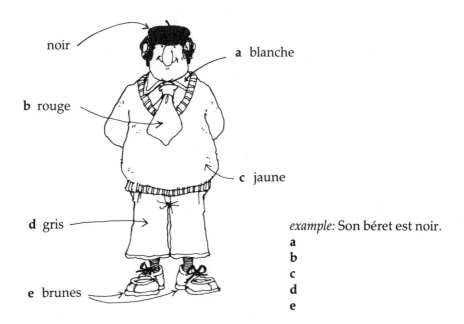

noir

a blanche

b rouge

c jaune

d gris

e brunes

example: Son béret est noir.
  a
  b
  c
  d
  e

4 Fill in the gaps with the following vocabulary:

panne   chômage   malade   chance   belle-mère

Il n'a pas de _____: sa femme est _____, sa _____ est à la maison, sa
voiture est en _____, et il est en _____!

5 Choose the right word or expression:

a Des gants   blancs
                   blanche
                   blanches

b Une robe   long
                  longue
                  longs

c Un pantalon   noire
                     noirs
                     noir

d Un chapeau   de soleil
                    du soleil
                    au soleil

e Une chemise   aux fleurs
                     à fleurs
                     en fleurs

f Des gants   cuirs
                   de cuir
                   cuir

6 Describe the garments according to the clues given, and use UN, UNE or DES:

a

b

c

d (brown)

e

f (white)

g

h (patent leather)

i (woollen)

j (leather)

7 Fill in the gaps with the correct form of ALLER and A or EN:

a Nous _____ travailler _____ métro.
b Ils _____ au supermarché _____ voiture.
c Est-ce que vous _____ à la piscine _____ pied?
d Je _____ chez mes amis _____ vélo.
e _____ -tu à l'école _____ cheval?

8 How would you say:

a How are you?
b They are on strike.
c My car has broken down.
d I am in a hurry.
e He is abroad.
f He comes to the swimming-pool every week.

9 Fill in the gaps with the following vocabulary:

animaux   tracteur   va   vont   viennent   basse-cour
poussins

Les enfants _____ souvent nous voir à la ferme, car ils aiment bien tous les
_____. Paul _____ voir les cochons parce qu'il les trouve drôles. Elizabeth
visite la _____ quand il y a des petits _____. Mais ils _____ toujours voir
le _____ et la moissonneuse-batteuse.

10 Name the animals. Use UN, UNE or DES accordingly:

Seizième unité

Au café (I)

Look at this picture of a café in Rouen called 'le Flash' and read all about it!

Nous sommes dans un café-tabac qui s'appelle 'le Flash'. Il y a du monde à l'intérieur. Il y a beaucoup de clients mais plusieurs personnes font le service: un garçon sert du vin, un autre dans la salle sert des cafés, et aujourd'hui, la patronne sert les glaces.

Au comptoir, une dame saisit un énorme gâteau à la crème. Elle va grossir! Des enfants choisissent des glaces. Des jumeaux dorment dans leur poussette tandis que leurs parents finissent leur croque-monsieur.

Avez-vous compris?

1 Où sommes-nous?
2 Comment s'appelle le café-tabac?
3 Est-ce qu'il y a du monde?
4 Qui fait le service?
5 Que servent les garçons?
6 Qui sert les glaces?
7 Que fait la dame au comptoir?
8 Qui choisit des glaces?
9 Que font les jumeaux?
10 Et leurs parents?

A vous!

A quelle heure finissez-vous votre travail?

Je finis mon travail à 1 heure du matin.

Nous finissons notre travail à 10 heures.

Interview your neighbour and find out at what time he/she and the family finish the following activities:

washing   work   breakfast   lunch   the evening meal
washing-up

Use JE and NOUS:

example: – A quelle heure finissez-vous votre toilette?
– Je finis ma toilette à 8 heures.

Au café (2)

Une dame choisit un paquet de gitanes. Un vieux monsieur dort sur sa table dans un coin. Il ne réagit même pas quand une petite fille fait tomber son assiette en poussant un cri; la pauvre, elle salit sa robe et rougit jusqu'aux oreilles.

Un jeune homme debout au comptoir offre une cigarette à son amie. Un autre client ouvre la porte et sort du café avec son chien.

Avez-vous compris?

1 Qui choisit des cigarettes?
2 Que fait le vieux monsieur dans un coin?
3 Pourquoi la petite fille rougit-elle?
4 Que fait le jeune homme au comptoir?
5 Est-ce que le client qui a un chien entre dans le café?

A vous!

Où dorment-ils?

Nous dormons dans notre poussette.

Decide who is best suited to which sleeping accommodation:

example: 1 Il dort dans un hamac

1 un matelot
2 deux vieilles dames
3 un étudiant
4 un bébé
5 un couple
6 un homme qui a mal au dos
7 un voyageur

a une couchette.
b un lit d'enfant.
c un canapé.
d un hamac.
e un grand lit confortable.
f deux lits bien confortables.
g un lit dur.

Les enfants

Les enfants grandissent.
Ils finissent
Leurs devoirs et sortent.
Pleins d'espoir, sans soucis,
Ils se nourrissent de frites et de rêves.
On les punit, ils se repentent.
On les interroge, ils rougissent
Ou pâlissent, et quelquefois, ils consentent
A vous dire la moitié
De leurs vérités.
Ou franchement
Ils mentent.

Avez-vous compris?

According to the poem:

1 What do children do when they have finished their homework?
2 What happens when you question them?
3 Do they always tell the truth?

A vous!

Try and pair the following verbs:

1 to punish
2 to tell lies
3 to grow up
4 to blush
5 to go out
6 to consent/agree
7 to finish
8 to become pale

a finir
b sortir
c consentir
d pâlir
e grandir
f rougir
g mentir
h punir

Some of the customers in 'le Flash' are rather chatty, and one of the waiters gets involved in a conversation:

Client: Garçon!

Garçon: Vous désirez, monsieur?

Client: Un express, s'il vous plaît.

Garçon: Un express, un!

Client: Vous êtes garçon de café depuis longtemps?

Garçon: Non, je suis garçon de café depuis deux ans seulement.

Client: Et vous travaillez au 'Flash' depuis deux ans?

Garçon: Non, je ne travaille au 'Flash' que depuis le mois de septembre.

Client: Vous êtes de Rouen?

Garçon: Non, mais je vis ici depuis environ dix ans.

Client: Est-ce que vous aimez votre métier?

Garçon: Oui, parce que je vois beaucoup de monde, mais c'est fatigant et je n'ai pas beaucoup de temps libre.

Client: Vous êtes marié?

Garçon: Oui, je suis marié depuis six mois.

Client: Félicitations! Et qu'est-ce que vous faites quand vous avez du temps libre?

Garçon: Je joue au football.

Client: Vous jouez au football depuis longtemps?

Garçon: Depuis toujours! Mais j'appartiens au 'Club du Ballon' seulement depuis l'année dernière.

Client: Moi, je préfère le rugby, mais seulement à la télé!

Avez-vous compris?

1 Le garçon de café fait-il son métier depuis longtemps?
2 Depuis quand travaille-t-il au Flash?
3 Aime-t-il son métier?
4 Est-il marié depuis longtemps?
5 Appartient-il au 'Club du Ballon' depuis longtemps?

Et vous?

1 Où habitez-vous?
2 Depuis quand vivez-vous dans cette ville/cette région/ce pays?
3 Etes-vous marié depuis longtemps?
4 Depuis quand travaillez-vous?
5 Apprenez-vous le français depuis longtemps?
6 Depuis quand portez-vous des lunettes/fumez-vous/avez-vous le téléphone/avez-vous la télévision?
7 Avez-vous un animal familier? Depuis quand?
8 Faites-vous du sport? Depuis longtemps?
9 Avez-vous des passe-temps? Depuis quand?
10 Connaissez-vous la France ou un pays francophone? Depuis longtemps?

EXERCISES

Exercise A   Our two concierges are talking about children. Can you complete madame Cancan's side of the conversation?

Mme Ragot: Ah les enfants de nos jours!
Mme Cancan: (Say yes, they grow up quickly.)
Mme Ragot: Et puis on ne les voit que rarement.
Mme Cancan: (Of course in the evening they finish their homework and go out without any cares!)
Mme Ragot: Et leurs repas! Mon Dieu!
Mme Cancan: (You're right. They feed themselves on chips and sweets.)
Mme Ragot: En plus ils mentent. Ils rougissent quand vous les interrogez.
Mme Cancan: (And even when one punishes them . . .)
Mme Ragot: Mais vos filles sont mariées, n'est-ce pas?
Mme Cancan: (Yes, but I am thinking of my grand-children.)

Exercise B **Put in the correct form of the verbs:**

La cloche de l'église (sonner). Il est une heure et demie. Une Renault (rouler) dans la rue Saint-Honoré, puis (ralentir) et enfin s'arrêter. Un homme (descendre) de la voiture. Sa compagne (rester) dedans. L'homme (porter) un imperméable gris clair et des lunettes noires. Il (choisir) une grande maison. Il (ouvrir) la porte avec difficulté et il (entrer). Dans la chambre à coucher il (ouvrir) un tiroir. Il est plein de bijoux étincelants, en or, en argent, et avec des pierres précieuses de toutes les couleurs. L'homme (saisir) des bagues, des bracelets, des boucles d'oreille et les met dans un grand sac. Il (sortir) de la maison à toute vitesse. Il (monter) dans la voiture, et lui et sa compagne (partir) pour l'aéroport. Deux jours plus tard ils (arriver) en Amérique du Sud. Dans leur chambre d'hôtel ils (ouvrir) leurs valises. Ils (sortir) les bijoux. La femme les (examiner). Tout à coup elle (pâlir) puis (commencer) à pleurer.
– Tu (être) vraiment stupide, dit -elle, ce (être) de faux bijoux! Le lendemain ils lisent dans le journal:
  'Etrange cambriolage à Paris.
  Actrice (perdre) ses bijoux de scène!'

Exercise C **Summarize the story in exercise B in English. The summary should be about 75–100 words long.**

Londres, le 4 octobre 19..

Cher Pascal,
*   Je t'écris cette lettre pour te présenter la famille Bickerton. Ce sont des amis qui seront très contents de te recevoir pendant les vacances de Noël.*

Exercise D **You are a friend of an English family, the Bickertons, and of a French teenager Pascal, who is looking for an English family to stay with. You write to Pascal to introduce your friends. Continue the letter printed above, using the following information:**

The Bickertons
– living in Barnet for 12 years – Mr Bickerton unemployed for 2 years – Mrs Bickerton working part-time 18 months – They can't speak French, but love France – daughter Susie married 3 months – living in Enfield since wedding. – son, Timothy, 17, – working in bank for a year – has motorbike – lots of friends – weekends plays football – belongs to club – loves pop music as well – learning to play electric guitar for several months.

Listening Comprehension

Listen to the story carefully and choose the correct answer:

Vocabulary: un serveur = *a waiter*   la circulation = *traffic*
cela ne lui déplaît pas = *he doesn't dislike it (lit. it doesn't displease him)*
l'ambiance = *the atmosphere*   il se fâche = *he gets angry/annoyed*

1 Marc lives
- **a** 5 kilometres away from the restaurant.
- **b** 5 kilometres away from the centre of the town.
- **c** in the suburbs 15 kilometres away.
- **d** in the centre of Rouen.

2 He sets off early
- **a** because he has a moped.
- **b** to avoid the rush-hour.
- **c** because he wants to avoid traffic jams.
- **d** because of his job.

3 He uses a moped because
- **a** he finds it practical when there is a lot of traffic.
- **b** he needs the exercise.
- **c** a car is too expensive to run.
- **d** he is out of doors all the time.

4 Marc
- **a** does not use his moped in winter.
- **b** never uses it when the weather is bad.
- **c** uses it even in winter.
- **d** hates the bad weather.

5 Marc
- **a** dislikes working in a restaurant.
- **b** is displeased when he can't get an afternoon off.
- **c** dislikes the irregular hours.
- **d** does not mind the irregular hours.

6 Marc sometimes gets annoyed
- **a** when a customer cannot make his mind up.
- **b** when he works after 10 o'clock.
- **c** when he is not given a tip.
- **d** when old men treat him like a servant.

7 Marc's wife
- **a** wishes he would eat at home.
- **b** is glad he eats at the restaurant.
- **c** likes cooking meals for him.
- **d** likes cooking sometimes.

See Grammar Section 15, 16

Dix-septième unité

Henri Boivin's cat is looking ahead . . .

Qui pense à demain? Mais oui, c'est Moustache qui est en pension chez la tante Henriette. Il attend avec impatience le retour de son maître!

Et vous?

Qu'est-ce que vous allez faire demain? Au week-end? Aux prochaines vacances? Ce soir?

Chantal déménage (1)

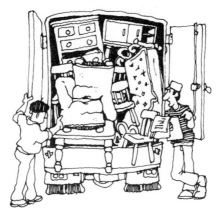

Tout est organisé d'avance: le jour du déménagement, le camion va arriver à deux heures. Chantal va l'apercevoir par la fenêtre et elle va descendre pour ouvrir. Elle va dire bonjour aux deux hommes et les faire entrer. Ils vont prendre les meubles et les mettre dans le camion. Puis, ils vont prendre la direction du nouvel appartement. Chantal va emprunter la voiture de Laurent, et elle va ainsi arriver à destination avant les déménageurs. Aussitôt arrivés, ils vont sortir les meubles de leur camion, et Chantal va expliquer où il faut les mettre.

L'appartement a quatre pièces – une petite salle de bain, une cuisine, une salle de séjour et une chambre à coucher. Les hommes vont prendre la table, les quatre chaises, les deux fauteuils et le buffet et les mettre dans la grande pièce. Puis ils vont sortir le lit, la commode et l'immense armoire normande qui vient de la grand-mère de Chantal, et les mettre dans la chambre.

Malheureusement, le jour du déménagement, les choses sont un peu différentes.

Avez-vous compris?

1 What are Chantal's plans for the removal?
2 What is she going to do when the men get to the new flat?
3 Describe the flat.
4 What furniture has Chantal got?

A vous!

Interview your neighbour. Find out about the rooms he/she has in his/her house or flat, and what furniture they contain:

example: Combien de pièces y a-t-il dans votre maison?
Est-ce que vous avez un canapé dans la salle à manger?

Chantal déménage (2)

Chantal n'arrive pas avant les déménageurs, parce que la voiture tombe en panne. Comme les hommes ont la clé de l'appartement, ils commencent leur travail. Au début, tout se passe bien, mais la belle armoire normande est beaucoup trop grande pour la chambre. Ils essaient de la faire entrer de différentes façons. En vain!

Enfin, Chantal arrive tout essoufflée: 'C'est la grande pièce qui me sert de chambre' explique-t-elle. Les hommes soulèvent la lourde armoire une fois de plus et l'installent dans la grande pièce. Puis, ils changent tous les autres meubles de pièces. Tout tient dans la petite pièce, sauf le buffet. Les hommes regardent leur montre. Il est déjà six heures du soir. 'Laissez le buffet sur le palier', dit Chantal, 'je ne sais pas où le mettre pour l'instant.' Elle cherche son porte-monnaie pour donner un pourboire aux hommes. Elle ne le trouve pas. Dans son sac elle n'a que des gros billets. Ce déménagement coûte cher! Les hommes la remercient avec un grand sourire, mais Chantal a envie de pleurer. Heureusement que Laurent ne va pas tarder à arriver. Il va l'embrasser et il va l'aider à mettre le buffet dans la cuisine. Pourquoi pas?

Avez-vous compris?

1 What first goes wrong on the actual day?
2 What problem do the men come across?
3 Does Chantal's arrival and explanation solve all problems?
4 What do they do with the sideboard? Why?
5 Why does Chantal give the removal men a very big tip?
6 Who will arrive soon?
7 What does Chantal finally decide to do with the sideboard?

A vous!

The removal men are checking Chantal's furniture in the van. Take the part of one of them and practice with your neighbour.

You can see all the items except the sideboard and the chest of drawers.

example: Tu vois les quatre chaises? Oui, je les vois.

NOTRE NOUVEAU TEST PSYCHOLOGIQUE:

Qu'allez-vous faire?

1 Votre fils/fille vient de renverser du miel sur le tapis neuf. Qu'allez-vous faire?
   a frapper votre fils/fille
   b aller chercher une éponge
   c fondre en larmes

2 Il est minuit. Vos voisins viennent de rentrer. Ils font beaucoup de bruit. Qu'est-ce que vous allez faire?
   a frapper violemment sur le mur
   b allumer la radio
   c rien

3 Vous venez de perdre votre porte-monnaie. Vous allez
   a aller au bureau des objets trouvés
   b chercher partout
   c acheter un autre porte-monnaie

4 Vous venez de recevoir un cadeau que vous n'aimez pas. Est-ce que vous allez
   a jeter le cadeau à la poubelle?
   b donner le cadeau à votre tante?
   c garder le cadeau?

5 Vous êtes dans un compartiment 'non-fumeurs'. Un homme vient d'allumer sa pipe. Allez-vous
   a indiquer la pancarte 'non-fumeurs'?
   b tousser vigoureusement?
   c sortir dans le couloir?

6 Votre professeur vient de vous poser une question. Vous ne comprenez pas. Qu'allez-vous faire?
   a refuser de répondre
   b demander au professeur de répéter la question
   c sourire bêtement

Si vous avez . . .

plus de 3 **a**: vous êtes fort, un peu aggressif; vous ne craignez rien; vous allez réussir!

plus de 3 **b**: vous avez l'esprit pratique; vous ne perdez pas la tête; bravo!

plus de 3 **c**: vous êtes craintif, trop sensible peut-être; courage!

EXERCISES

Exercise A   Fill in the gaps using the correct form of VENIR DE and ALLER:

1 Ils _____ arriver à Paris. Ils _____ visiter le musée du Louvre.
2 Elles _____ monter au sommet de la tour Eiffel. Elles _____ admirer le panorama.
3 Elle _____ avoir un bébé. Elle _____ avoir beaucoup de travail.
4 Tu _____ boire trop de vin. Tu ne _____ pas prendre la voiture.
5 Vous _____ acheter de la laine. Vous _____ tricoter un pull.
6 Il _____ téléphoner à sa petite amie. Ils _____ aller au cinéma ce soir.

Exercise B   Chantal is talking to a friend. Fill in the gaps in their conversation, using ALLER/VENIR DE:

L'amie: Ecoute Chantal, je _____ apprendre une bonne nouvelle.
Chantal: Qu'est-ce que tu _____ apprendre?
L'amie: Tu connais Bernadette? Elle _____ épouser un Anglais!
Chantal: Elle a de la chance cette fille-là! Ils _____ habiter en Angleterre, sans doute?
L'amie: Ils _____ partir; ils _____ arriver à Douvres demain matin vers 8 heures.
Chantal: Et Bernadette, elle _____ trouver un autre emploi, n'est-ce pas?
L'amie: Elle _____ trouver du travail!
Chantal: Elle a vraiment de la chance! Je _____ chercher un petit ami anglais.
L'amie: Pauvre Laurent! Tu _____ quitter ton pauvre petit Laurent!
Chantal: Non, pas encore! Il _____ m'aider à peindre l'appartement!

Exercise C   Answer by using the correct direct object pronoun:

1 Aimez-vous les escargots? – Oui, je _____ adore.
2 Regardez-vous souvent la télé? – Oui, je _____ regarde tous les jours.
3 Connaissez-vous Marie? – Oui, je _____ connais, et je _____ aime beaucoup.
4 Aimez-vous les vacances? – Oui, je _____ adore!
5 Ecoutez-vous souvent la radio? – Non, je ne _____ écoute jamais.
6 Connaissez-vous le restaurant de la gare? – Oui, je _____ connais, et je ne _____ aime pas du tout.
7 Aimez-vous la politique? – Non, je _____ déteste!
8 Aimez-vous le champagne? – Oui, je _____ adore!
9 Avez-vous le téléphone? – Non, je ne _____ ai pas encore.
10 Aimez-vous le professeur? – Oui, je _____ aime bien, mais je _____ trouve strict.

Exercise D   **Answer the questions using VENIR DE, and also the direct object pronoun:**

example: Vous allez ouvrir la fenêtre? – Je viens de l'ouvrir.

1 Va-t-il acheter la voiture neuve?
   – Il . . .
2 – Allez-vous allumer la télé?
   – Je . . .
3 – Va-t-elle avoir son bébé bientôt?
   – Elle . . .
4 – Vont-ils vendre leur maison?
   – Ils . . .
5 – Allez-vous repeindre votre appartement?
   – Je . . .
   – Nous . . .

Listening Comprehension

Vocabulary: à l'appareil = *speaking (on the 'phone')*
passer des vacances = *to spend a holiday*   avoir des ennuis = *to have problems*
il a horreur de = *he can't stand*   enfermer = *to lock up*

Listen to the story carefully and answer the questions in English:

1 Where has Henri just spent his holidays?

2 What problems has aunt Henriette been having with Moustache the cat?

3 Why wouldn't Moustache drink his milk?

4 Did he like the frozen fish he was given?

5 Why didn't he eat the sardines?

6 What did the cat probably catch in the neighbour's garden?

7 How many days had he been missing?

8 What did Henri decide to do when he heard this?

9 Who was at the door?

10 What did Henri promise Moustache?

See Grammar Section 17 (c), 18, 19 (a) (b) (c) (e)

Dix-huitième unité

Josée Cousin is a secretary, and twice a week she helps her husband in his surgery. Her friend Edith is curious to know how they manage . . .

Avez-vous compris?

Vrai ou faux?

1 Josée Cousin se lève de bonne heure.
2 Elle travaille une fois par semaine.
3 Elle se coiffe avant de s'habiller.
4 Quand ils rentrent le soir, les Cousin se reposent avant de dîner.
5 Quelquefois ils s'endorment devant la télévision.
6 Ils se couchent tard.
7 Ils se changent avant de se reposer.
8 Josée se maquille si elle a le temps.
9 Edith est une amie de Josée.
10 Elle pose beaucoup de questions parce qu'elle s'intéresse aux Cousin.

Et vous?

1 Comment vous appelez-vous?
2 A quelle heure vous réveillez-vous le matin?
3 A quelle heure vous levez-vous?
4 Vous lavez-vous dans la cuisine?
5 Est-ce que vous vous maquillez? Si oui, que mettez-vous?
6 Combien de fois par jour vous brossez-vous les dents/vous lavez-vous les mains/vous coiffez-vous?
7 Est-ce que vous vous dépêchez le matin? Pourquoi?
8 Vous changez-vous avant de sortir?
9 Est-ce que vous vous endormez quelquefois devant la télévision?
10 Vous déshabillez-vous dans le jardin?

Histoire d'un couple

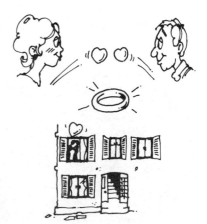

C'est le coup de foudre!
Ils s'aiment immédiatement
Ils se rencontrent souvent
Ils se fiancent rapidement
Et se marient trois mois plus tard
Ils s'installent lentement
Dans un petit appartement
Ils s'entendent bien
Mais malheureusement
Au bout d'un an tout ne va pas comme il faut:
Ils se regardent férocement

Chacun remarque les défauts de l'autre
Ils s'ennuient
Ou bien ils se disputent âprement
Et quelquefois même ils se battent
Six mois encore
Et ils se mettent d'accord
Pour se séparer
Et finalement . . . ils divorcent!

A vous!

1 **Help our two concierges criticize young people by filling in the gaps with the right verbs:**

Mme Ragot: Ah, les jeunes d'aujourd'hui!
Mme Cancan: Ça n'est pas très sérieux!
Mme Ragot: Ils croient qu'ils (are in love) la première fois qu'ils (meet).
Mme Cancan: Ils (get engaged) tout de suite.
Mme Ragot: Et ils (marry) trois mois plus tard!
Mme Cancan: Naturellement, au début ils (get on) bien.
Mme Ragot: Oui, mais au bout d'un an, ils (are bored) ou ils (quarrel).
Mme Cancan: Quelquefois même ils (fight).
Mme Ragot: Six mois plus tard ils se mettent d'accord pour (live apart).
Mme Cancan: Et finalement ils (divorce). C'est toujours la même histoire.
Mme Ragot: Ah, les jeunes d'aujourd'hui! Moi, de mon temps . . .

2 **Re-read 'Histoire d'un couple' carefully and find the French equivalents for:**

slowly   quickly   sometimes   straightaway   finally
well   unfortunately

3 **Make a few sentences in French using these adverbs.**

Josée is day-dreaming . . .

Josée pense à ses vacances en France. Elle se souvient de Guillaume le guide, et de sa visite de Paris . . .

Le guide montre la tour Eiffel aux touristes. Il la montre aux touristes. Il la leur montre, et leur dit combien elle mesure.

Puis il leur montre le Louvre. Il le leur montre, et il leur parle des œuvres d'art qui s'y trouvent.

Un peu plus tard, il leur montre les Invalides. Il les leur montre, et il leur explique l'origine du nom.

A la fin de la visite les touristes posent beaucoup de questions au guide. Ils lui posent des questions sur Paris.

L'arrivée de ses enfants, Annette et Simon, interrompt sa rêverie . . .

Maman, je n'ai plus d'argent de poche, j'ai besoin d'une pièce de 10 francs.

Tu me la prêtes, maman, ou tu me la donnes?

Voilà Annette, je te la prête.

Je te la prête, chérie, je ne te la donne pas. Tu dois me la rendre samedi, quand papa va te donner ton argent de poche.

Moi non plus maman, je n'ai plus d'argent.

Menteur!

Ah les enfants! Je vous donne deux pièces de 10 francs – voilà!

Tu nous les donnes maman! Merci beaucoup! Maintenant nous allons acheter des jouets et des bonbons!

A vous

You are rather forgetful, and have left a lot of your belongings at home. Ask your neighbour if you can borrow his/hers. He/she is very helpful:

example: – Voulez-vous me prêter votre règle?
– Mais oui, je vous la prête volontiers!

Josée is chatting with her friend Edith (1)

Josée: Edith, que fais-tu quand tu trouves un porte-monnaie ou un portefeuille?

Edith: Je le ramasse et je le porte aux Objets Trouvés. S'il y a un nom et une adresse à l'intérieur, je l'envoie directement au propriétaire.

Josée: Et que fais-tu si dans un magasin la vendeuse te rend trop de monnaie?

Edith: Je le lui dis, bien sûr.

Josée: Tu es honnête, dis donc! Et si elle ne t'en rend pas assez?

Edith: Je le lui dis aussi, naturellement, mais je trouve tout de même que c'est embarrassant de réclamer de l'argent.

Josée: Oui, moi aussi. Et que fais-tu si des clochards te demandent de l'argent dans la rue?

Edith: Alors là, j'ai horreur de ça! Je ne leur en donne pas et je leur demande pourquoi ils ne travaillent pas.

Avez-vous compris?

1 Que fait Edith si elle trouve un porte-monnaie ou un portefeuille?
2 Et si elle trouve le nom et l'adresse du propriétaire?
3 Et vous, que faites-vous?
4 Que fait-elle si une vendeuse lui rend trop de monnaie?
5 Et vous, la gardez-vous?
6 La réclamez-vous si on ne vous en rend pas assez?
7 Edith aime-t-elle donner de l'argent aux clochards?

Josée is chatting with her friend Edith (2)

Josée: Et si tes enfants te réclament des bonbons, que fais-tu?

Edith: Je leur dis que c'est mauvais pour les dents et qu'ils n'en ont pas besoin. Et puis, ils ont de l'argent de poche pour ce genre de choses.

Josée: Leur donnes-tu souvent de l'argent de poche? Moi, j'ai beaucoup de problèmes avec Simon et Annette!

Edith: Je leur en donne toutes les semaines, le samedi, et c'est tout.

Josée: Et qu'est-ce qu'ils en font?

Edith: Ils sont entièrement libres. Je crois qu'ils achètent des bandes dessinées, des bonbons et qu'ils s'en servent aussi pour aller au cinéma, ou à la piscine.

Josée: Tu leur en donnes beaucoup? Moi, je ne sais pas combien leur en donner.

Edith: Ça dépend de l'inflation!

Avez-vous compris?

1 Que dit Edith à ses enfants quand ils lui demandent des bonbons?
2 A cause de quoi Josée a-t-elle des problèmes avec Simon et Annette?
3 Edith donne-t-elle de l'argent de poche à ses enfants?
4 Et vous? Vos parents vous donnent-ils de l'argent de poche?
  Donnez-vous de l'argent de poche à vos enfants?
5 En général, qu'est-ce que les enfants en font?
6 Combien d'argent Edith donne-t-elle à ses enfants?

A vous!

Re-read the two dialogues and find the French equivalents for:

sweets   I can't stand that   pocket money   lost property
swimming pool   tramp   strip cartoons   change

NOTRE TEST PARENTS/ENFANTS

I Votre fille (12 ans) a envie de se maquiller. Vous dites:
 a – Non, tu es trop jeune pour te maquiller.
 b – Je vais t'acheter du rouge à lèvres la prochaine fois que je vais faire des
     courses.
 c – Attends un peu chérie, on va te faire un petit cadeau d'anniversaire.

2 Elle a 16 ans. Elle rentre très tard sans rien vous dire auparavant.
 a Vous l'enfermez dans sa chambre.
 b Vous lui dites de vous téléphoner la prochaine fois.
 c Vous lui expliquez pourquoi vous êtes inquiets quand elle sort tard.

3 Votre fils (18 ans) admire une voiture d'occasion dans une salle de
  démonstration.
 a Vous lui dites que la voiture est trop chère.
 b Vous l'achetez tout de suite.
 c Vous parlez d'autre chose.

4 Vos enfants (16 et 14 ans) veulent passer leurs vacances à l'étranger.
 a Vous leur défendez d'y aller.
 b Vous vous mettez d'accord pour les accompagner.
 c Vous leur dites que vous avez tous l'intention d'y aller l'année prochaine.

▶

---

5 Votre belle-mère a envie de vous rendre visite. Vos enfants la détestent.
  a Vous l'invitez à passer une quinzaine de jours chez vous.
  b Vous ne lui écrivez pas.
  c Vous lui écrivez que vous êtes tous trop occupés.

6 Vous rentrez tard après avoir passé une soirée bien agréable chez des amis.
   Vous trouvez un jeune inconnu installé sur votre canapé.
  a Vous le mettez à la porte.
  b Vous ne le réveillez pas.
  c Vous lui demandez ce qu'il y fait.

Si vous avez . . .

plus de 3 **a** Vous ne vivez pas avec votre temps. Vous êtes trop sévère!
plus de 3 **b** Prenez garde! Les enfants font la loi chez vous!
plus de 3 **c** Vous êtes fort raisonnable. On s'entend bien dans votre maison!

EXERCISES

Exercise A   **Fill in the correct part of the verb:**

1

Je m'appelle Guillaume. Comment vous _____ _____?

Je _____ Henri. Je _____ à 6h. et je _____ tout de suite.

2

Je _____ Annick. Quand je _____, je _____ et je _____ en un quart d'heure.

3

Nous nous _____ Dominique et Antoine. Quand nous nous _____ le matin, nous nous _____ vite et nous nous _____ en 5 minutes!

4

Marie, êtes-vous fatiguée le soir. _____ -vous tôt ?

Oui, je me couche de bonne heure, et je _____ immédiatement.

5

Sylvie, quand vous sortez le soir, vous changez-vous?

Drôle de question!

Oui, je _____. Je me déshabille, je _____ les dents, je me recoiffe et je mets une robe élégante.

Exercise B   **Describe a typical Saturday or Sunday in your family.**

Exercise C   **Complete, using the direct and indirect object pronouns accordingly:**

1 L'étudiant montre ses devoirs au professeur. Il _____ montre ses devoirs. Il _____ _____ montre.
2 L'homme d'affaires donne une lettre à sa secrétaire. Il _____ donne à sa secrétaire. Il _____ _____ donne.
3 Paul prête sa voiture à Marie. Il _____ prête à Marie. Il _____ _____ prête.
4 L'homme offre ses cigarettes à son voisin. Il _____ offre ses cigarettes. Il _____ _____ offre.
5 Le guide vous montre la tour Eiffel. Il _____ _____ montre.
6 Le professeur donne les cahiers aux élèves. Il _____ donne les cahiers. Il _____ _____ donne.
7 Le médecin nous présente la nouvelle infirmière. Il _____ _____ présente.
8 Le garçon apporte la bouteille de vin aux clients. Il _____ apporte la bouteille. Il _____ _____ apporte.

Exercise D **Help to answer the following questions by filling in the gaps with Y or EN:**

1 Va-t-il à l'école?
   Oui, il _____ va depuis un mois.
2 Aimez-vous le vin?
   Oui, j'_____ bois tous les jours.
3 Avez-vous des enfants?
   Nous _____ avons deux.
4 Est-ce qu'elle aime Rouen?
   Oui, elle _____ habite.
5 Elle va acheter une voiture?
   Oui, elle _____ a besoin pour son travail.
6 Pourquoi allez-vous à Paris?
   Parce que j'_____ travaille.
7 Achète-t-il souvent des fleurs?
   Oui, il _____ achète toutes les semaines.
8 Avez-vous de l'argent?
   Oui j'_____ ai.
9 Aimes-tu le cinéma?
   Oui, j'_____ vais souvent.
10 Ton père te donne-t-il de l'argent de poche?
   Oui, mais il ne m'_____ donne pas assez!

Picture composition

Tell the following story with the help of the questions below:
Les boulangers se lèvent de bonne heure!

Quelle heure est-il? Que fait madame
Brède quand le réveil sonne?

Que fait madame Brède ensuite?
Pourquoi monsieur Brède dit-il 'Hm!'?

Monsieur Brède se lève-t-il facilement
ou péniblement? Où va-t-il après?

Que fait monsieur Brède? Pourquoi
se coupe-t-il? Que dit-il?

Que dit madame Brède à son mari?
Pourquoi appelle-t-elle son mari?

S'habille-t-il à toute vitesse, ou
prend-il son temps? Que pense-t-il?

Pourquoi se brûle-t-il?

Que se passe-t-il tout à coup? Les
Brède sont-ils surpris? Pourquoi?
Pourquoi monsieur Brède n'est-il pas
content?

Listening Comprehension

Vocabulary: un perroquet = *a parrot*
s'étonner = *to be surprised*   jurer = *to swear*
un gros mot = *a swear word*

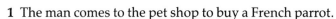

Listen to the text carefully, then answer true or false:

1 The man comes to the pet shop to buy a French parrot.
2 The man is dissatisfied with the parrot because it wakes him up early in the
  morning.
3 After eating and drinking, the parrot goes back to sleep.
4 The parrot says 'Good morning!' in English.
5 The parrot does not like being called Jack.
6 The shopkeeper advises the man to greet the bird with 'Good morning Jack!'
7 The customer returns two days later, furious.
8 The bird still refuses to speak.
9 The bird refuses to repeat swear words.
10 The shopkeeper says that the parrot only repeats what he hears.

See Grammar Section 20, 21, 19 (d) (g) (h)

FAITES LE POINT! – UNITES 16–18

1 Choose the right verb:

a Elle sert souvent avec des amis.
      sort
      sent

b Nous pâlissons parce que nous sommes timides.
      mentons
      rougissons

c Pourquoi punissez-vous les enfants?
      finissez
      saisissez

d Les enfants nourrissent des frites.
      grandissent
      choisissent

e Le dimanche, je dors jusqu'à midi.
      pars
      viens

2 Fill in the gaps with the correct form of the verbs:

a (venir) Il _____ d'arriver.
b (aller) Je _____ faire mes devoirs.
c (revenir) Nous _____ de Paris.
d (aller) Ils _____ souvent au cinéma.
e (devenir) Les exercices _____ difficiles.
f (aller) _____ -tu sortir ce soir?
g (venir) Nous _____ de jouer au tennis.
h (aller) Elle ne _____ pas répondre.
i (venir) _____ -vous souvent ici?
j (devenir) Ce livre _____ intéressant.

3 Express that they have just done something by using VENIR DE:

a Elle n'est pas là. Elle (partir).
b Nous n'avons pas faim. Nous (manger).
c Vous êtes fatigué parce que vous (être malade).
d La bouteille est vide. Ils (la finir).
e Je n'ai pas d'argent. Je (perdre mon porte-monnaie).

4 Write full sentences giving a day in the life of the two cooks, Antoine and Dominique:

a 5 heures se réveiller
b 5 heures 30 se lever
c entre 5 heures 30 et 5 heures 40 se dépêcher. Se laver, se raser en 5 minutes. S'habiller, se brosser les cheveux.
d L'après-midi, se reposer, quelquefois s'endormir.
e 1 heure 05 se coucher, s'endormir tout de suite.

5 Fill in the gaps to complete the dialogue:

a Est-ce que _____? – Oui, je me change avant de sortir.
b Vous _____? – Oui, je me recoiffe.
c Vous remaquillez-vous? – Non, _____.
d Vous lavez-vous quand vous rentrez? – Ça dépend. Quelquefois
  _____ mais quand je suis fatiguée
  _____ tout de suite.

6 Three of these sentences do not quite give the idea of a loving couple. Pick them out and give the English equivalent:

Que font les gens qui s'aiment?

a Ils se regardent avec tendresse.
b Ils se détestent.
c Ils s'embrassent.
d Ils se disputent souvent.
e Ils se marient.
f Ils s'ennuient.

7 Fill in the gaps with LE, LA, L' or LES:

a Mon chien? Je _____ ai depuis dix ans.
b La télévision? Nous ne _____ regardons jamais.
c La radio? Elle _____ écoute souvent.
d Les escargots? Je _____ aime bien.
e Le vin blanc? Je _____ sers très frais.

8 Replace the section underlined with the suitable pronoun:

a Paul montre les photos à sa femme.
b La petite fille prête son livre à son frère.
c La maman donne des bonbons aux enfants.
d Le jeune homme offre des fleurs à sa fiancée.
e Le professeur explique un point de grammaire aux étudiants.

9 Fill in the gaps with the relevant pronouns – LE, LUI, LEUR, ME or VOUS:

Dans la classe.
Hélène: Pardon Monsieur, Marie fait un beau portrait . . .
Professeur: Ah merveilleux! Tu _____ _____ montres, Marie, n'est-ce pas?
Marie: Ah non Monsieur, je ne _____ _____ montre pas.
Professeur: Eh bien, pourquoi pas?
Les élèves: Montre-nous le portrait, Marie!
(Marie _____ _____ montre en cachette. Elles rient. C'est un drôle de portrait du professeur. Marie dessine bien, mais le professeur _____ donne une punition.)

10 Fill in the gaps with Y or EN:

a Nous aimons le cinéma; nous _____ allons toutes les semaines.
b Ils ont des enfants? – Oui, ils _____ ont deux.
c Prête-moi ta voiture, j'_____ ai besoin.
d J'achète du lait parce que les enfants _____ boivent beaucoup.
e Vous connaissez bien Paris parce que vous _____ habitez.
f Je déteste le poisson; je n' _____ achète jamais.
g J'aime le théâtre; j' _____ vais souvent.
h Il n'a pas de chien parce qu'il _____ a peur.

Dix-neuvième unité

Every morning Mrs Brède, the baker's wife, listens to the radio while eating her large breakfast . . .

'Il est exactement huit heures, quinze minutes, cinq secondes. Et pour vous mettre en forme et bien commencer la journée, voici comme chaque matin votre séance de gymnastique quotidienne. Ouvrez bien grand les oreilles  pour suivre les conseils de madame Bonfoie.

Chères auditrices, chers auditeurs, bonjour!
Tout d'abord, pour détendre le cou,

tournez la tête à droite,

puis à gauche, doucement,

deux fois de suite de chaque côté
– 1 et 2 et 3 et 4.

Puis fermez et ouvrez les yeux trois fois – 1 et 2 et 3.

Pour éviter un double menton, ouvrez et fermez la bouche 5 fois de suite – 1 et 2 et 3 et 4 et 5.

Pour éviter les douleurs dans les mains,

ouvrez-les et fermez-les, en tendant bien les doigts, 5 fois de suite – 1 et 2 et 3 et 4 et 5.
Pour avoir une taille de guêpe, mettez les mains sur les hanches,

puis penchez-vous à droite, puis à gauche, et à droite, puis à gauche, et encore une fois, à droite, et à gauche.

Levez les bras au-dessus de la tête – 1 et 2 et 3 et 4. Sans plier les genoux, touchez les pieds avec les mains 1 et 2 et 3 et 4.

Maintenant mettez les mains sur les épaules, puis tendez les bras de chaque côté du corps – 1 et 2 et 3 et 4.

Bras tendus de chaque côté, levez les jambes aussi haut que possible – la gauche, et la droite, plus haut, la gauche, et la droite et une dernière fois, encore plus haut, la gauche, et la droite.

Bien! Respirez à fond, par le nez.

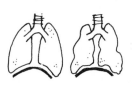

Remplissez bien les poumons. Aspirez, expirez, aspirez, expirez. C'est tout pour aujourd'hui. Bonne journée et bonne santé. A demain!

A vous!

Someone is testing your ability to respond to French. Do your best to obey their unusual orders.

1 Levez le bras droit.
2 Tournez la tête à gauche.
3 Fermez l'œil droit.
4 Regardez vos mains.
5 Touchez votre nez.
6 Montrez trois doigts.
7 Ouvrez la bouche deux fois.
8 Levez-vous.
9 Allez à la porte et ouvrez-la.
10 Refermez la porte doucement.
11 Retournez à votre place.
12 Asseyez-vous.

In spite of Mrs Bonfoie's good advice, Mrs Brède has to see a doctor . . .

Le médecin: Alors chère madame, qu'est-ce qu'il y a?
Mme Brède: Docteur, j'ai mal partout!
Le médecin: Voyons, avez-vous souvent mal à la tête?
Mme Brède: Quelquefois, docteur.
Le médecin: Ouvrez la bouche, dites 'Ah!'.
Mme Brède: Ahhh!
Le médecin: Hum, vos dents sont mauvaises! . . . Tirez la langue . . . Hum, elle est blanche. Surveillez votre régime.
Mme Brède: C'est tout?
Le médecin: Mais c'est très

important! Maintenant, enlevez votre corsage et . . .
Mme Brède: Est-ce vraiment nécessaire docteur?
Le médecin: Bien sûr, pour l'auscultation . . . respirez fort . . . dites 'trente-trois'.
Mme Brède: Trente-trois, trente-trois.
Le médecin: Toussez.
(Madame Brède tousse).
Le médecin: Vous fumez?
Mme Brède: Euh, un peu.
Le médecin: Combien de cigarettes par jour?
Mme Brède: Je ne sais pas exactement.

Le médecin: Eh bien, arrêtez.

Mme Brède: Complètement docteur?

Le médecin: Ça vaut mieux.

Mme Brède: Mais docteur, j'ai besoin de ma petite cigarette après dîner!

Le médecin: Alors une seule par jour.

Mme Brède: Oh, merci docteur!

Le médecin: Maintenant allongez-vous sur le dos . . . Vous avez souvent mal au ventre?

Mme Brède: Au ventre non, mais assez souvent j'ai mal là.

Le médecin: C'est le foie. Je vois.

Mme Brède: Et mon cœur, docteur?

Le médecin: Ça va, à condition de moins manger, de supprimer le gras et l'alcool, d'arrêter de fumer et de faire un peu de sport.

Mme Brède: Vous ne me faites pas d'ordonnance?

Le médecin: Non, vous n'avez pas besoin de médicaments. Suivez mes conseils, et je vous recommande d'écouter tous les matins l'émission de madame Bonfoie à la radio.

Mme Brède: Mais docteur, je l'écoute régulièrement!

Avez-vous compris?

1 Où madame Brède a-t-elle mal?
2 A-t-elle souvent mal à la tête?
3 Comment sont ses dents?
4 Et sa langue?
5 Qu'est-ce que le médecin demande à madame Brède de faire pour l'auscultation?
6 Qu'est-ce que madame Brède a besoin de faire pendant l'auscultation?
7 Madame Brède fume-t-elle?
8 A-t-elle souvent mal au ventre?
9 Le médecin fait-il une ordonnance? Pourquoi?
10 Quels sont ses conseils?

A vous!

Indicate where it hurts:
J'ai mal . . .

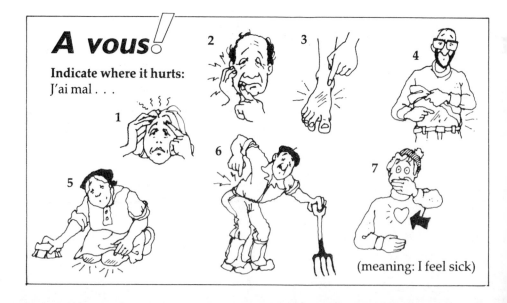

(meaning: I feel sick)

GAGNEZ UNE PETITA!

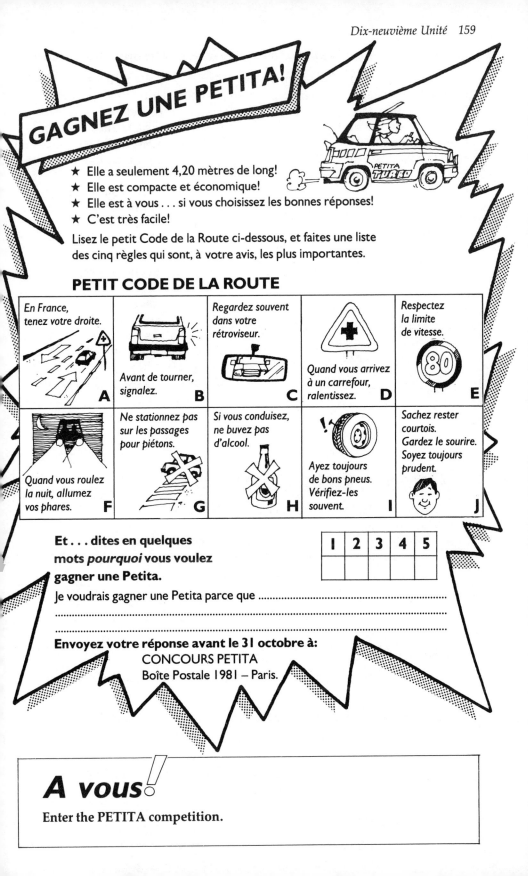

★ Elle a seulement 4,20 mètres de long!
★ Elle est compacte et économique!
★ Elle est à vous . . . si vous choisissez les bonnes réponses!
★ C'est très facile!

Lisez le petit Code de la Route ci-dessous, et faites une liste des cinq règles qui sont, à votre avis, les plus importantes.

PETIT CODE DE LA ROUTE

En France, tenez votre droite. **A**	Avant de tourner, signalez. **B**	Regardez souvent dans votre rétroviseur. **C**	Quand vous arrivez à un carrefour, ralentissez. **D**	Respectez la limite de vitesse. **E**
Quand vous roulez la nuit, allumez vos phares. **F**	Ne stationnez pas sur les passages pour piétons. **G**	Si vous conduisez, ne buvez pas d'alcool. **H**	Ayez toujours de bons pneus. Vérifiez-les souvent. **I**	Sachez rester courtois. Gardez le sourire. Soyez toujours prudent. **J**

Et . . . dites en quelques mots *pourquoi* vous voulez gagner une Petita.

1	2	3	4	5

Je voudrais gagner une Petita parce que ....

....

....

Envoyez votre réponse avant le 31 octobre à:
CONCOURS PETITA
Boîte Postale 1981 – Paris.

A vous!

Enter the PETITA competition.

And the winner of the PETITA competition was . . . Mrs Brède from Rouen!

Mais oui, c'est madame Brède qui a gagné la Petita! Malheureusement, elle a son permis de conduire, mais elle n'a pas conduit depuis des années. La première fois qu'elle prend le volant, son mari, très nerveux, lui donne quelques conseils:

M. Brède: Signale avant de tourner! Tu n'es pas toute seule sur la route . . . Oui, très bien . . . Regarde dans le rétroviseur de temps en temps . . .

Mme Brède: Je double le tracteur, il sent mauvais.

M. Brède: Non, non, ne dépasse pas, il y a un camion en face! . . . Vas-y maintenant, accélère . . . Bien . . . Attention, tu arrives à un carrefour, ralentis . . . Regarde le panneau: 60 kilomètres à l'heure. Respecte la limite de vitesse, s'il te plaît!

Mme Brède: Ne te fâche pas! Ce n'est pas de ma faute, c'est une petite voiture nerveuse!

M. Brède: Il y a beaucoup de circulation maintenant, fais attention . . . Et roule à droite, tu n'es pas en Angleterre!

Mme Brède: Ah, voilà Planville.

M. Brède: Enfin! . . . Tiens, gare la voiture là . . . Signale . . . Recule . . . Braque . . . Doucement, doucement, tu es au trottoir! . . . Là . . . Parfait . . . Je suis un bon professeur, n'est-ce pas?

Un agent de police (en colère):   Circulez, circulez! Ne stationnez pas sur les passages pour piétons, c'est interdit!

Mme Brède: Alors partons vite!

M. Brède: Où vas-tu, où vas-tu?

Mme Brède: J'en ai assez! Rentrons à la maison!

Avez-vous compris?

1 Why does Mrs Brède get stuck behind a tractor?
2 Why does she have to slow down?
3 According to Mrs Brède, what sort of car is the Petita?
4 Why does Mr Brède mention England?
5 Does Mr Brède choose a good parking space?

A vous!

1 **You are a driving instructor, complete the following instructions to your pupil:**

   example: Signalez avant le tourner.

   a _____ souvent dans le rétroviseur.
   b _____ la limite de vitesse.
   c Ne _____ pas sur les passages pour piétons.
   d La nuit _____ _____ phares.
   e _____ le sourire.
   f En Angleterre _____ à _____ .

g _____ toujours prudent.
h _____ souvent vos pneus.
i _____ aux carrefours.
j Si vous prenez le volant ne _____ pas d'alcool!

2 Now tell a close friend what to do, using some of the same advice:

example: Signale avant de tourner.

EXERCISES

Exercise A   **Write a list of instructions for someone coming in to look after your house and pets.**

Exercise B   **You are taking a keep fit class. Tell your class to:**

Breathe deeply, open and close their hands, raise their arms and stretch them.

Now tell them to:

lie on the floor, lift their legs, first the left and then the right, and then both together.

Finally tell them to:

touch their feet without bending their knees.

Exercise C   **Complete the following conversation between a doctor and a young boy, Jean. Use TU.**

Docteur: (Say hello to Jean and his mother. Ask Jean where it hurts).
Jean: J'ai mal là, là, là et là.
Docteur: (Ask him if he's got a headache.)
Jean: Oui, docteur.
Docteur: (Tell him to take his jumper off and breathe deeply through his nose. Ask him if his tummy aches.)
Jean: Oui, docteur.
Docteur: (Tell him to open his mouth and say ah!)
Jean: Ah!
Docteur: (Tell his mother it's not serious, but to watch Jean's diet.)

Exercise D   **Help a couple decide what to do by completing the following:**

example: J'ai soif.
        Buvons un verre d'eau!

1 Il fait un temps de chien aujourd'hui.
   Alors _____ à la maison. (rester)
2 J'ai une faim de loup.
   Eh bien _____ une omelette. (faire)

3 J'ai froid.
   Alors _____ le chauffage. (allumer)
4 Il y a une bonne émission à la télévision.
   Alors _____ la télévision. (regarder)
5 Je suis fatiguée.
   Alors _____ au lit. (aller)

See Grammar Section 22 (a) (b) (c)

Vingtième unité

It's Saturday morning in the Ouate household, and Paul has just gone into his parents' bedroom.

Claire: Recouche-toi Paul, il n'est que huit heures, et ne fais pas trop de bruit car papa fait la grasse matinée.

Paul: Il est malade papa?

Claire: Ne t'inquiète pas chéri, il a seulement un peu mal à la tête.

Francis (le mari de Claire): Taisez-vous donc!

Claire: Ne te fâche pas Francis, et toi Paul, va te recoucher et ne te lève pas avant neuf heures.

Paul s'en va, mais Elisabeth se réveille à son tour:

Elisabeth (à tue-tête): Bonjour Paul! Bonjour tout le monde! Bien dormi?

Paul: Tais-toi, Bette, et ne te lève pas.

Elisabeth: Cela te regarde? Je vais me lever si ça me plaît! . . . Eh, ne t'assieds pas sur mon lit! Ne me touche pas, laisse-moi tranquille! Arrête!

Paul: D'accord, mais ne te lève pas avant neuf heures, c'est ce que dit Maman.

Elisabeth: Pas vrai!

Paul: Si!

Elisabeth: Non!

Claire: Les enfants ne vous disputez pas!

Francis: Tais-toi Claire!

Claire: Ne te fâche pas Francis. Tu es vraiment de mauvaise humeur ce matin!

Francis: Mmm.

Cinq minutes plus tard:

Claire: Francis, réveille-toi!

Francis: Oh, quoi encore! Il y a le feu?

Claire: Ecoute, lève-toi vite, habille-toi . . . Francis, tu m'entends? Dépêche-toi! Tu te souviens, tu me conduis à Planville pour faire une enquête?

Francis: Quoi! Tu travailles le samedi maintenant?

Claire: C'est une enquête spéciale!

Francis: Ah oui! A quel sujet?

Claire: Les Français et les week-ends.

Francis: Mon Dieu! Est-ce possible!

Avez-vous compris?

Give a short summary of the Ouates' Saturday morning, in English.

A vous!

1 Give the following orders to a young child in your charge.

a Wake up!   c Get up!   e Don't worry!   g Go to bed!
b Hurry up!   d Get dressed!   f Be quiet!   h Don't get cross!

2 Now talk to a group of children.

While he is looking through his mother's papers, Paul comes across
the following questionnaire. He and his sister are amused by it.
Why don't you try it?

Cochez (✓) les cases correspondant à votre choix:

L'HOMME DE MES REVES

Il est ☐ grand ☐ petit ☐ de taille moyenne

Il a les cheveux ☐ bruns ☐ noirs ☐ blonds ☐ châtains ☐ roux
☐ raides ☐ bouclés ☐ frisés

Il a le nez ☐ long ☐ retroussé ☐ crochu ☐ grec

Il porte ☐ une barbe ☐ une moustache ☐ une barbe et une moustache
☐ Il n'a ni barbe ni moustache

Il a les yeux ☐ bleus ☐ verts ☐ bruns ☐ gris ☐ noirs

Il me dit souvent: ☐ 'je t'adore chérie' ☐ 'tu as raison mon amour'
☐ 'je ne peux pas vivre sans toi' ☐ 'mon petit chou'

LA FEMME DE MES REVES

Elle est ☐ grande ☐ petite ☐ de taille moyenne
☐ mince ☐ ronde

Elle a les cheveux ☐ bruns ☐ noirs ☐ châtains ☐ blonds ☐ roux
☐ courts ☐ mi-longs ☐ longs

Elle a ☐ une taille de guêpe ☐ un cou de cygne
☐ un profil de médaille ☐ des yeux de biche

Elle a le nez ☐ droit ☐ en trompette
☐ couvert de taches de rousseur

Elle me dit souvent: ☐ 'protège-moi chéri' ☐ 'embrasse-moi'
☐ 'tu es l'homme de ma vie' ☐ 'veux-tu une tasse de thé?'

A vous!

Ask your neighbour about his/her ideal man/woman.

You can begin: Comment est votre partenaire idéal(e)?

Mme Brède is rather upset by her unfortunate experience behind the wheel, so her husband decides to take her out for a meal. However things don't work out quite as they expected . . .

Mme Brède: Charles, je n'aime pas beaucoup ce restaurant!

M. Brède: Il a pourtant l'air bien sympathique avec les bougies, les nappes à carreaux rouges et blancs. . . .

Mme Brède: Parlons-en! Regarde notre nappe, elle est couverte de taches.

M. Brède: Demande au garçon de la changer.

Mme Brède: Et ce cendrier plein de cendres et de mégots, quelle horreur!

M. Brède: Demande au garçon de le vider.

Mme Brède: Demande, toi!

M. Brède: Pourquoi moi? C'est toi qui te plains!

Mme Brède: Tu es un gentleman, oui ou non?

M. Brède: Bon, bon, d'accord, calme-toi! Je commande l'apéritif en même temps?

Mme Brède: Bonne idée! Oh, regarde mon verre, il est fêlé. Je refuse de boire dedans, c'est dangereux!

M. Brède: Attends, j'appelle le garçon. Garçon! . . . Garçon!

Une demi-heure plus tard

Mme Brède: Quel service! J'ai une faim de loup!

M. Brède: Patiente un peu, il y a du monde . . . Tiens, voilà ton civet de lièvre.

Mme Brède: Ah, enfin! . . . Allons bon!

M. Brède: Quoi encore?

Mme Brède: Je n'ai pas de fourchette. Garçon, une fourchette!

. . . Merci . . . Pouah, c'est froid! Touche l'assiette. Garçon! . . . Et comment est ton steak?

M. Brède: Le steak est tendre, cuit à point, mais c'est le couteau qui ne coupe pas.

Mme Brède: Eh bien demande au garçon de le changer. Et nous avons aussi besoin d'une cuillère pour servir les légumes. Garçon!

Quelques minutes plus tard

Mme Brède: Oh, zut!

M. Brède: Qu'est-ce qu'il y a?

Mme Brède: Je viens de faire sauter de la sauce sur ma robe.

M. Brède: Où est donc ta serviette?

Mme Brède: Je n'ai pas de serviette. Oh, j'en ai marre de cet endroit! Viens! Partons d'ici tout de suite!

M. Brède: C'est trop tard maintenant. Finis ton civet. Et puis ils ont des crêpes Suzette comme dessert, et tu adores ça.

Mme Brède: C'est vrai!

A la fin du repas

M. Brède: Garçon, l'addition s'il vous plaît!

Garçon: Voilà monsieur.

Mme Brède: Il ne perd pas de temps cette fois! Fais voir Charles . . . Quoi! Mais ce n'est pas possible! Garçon! Garçon! Venez ici immédiatement! . . . J'espère que c'est une plaisanterie!

Garçon: Oh, je suis désolé messieurs-dames. C'est l'addition du couple qui célèbre un anniversaire de mariage, avec du caviar et du champagne!

Avez-vous compris?

1 What does Mr Brède find pleasant about the restaurant?
2 What are Mrs Brède's first two complaints?
3 Why does she say it would be dangerous to drink?
4 What items of cutlery are missing?
5 What is the jugged hare like?
6 Why does Mr Brède find it difficult to eat his steak?
7 Why does Mrs Brède say she is fed up?
8 Which sweet does she choose?
9 Why do they complain to the waiter yet again?
10 Why were they over-charged?

A vous!

1 Avec quoi mange-t-on de la soupe?
2 Où met-on la nourriture pour la manger?
3 Que met-on sur la table pour la protéger?
4 Buvez-vous le vin à la bouteille?
5 Dans quoi buvez-vous le thé et le café?
6 Où mettez-vous vos cendres de cigarettes?
7 Avec quoi coupe-t-on la viande?
8 Avec quoi vous essuyez-vous la bouche?
9 Quand utilisez-vous des bougies?
10 Au restaurant, que demandez-vous à la fin d'un repas?

This is the recipe for crêpes Suzette that Mrs Brède likes so much. Read it through carefully.

CREPES SUZETTE

Ingrédients: 250 grammes de farine
3 œufs
1 cuillerée à soupe d'huile
1 cuillerée à soupe de rhum ou de cognac
½ litre de lait
1 mandarine
75 grammes de beurre
75 grammes de sucre semoule
liqueur au choix
sel

Marche à suivre

1

Mettez la farine dans une terrine, creusez un puits au centre et cassez-y les œufs.

2

Mettez une pincée de sel et travaillez la pâte avec une cuillère en bois.

3

Ajoutez le lait progressivement. Finalement ajoutez l'huile, puis le rhum/cognac.

4

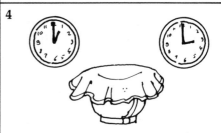

Laissez reposer la pâte deux heures, environ.

5

Faites chauffer un peu de beure dans une poêle.

6

Coulez-y une petite couche de pâte. Etendez-la en tous sens.

7

Retournez la crêpe quand celle-ci est fumante et dorée.

8

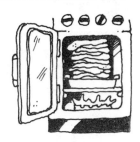

Gardez les crêpes au chaud.

9

Mélangez le beurre et le sucre semoule. Ajoutez le zeste râpé d'une mandarine, puis 2 cuillerées à café de liqueur.

10

Garnissez-en chaque crêpe.

11

Pliez-les en quatre.

12

Servez très chaud. Flambez après avoir versé dessus du rhum ou du cognac.

A vous!

Explain in English to a friend how to make crêpes Suzette.

EXERCISES

Exercise A   **You are dissatisfied with your cleaning lady. Leave her a list of do's and don'ts, including the following. Add some of your own.**

Don't sit on the Louis quinze armchair, don't rest more than 15 minutes, don't lie on my bed and watch television, don't wash your hair in my bathroom, clean the knives and forks, empty all the ash-trays, don't be cross!

Exercise B   **Write a short description of a member of your family.**

Exercise C   **A little girl is calling her younger brother to show him something. Complete the girl's side of the conversation. (Use the familiar form.)**

Elisabeth: (Tell Paul to wake up.)
Paul: Qu'est-ce qu'il y a?
Elisabeth: (Tell him to get up and to come quickly.)
Paul: Pourquoi?
Elisabeth: (Tell him it's a surprise, but to hurry up.)
Paul: J'arrive, j'arrive!
Elisabeth: (Tell him not to make any noise.)
Paul: Mais qu'est-ce qu'il y a?
Elisabeth: (Tell him to be quiet, sit down next to you and look.)
Paul: Je ne vois rien. J'en ai assez, je retourne au lit!
Elisabeth: (Tell him not to get cross

and to be patient.)
Paul: Oh le beau lapin! Je le vois maintenant!

Exercise D   **Write the recipe for a mushroom omelette.**

Reading comprehension

Read the following text carefully and answer the questions in English:

Aujourd'hui, Paul et Elisabeth vont à la patinoire pour la première fois. Ils n'ont encore jamais essayé de faire du patin à glace et leur mère a décidé qu'il était temps qu'ils commencent à apprendre, car, dit-elle, plus on est jeune, plus c'est facile!
Ils décident de louer les patins et quand ils les ont enfin aux pieds, Claire les aide à marcher. Paul n'hésite pas à se lancer sur la glace, mais Elisabeth, pétrifiée, refuse d'y poser le pied. Claire qui n'a pas chaussé de patins à glace depuis plus de dix ans, se tient discrètement à la barrière et encourage sa fille à avancer.
– Viens, n'aie pas peur, je suis là, dit-elle.
Par contre, Paul se débrouille très bien tout seul, et il commence à se moquer de sa sœur.
La pauvre Elisabeth se met à pleurer. Claire est très fâchée contre son fils et essaie de le gifler, mais dans sa colère elle oublie qu'elle est sur la glace, perd l'équilibre, et se retrouve sur le postérieur. Paul se précipite vers sa mère et l'aide à se relever. Claire se sent tellement stupide et

embarrassée qu'elle oublie de punir son fils. Paul console sa sœur, Elisabeth sèche ses larmes, Claire frotte les parties meurtries de son corps et ils décident d'un commun accord que Paul va continuer le patin à glace mais qu'Elisabeth, elle, va commencer à prendre des cours de danse. Quant à Claire, elle a l'intention de s'inscrire à un club de tennis de table. Ça lui semble beaucoup moins dangereux.

1 Where are Paul and Elisabeth going for the first time today?
2 Why has their mother decided it is high time they did?
3 Have they got their own boots?
4 Is Paul scared?
5 Does Elisabeth get onto the rink? Why?
6 How long is it since Claire last skated?
7 How is her lack of confidence apparent?
8 What does she do to try and help her daughter?
9 Why does Paul start to make fun of his sister?
10 How does it affect Elisabeth?
11 What does Claire try and do then?
12 Does she succeed? Why?
13 How does Paul react?
14 Do they go on arguing afterwards?
15 What do they decide to do in the future?

See Grammar Section 22 (d)

Vingt et unième unité

Everyone's got problems . . .

Première histoire

Deux jeunes amies, Christiane et Pascale, veulent aller en vacances ensemble. Elles voudraient aller à l'étranger, mais elles ne le peuvent pas, parce qu'elles n'ont pas beaucoup d'argent. Elles doivent donc rester en France. Christiane veut aller dans le Midi, mais Pascale préfère visiter différentes régions. Dans ce cas, elles doivent faire de l'auto-stop, car le train coûte cher et elles n'ont pas de voiture. Mais Christiane ne veut pas, elle trouve que c'est trop dangereux:

Pascale: Alors, on ne peut pas partir!
Christiane: Si on doit faire le tour de la France, non!
Pascale: Moi, je ne veux pas aller dans le Midi, il y a beaucoup trop de monde.
Christiane: Après tout, tu peux aller où tu veux. Mais moi, je dois aller où il y a du soleil.
Pascale: Tu sais, tu peux aller en vacances sans moi. Ne t'inquiète pas, il y a assez de monde dans le Midi.
Christiane: Eh bien alors, au revoir, et bonnes vacances!

Avez-vous compris?

1 Que veulent faire Christiane et Pascale?
2 Pourquoi ne peuvent-elles pas aller à l'étranger?
3 Veulent-elles aller au même endroit?
4 Pourquoi doivent-elles faire de l'auto-stop si elles visitent différentes régions?
5 Pourquoi Christiane ne veut-elle pas faire d'auto-stop?
6 Pourquoi Pascale ne veut-elle pas aller dans le Midi?

Deuxième histoire

Deux clochards: A vot' bon cœur monsieur!
Un passant: Pourquoi dois-je vous donner de l'argent? C'est trop facile!
Un clochard: Aujourd'hui nous devons acheter un billet de la Loterie Nationale.
Le passant: Pourquoi?
Un clochard: Parce que nous voulons gagner de l'argent.
Le passant: Pourquoi?

Un clochard: Parce que nous ne pouvons pas travailler.
Le passant: Pourquoi?
Un clochard: Parce que c'est trop fatigant!

Avez-vous compris?

1 Que doivent faire les clochards?
2 Qu'est-ce qu'ils veulent gagner?
3 Qu'est-ce qu'ils ne peuvent pas faire?
4 Pourquoi?

Troisième histoire

Le médecin: Vous devez absolument maigrir. Vous devez faire un régime très sévère.
Mme Brède: Mais docteur, je ne peux pas!
Le médecin: Pourquoi ne pouvez-vous pas?
Mme Brède: Parce que je mange beaucoup de gâteaux.
Le médecin: A partir d'aujourd'hui, plus de gâteaux!
Mme Brède: Docteur, je ne veux pas maigrir.
Le médecin: Vous ne voulez pas maigrir?
Mme Brède: Je dois manger des gâteaux, docteur.
Le médecin: Vous devez manger des gâteaux?
Mme Brède: Mais oui, docteur, vous savez bien que mon mari est boulanger-pâtissier!

Avez-vous compris?

1 Que doit faire madame Brède?
2 Pourquoi ne peut-elle pas maigrir?
3 Pourquoi ne veut-elle pas maigrir?

A vous!

1 What can you do, must you do, and/or do you want to do, in the following situations?

Vous voulez maigrir   vous n'avez plus d'argent   vous êtes professeur   vous êtes étudiant   vous êtes secrétaire

Start with: 'Je/Nous'.

2 What can they do, must they do, and/or do they want to do, in the following situations?

Il/elle veut devenir président de la République   il/elle invite des amis à dîner   ils veulent aller à l'étranger   ils veulent aller aux sports d'hiver

Start with: 'Il/Elle/Ils/Elles'.

This time the concierges, Mrs Ragot and Mrs Cancan, are talking about holidays . . .

Mme Ragot: Tiens, bonjour madame Cancan. Dites donc, vous avez bonne mine!

Mme Cancan: Oui, je reviens de vacances, c'est pour ça. Nous revenons de Florence. Vous connaissez?

Mme Ragot: Non.

Mme Cancan: Quel dommage! c'est splendide, c'est la première fois que nous y allons, mais nous voulons y retourner.

Mme Ragot: Vous connaissez les Barban?

Mme Cancan: Euh, vos locataires du troisième?

Mme Ragot: C'est ça, eh bien ils vont en Italie tous les ans. Je crois qu'ils connaissent toutes les régions maintenant.

Mme Cancan: Ils connaissent bien les villes?

Mme Ragot: Bien sûr, ils connaissent les musées, les églises . . .

Mme Cancan: Savez-vous s'ils parlent italien?

Mme Ragot: Je ne sais pas s'ils parlent couramment, mais je crois qu'ils ne se débrouillent pas mal. Je sais qu'ils peuvent demander leur chemin, qu'ils n'ont pas de difficultés au restaurant . . .

Mme Cancan: Tout le monde peut commander des spaghetti!

Mme Ragot: Oh, à propos de manger, savez-vous à quelle heure la boucherie ferme?

Mme Cancan: A une heure, je crois. Je sais que l'épicerie ferme à . . .

Mme Ragot: Vous avez l'heure?

Mme Cancan: Il est une heure moins cinq.

Mme Ragot: Mon Dieu, je vous quitte. Nous n'avons rien à manger pour midi! A bientôt!

Avez-vous compris?

Vrai ou faux?

1 Madame Ragot connaît Florence.
2 Les Cancan veulent y retourner.
3 Madame Ragot connaît bien les Barban.
4 Les Barban ne savent pas parler italien.
5 Ils connaissent bien les villes italiennes.
6 Madame Cancan sait quelle heure il est.

A vous!

Help a third concierge talk about Mrs Ragot and Mrs Cancan, by filling in the gaps with the following vocabulary:

tous   dommage   mine   quitte   couramment   une heure

midi   chemin   connaissent   locataires

Madame Cancan a bonne _____ parce qu'elle revient de Florence.
Madame Ragot ne connaît pas l'Italie. Quel _____! Les Barban, les
_____ du troisième, _____ bien l'Italie parce qu'ils y vont _____
les ans. Madame Ragot ne sait pas s'ils parlent italien _____ mais elle
croit qu'ils se débrouillent au restaurant et pour demander leur
_____. Madame Ragot _____ Madame Cancan brusquement car
elle n'a rien à manger pour _____ et les magasins ferment à _____.

Anne and Michelle are talking about their mutual friend, Chantal.

Anne: Bonjour Michelle, ça va?
Michelle: Très bien, et toi?
Anne: Très bien, merci. Dis donc, tu as des nouvelles de Chantal, toi?
Michelle: Oui, tu sais qu'elle va à un cours du soir?
Anne: Ah bon?
Michelle: Oui, pour apprendre l'anglais. Si tu ne sais pas ça, alors tu ne connais pas Laurent!
Anne: Laurent?
Michelle: Oui, tu ne sais pas que Chantal a un petit ami maintenant?
Anne: Il est sympa?
Michelle: Oui, mais je ne le connais pas très bien.

Anne: Qu'est-ce qu'il fait?
Michelle: Je sais seulement qu'il travaille dans une banque à Rouen.
Anne: Elle sort avec lui depuis longtemps?
Michelle: Depuis environ trois mois, depuis qu'elle apprend l'anglais. Et je sais qu'ils veulent passer les vacances ensemble!
Anne: Oh, oh! Où ça, en Angleterre?
Michelle: Non, pas cette année, ils ne parlent pas encore assez bien. Ils veulent aller dans une région de France qu'ils ne connaissent pas, mais ils ne savent pas encore où!

Avez-vous compris⌒⁇

What information does Michelle give Anne about Chantal?

A vous!

Ask your neighbour if he/she knows:

a France
b what time it is.
c how much a métro ticket costs.
d Mrs Bickerton.
e if the weather is going to be fine on Sunday.
f at what time the lesson finishes.
g New York.
h Chartres Cathedral.
i how to make crêpes Suzette.
j some French people.

Test: Etes-vous vraiment sportif?

Douze questions, plus ou moins indiscrètes, dont les réponses vont vous aider à découvrir toute la vérité! Répondez simplement par OUI ou par NON:

a Savez-vous nager?
   oui ☐ non ☐
b Pensez-vous pouvoir faire la traversée de la Manche à la nage?
   oui ☐ non ☐
c Savez-vous faire du vélo?
   oui ☐ non ☐
d Pouvez-vous citer au moins trois vainqueurs du Tour de France?
   oui ☐ non ☐
e Pouvez-vous faire une marche de dix kilomètres sans vous plaindre?
   oui ☐ non ☐
f Pouvez-vous rester sur un cheval au galop plus de cinq minutes?
   oui ☐ non ☐
g Connaissez-vous les règles du cricket?
   oui ☐ non ☐
h Pouvez-vous expliquer les règles du cricket à un étranger?
   oui ☐ non ☐

i Savez-vous quelles épreuves comporte le décathlon?
oui ☐ non ☐

j Savez-vous ce que sont les 24 Heures du Mans?
oui ☐ non ☐

k Pouvez-vous faire une descente en ski en restant debout?
oui ☐ non ☐

l Savez-vous par quel bout tenir un club de golf?
oui ☐ non ☐

Résultats

Si vous avez:

Huit réponses positives ou plus, vous êtes sportif, bravo!
De trois à sept réponses, vous vous intéressez au sport, mais d'assez loin.
Moins de trois réponses positives, il est grand temps de faire un effort!

Now see if you know what you have to do in the following situations:

Test: Que faut-il faire?

	VRAI	FAUX
a En France, il faut rouler à droite.	☐	☐
b Il faut dire 'tu' à quelqu'un que l'on voit pour la première fois.	☐	☐
c Il faut mettre le vin blanc au réfrigérateur.	☐	☐
d La nuit il faut allumer ses phares de voiture.	☐	☐
e Pour être un bon sportif, il faut fumer beaucoup.	☐	☐
f Il faut traverser la Manche pour aller de France en Angleterre.	☐	☐
g Il ne faut pas mettre de glaçons dans le vin rouge.	☐	☐
h Pour maigrir, il faut faire un régime.	☐	☐
i Il faut être un bon alpiniste pour faire l'ascension du Mont-Blanc.	☐	☐
j Au volant, il faut insulter les autres automobilistes.	☐	☐
k Il faut s'habiller chaudement pour aller au pôle Nord.	☐	☐
l Il faut travailler dur pour apprendre le français.	☐	☐

Si vous répondez sans hésiter, vous savez quoi faire!
Voici les bonnes réponses:

a V b F c V d V e F f V g V h V i V j F k V l V.

EXERCISES

Exercise A   Put the correct form of VOULOIR:

1 Je travaille parce que je _____ réussir à mon examen.

2 Nous faisons un régime parce que nous _____ maigrir.

3 Elle achète des pommes parce qu'elle _____ faire une tarte.

4 Vous allez à la banque parce que vous _____ changer de l'argent.

5 Tu fais des économies parce que tu _____ acheter une voiture.

6 Ils achètent un billet de loterie parce qu'ils ne _____ pas travailler.

Exercise B   Put the correct form of DEVOIR or POUVOIR:

1 Il pleut. Vous _____ prendre votre parapluie.

2 Elle a beaucoup d'argent. Elle _____ acheter beaucoup de robes.

3 Il n'y a plus de vin. Vous _____ boire de l'eau.

4 Je n'ai plus d'argent. Je _____ travailler.

5 La voiture est en panne. Nous _____ aller à pied.

6 Vous avez la radio. Vous _____ écouter de la musique.

Exercise C   Pair the sentences to make a meaningful statement:

1 Pour faire du ski,

2 Quand on a froid,

3 Si vous voulez aller à l'étranger,

4 Quand on va au cinéma,

5 Pour voyager en Concorde,

6 Si vous avez mal aux dents,

7 Si vos cheveux sont trop longs,

8 Pour apprendre à conduire,

9 Si on aime le soleil,

10 Pour être en forme,

a il faut aller à l'auto-école.

b il faut donner un pourboire
  à l'ouvreuse.

c il faut aller à la montagne.

d il faut se couvrir.

e il faut aller chez le dentiste.

f il faut aller dans le Sud.

g il faut faire du sport.

h il faut un passeport.

i il faut être riche.

j il faut aller chez le coiffeur.

Exercise D   Complete by using the correct form of POUVOIR, SAVOIR or VOULOIR:

1 JOUER AU TENNIS
Elle . . .

3 NAGER
Il . . .

2 VOLER
L'autruche . . .

4 MORDRE
Le chien . . .

5 MANGER
Le bébé . . .

6 DANSER
Il . . .

7 AVANCER
L'âne . . .

9 TRAVAILLER
Ils . . .

8 PARLER
Elles . . .

Exercise E **Anne and Michelle are now talking about other mutual friends.
Help them by giving the correct form of SAVOIR or CONNAITRE:**

Anne: Jacques et Josette veulent aller en vacances en Angleterre, car c'est un
pays qu'ils ne _____ pas du tout.
Michelle: Moi, je _____ bien l'Angleterre. J'ai de la famille là-bas. _____-tu
quand ils vont y aller?
Anne: Je ne _____ pas exactement, mais probablement cet été.
Michelle: Est-ce qu'ils _____ des gens en Angleterre?
Anne: Je ne crois pas.
Michelle: S'ils ne _____ pas quoi faire, ni où aller, je peux les aider.

Exercise F **Write a short dialogue between two friends who want to go on
holiday together.**

Picture comprehension

Look at the picture and choose the correct answer:

1 La dame qui est assise à une table
   a se trouve dans un jardin.
   b boit une tasse de café.
   c goûte un verre de vin.
   d ne boit rien parce qu'elle pense à sa ligne.

2 Le garçon qui s'approche d'elle
   a lui sert un gâteau.
   b lui donne un gâteau sec.
   c lui demande un pourboire.
   d désire un verre de vin, lui aussi.

3 La dame qui sort de la boulangerie
   a porte un manteau long.
   b veut acheter du pain.
   c porte une baguette.
   d est pressée.

4 La jeune femme regarde son moteur parce que/qu'
  a elle veut attirer l'attention.
  b elle n'a plus d'essence.
  c la voiture est en panne.
  d elle veut créer un embouteillage.

5 Les autres automobilistes
  a admirent la jeune femme.
  b proposent de l'aider.
  c crient et l'insultent.
  d sont contents car ils vont être en retard.

6 L'homme devant l'hôtel
  a est en train de traverser la rue.
  b a l'intention de se suicider.
  c fait de l'auto-stop.
  d arrête un taxi.

7 Les gens devant le cinéma font la queue pour

   a éviter l'embouteillage.

   b entrer dans le cinéma.

   c voir la fin du film.

   d donner un pourboire à l'ouvreuse.

8 Le jeune homme à la barbe

   a est un pickpocket.

   b est curieux.

   c essaie de lire le journal de son voisin.

   d s'ennuie.

9 Les enfants

   a mangent une glace.

   b mangent des bonbons.

   c attendent leur mère.

   d se disputent.

10 La vieille dame tourne la tête

   a parce qu'elle a mal au dos.

   b parce qu'elle entend crier l'homme qui porte la valise.

   c pour regarder d'un air mécontent le couple qui s'embrasse.

   d parce qu'elle ne veut pas parler à son mari.

11 L'homme qui fait du vélo monte sur le trottoir

   a parce qu'il veut attraper le chien.

   b car il a peur de l'agent de police.

   c parce qu'il veut échapper à l'homme qui appelle le taxi.

   d parce qu'il regarde la jeune fille.

12 Le chien

   a court après un chat.

   b s'est sauvé de chez lui.

   c a peur de la circulation.

   d veut mordre la jeune fille.

See Grammar Section 23, 24, 25

FAITES LE POINT! – UNITES 19–21

1 Name the various parts of the face:

   a Les _____

   b Les _____

   c Un _____

   d Une _____

   e Le _____

   f La _____

   g Les _____

   h Le _____

   i Le _____

   j La _____

2 Name the various parts of the body:

a Une _____
b Un _____
c Une _____
d Les _____
e Le _____
f Le _____
g La _____
h Les _____
i Une _____
j Un _____

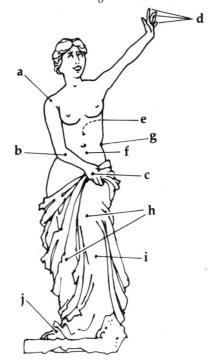

3 Oppose the following orders

example: N'écoutez pas!
        Ecoutez!

a Touche!
b Travaillons!
c Ralentissez!
d Plains-toi!
e Levez-vous!
f Lavons-nous!
g Ne nous dépêchons pas!
h Ne t'arrête pas!
i N'y va pas!
j N'en parlons pas!
k Ne les appelez pas!
l Ne me dîtes pas . . .

4 Find the English and French equivalents:

a headlight
b rear-mirror
c tyre
d steering-wheel
e speed

A vitesse (f)
B volant (m)
C phare (m)
D pneu (m)
E rétroviseur (m)

5 What would you say in the following situations:

a Your friend is driving too fast
    Arrête!
    Ralentis!
    Gare la voiture!
b Your children are arguing
    Ne vous disputez pas!
    Ne vous battez pas!
    Ne vous fâchez pas!
c It's a beautiful summer's day
    Restons à la maison!
    Partons à la mer!
    Allons au cinéma!

d Your dog is barking
    Couche-toi!
    Dépêche-toi!
    Tais-toi!
e Your friend is ill
    Ne te lève pas!
    Ne te change pas!
    Ne te repose pas!

6 Name at least five items you would expect to find on a table set for dinner.

7 Put in the correct form of VOULOIR, DEVOIR or POUVOIR.

   a Vous _____ avoir un permis de conduire avant de conduire une auto.

   b On _____ avoir un passeport avant de voyager à l'étranger.

   c Tu _____ rester au lit, tu es malade.

   d Elle ne _____ pas se marier, elle déteste les hommes.

   e Nous ne _____ pas visiter Paris, nous n'aimons pas les Parisiens.

   f Je _____ acheter du pain, il n'y en a plus chez nous.

   g Les vieilles dames ne _____ pas aller au cinéma, elles n'aiment pas sortir le soir.

   h Le petit garçon ne _____ pas marcher, il s'est cassé la jambe.

8 Mrs Ragot and Mrs Cancan are having a chat in the street. Use the correct form of SAVOIR or CONNAÎTRE:

Mme Ragot: Bonjour Madame Cancan, comment allez-vous?

Mme Cancan: Comme ci comme ça, je ne suis pas si jeune maintenant vous

_____.

Mme Ragot: A propos des jeunes, vous _____ mes jeunes gens du sixième?

Mme Cancan: Non, je ne les _____ pas.

Mme Ragot: Si, vous les _____, ils font toujours du bruit le soir.

Mme Cancan: Ah oui, je _____ maintenant. L'homme joue de la clarinette.

Mme Ragot: Oui, c'est lui, mais à mon avis il ne _____ pas jouer et en plus . . .

Mme Cancan: Quoi donc?

Mme Ragot: Je ne peux rien dire, car je _____ son père!

Mme Cancan: Vous _____ son père, quelle coïncidence!

Mme Ragot: Oui, c'est un ancien petit ami!

GENERAL REVISION TEST

A   **Look at the passport and answer the questions in whole sentences:**

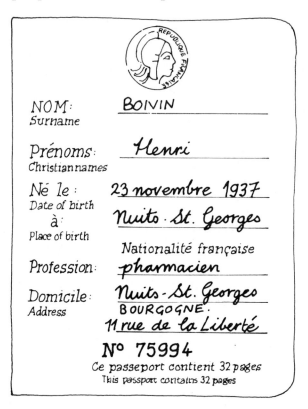

NOM: **BOIVIN**
Surname

Prénoms: **Henri**
Christian names

Né le: **23 novembre 1937**
Date of birth
à: **Nuits · St. Georges**
Place of birth

Nationalité française
Profession: **pharmacien**

Domicile: **Nuits - St. Georges**
Address **BOURGOGNE.**
11 rue de la Liberté

Nº **75994**
Ce passeport contient 32 pages
This passport contains 32 pages

1 Est-ce que c'est un homme ou une femme?
2 Comment s'appelle-t-il?
3 Est-il bourguignon?
4 Est-il professeur?
5 Quelle est sa nationalité?

B   **Now complete the following conversation with the customs' official:**

6 – Comment _____ (s'appeler) Monsieur?
   – _____ (s'appeler) Henri Boivin.
7 – _____ (être) marié?
   – Non, _____ (être) marié, je _____ (être) divorcé depuis 5 ans.
8 – Que _____ (faire) en Angleterre? _____ (avoir) des amis ici?
   – Non, mais _____ (avoir) des cousins à Hastings.
9 – Ah! Vos cousins _____ (être) normands peut-être?
   – Non, nous _____ (être) tous de Bourgogne.

C   **The officer is obviously suspicious . . . add DE etc. where necessary:**

10 – Ah! Vous avez _____ vin et _____ cigarettes dans votre valise?
   – Non, je n'ai pas _____ vin ni _____ cigarettes. J'ai _____ bière et
   _____ chocolat dans mon sac, c'est tout.

The officer is still not satisfied and opens the suitcase:

11 – Ah! Voilà une bouteille _____ cognac, une autre _____ champagne,
_____ eau de toilette,

12 mais pas _____ cigarettes et pas _____ vin.

13 – Mais qu'est-ce que c'est, Monsieur? Vous avez _____ robes, _____
jupes, _____ corsages et _____ chaussures de femme dans votre valise!
– Que voulez-vous, c'est la valise de ma tante qui voyage avec moi!

D   This is part of tante Henriette's list of items for her suitcase. Make the adjectives agree:

14 des chaussures _____ (noir)   15 des foulards en _____ soie (pur)
une jupe _____ (long)   des chemisiers _____ (élégant)
une robe _____ (vert)   du cognac _____ (français)
une robe _____ (blanc)   de l'eau de toilette _____ (frais)

E   Match the sentences:

16 Il y a une souris dans ma chambre,   j'ai froid.
Je mange très peu le matin et maintenant   j'ai peur.
Il neige et il fait mauvais temps,   j'ai faim.

F   Write the following in full:

17   je me lève   et je suis très   beau
                                         mauvais
                                         content
                                         malheureux.

18 Pendant l'hiver il   souvent et quelquefois il
l'été

19 Aujourd'hui, *Mai*   il fait beau et j'ai peur
                             mal aux dents
                             raison
                             de la chance.

20 car c'est l'anniversaire de ma mère, et tous les   jours
                                                      siècles
                                                      mois
                                                      ans

nous allons

21 Le matin   un jeu
La veille   nous allons *Ciné Rex* pour voir   un film
Le soir   une histoire.

G Où est le moustique maintenant?
Look at the picture and see where the mosquito has got to next!
Choose the right answers:

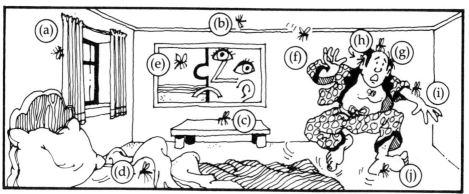

	derrière				au plafond
22 (a)	devant	le rideau		**(b)**	par terre
	dans				au rez-de-chaussée

	sous				devant
23 (c)	en face de	la table		**(d)**	sous	le lit
	sur				dans

	sous				près
24 (e)	derrière	le tableau		**(f)**	autour	de l'homme
	devant				au milieu

		le nez				sa bouche
25 (g)	sur	la tête de l'homme		**(h)**	dans	son œil
		le dos				son oreille

		sa jambe			près de	
26 (i)	sur	son pied		**(j)**	au coin de	son pied
		son bras			sous	

H How do people like spending their holidays? This is what they say when interviewed. Put the correct form of the verbs:

Marie Muller

27 Nous _____ (aimer) surtout passer nos vacances à la campagne. Nous _____ (se lever) de bonne heure et nous _____ (sortir) après le petit déjeuner.

28 Quelquefois nous _____ (se promener) dans les bois.

29 ou nous _____ (faire) des randonnées à cheval. A midi nous _____ (prendre) notre repas dans un restaurant, ou nous _____ (manger) un sandwich en plein air.

30 L'après-midi mon mari _____ (aimer) aller à la pêche, mais moi je _____ (préférer) rester sous un arbre où je _____ (dormir), ou bien je _____ (lire) un magazine.

Jeanne Chouan

31 J'_____ (adorer) le soleil et la plage, donc je _____ (partir) pour la côte le plus souvent possible. Je _____ (mettre) mon maillot de bain et je _____ (plonger) dans l'eau.

32 Le soir, si je ne _____ (être) pas trop fatiguée je _____ (sortir) avec des amis. Nous _____ (choisir) un café sympa où nous _____ (boire) un apéritif.

I Jeanne is talking to an absent-minded colleague, Christine Leclerc. Put in the correct possessive adjective:

33 *Christine:*   Dis-moi Jeanne, tu as vu _____ clefs?
   Jeanne: _____ clefs? Non je ne pense pas. Elles sont dans

34 _____ sac peut-être ou dans _____ serviette?
   Christine: Non, elles n'y sont pas.

35 *Jeanne:*   Elles ne sont pas dans _____ poche ou dans le bureau du directeur?
   Christine: Non.
   Jeanne: Ou bien dans _____ salle à nous?
   Christine: Non.

36 *Un élève:*   Mademoiselle Chouan, excusez-moi s'il vous plaît, je viens de trouver _____ clefs.
   Jeanne: _____ clefs? Ah non, ce sont les clefs de Madame Leclerc. Merci Robert.

J Put in BEAUCOUP DE, TROP DE, or ASSEZ DE:

37 L'étudiant a 10 francs. Le billet coûte 12 francs. Il n'a pas _____ argent.
J'ai quinze cousins. J'ai _____ cousins.
Dans son jardin monsieur Dupré vient de samasser 50 kilos de tomates. Il y a _____ tomates pour lui seul.

K Complete:

38 – Depuis quand _____ – il (travailler) à Londres?
   – Il _____ à Londres depuis deux ans.

39 – Depuis quand _____ -vous (apprendre) le français?
   – Je l'_____ depuis trois ans.

L   Answer:

40 Qu'est-ce qu'ils viennent de faire?

(a)   (b)   (c)

41 Qu'est-ce qu'ils vont faire?

(a)   (b)   (c)

M   What would you say in the following situations?

42 i) You are a young woman being followed by a man you don't like.
(a) Dépêchez-vous! (b) Allez-vous-en! (c) Aidez-moi! (d) Regardez-moi!

ii) Your friend is just about to take an exam.
(a) Ne te fâche pas! (b) Ne m'écris pas! (c) Ne t'inquiète pas! (d) Ne te dépêche pas!

43 i) Your child is shouting at the top of his voice.
(a) Réveille-toi! (b) Habille-toi! (c) Lève-toi! (d) Tais-toi!

ii) You and your friend find yourselves in a haunted castle.
(a) Reposons-nous! (b) Arrêtons-nous! (c) Allons-nous-en! (d) Allons-y!

Put in the correct form of SAVOIR or CONNAITRE:

44 Depuis quand _____-vous mon père?
Nous nous _____ depuis 20 ans.

45 _____ -vous pourquoi elles sont en retard?
Marcel, tu _____ que nos amis sont déjà là?

46 Il _____ bien Paris, car ses parents y habitent.
_____ -ils parler français?

N   Put in the correct form of VOULOIR, DEVOIR or POUVOIR:

47 Je _____ réussir mon examen, alors je _____ travailler dur.

48 Ils ont de la chance, ils _____ aller en vacances où ils _____.

49 Nous _____ acheter un billet de train, mais nous ne _____ pas, car nous n'avons pas assez d'argent.

50 Vous _____ avoir un permis de conduire avant de conduire une auto.
On _____ avoir un passeport avant de voyager à l'étranger.

French alphabet and pronunciation

This is intended as a simple guide, but we must point out that the best way to get acquainted with French pronunciation is to listen to the recordings as often as possible, and to repeat words or sentences aloud. Don't be shy, and open your mouth!

Like the English alphabet the French alphabet consists of 26 letters. You will find the names of the letters recorded on the tape. We shall therefore concentrate here on the main differences, by using approximate descriptions.

Vowels

(The examples given are taken from the **Première unité**.)

A   is similar to the English **a** sound as in **a**pple.
       example:
       M**a**dame, **a**lsacien, P**a**ris, M**a**rtinique.

E   is a neutral sound similar to the English **a** in **a**bove, or the indefinite article as in **a** book.
       example:
       l**e**, d**e**, j**e**, n**e**.
       Note:
       a The **e** is not sounded at the end of a word (it is mute).
       example:
       Mari**e**, Sylvi**e**.
       But if the preceding letter is a consonant it **is** sounded.
       example:
       célibatair**e**, français**e**.
       b The **e** is often used with accents, which alter its sound. **é – e** acute (accent aigu) – is similar to the beginning of the English **e**ight.
       example:
       étudiant, mari**é**, fianc**é**, m**é**tier. **è – e** grave (ac-cent grave) – and **ê – e** circumflex (accent circonflexe) – are similar to the English **a** as in c**a**re (the circumflex also lengthens the vowel).
       example: infirmi**è**re, vous **ê**tes.

I   is a similar sound to the
(and Y) English **i** in pol**i**ce.
       example:
       qu**i**, S**y**lvie, Dom**i**nique, **Y**ves.

O   is similar to the English sound **o** in v**o**lume.
       example:
       c**o**mment, c**o**rse, espagn**o**l, v**o**tre.
       Note:
       At the end of a word it is like the **o** sound in **o**ld.
       example:
       Ajacci**o**, Picass**o**.

U   is a difficult sound to imitate. Prepare your lips as if you were going to whistle. Your tongue should be against your bottom front teeth. Then try and make the sound **ee**.
       example:
       bienven**u**e, M**u**ller, L**u**çon, t**u**, L**u**cien, C**u**rie, r**u**sse.

Diphthongs

In French a combination of two or three vowels forms only one new sound.

AI/AY/ EI/EY	as in the English sound May. *example:* je ne sais pas, Anglais, célibataire, secrétaire.
EU	as in the English u in purr. *example:* Lejeune, peut-être, professeur, pêcheur, veuf.
OU	as in the English oo in good. *example:* Tourama, vous, Strasbourg, ouvrière, bonjour, toujours.
OI	similar to the English wa in wagtail. *example:* mademoiselle, Antoine, François, Boivin.
EAU/AU	similar to the French final o as in Picasso. *example:* Guillaume, aussi, Claude, cosmonaute.

Nasal vowels

There is no real equivalent to these in English, so you will need to listen carefully to the tape to get the pronunciation right. The closest sound in English is probably the nasalised Northern pronunciation of **I'm going home.**

AM/AN/ EM/EN	*example:* Henri, comment, normande, Vendée, Rouen, pendant, Chantal, France, allemand, fiancé.
IM/IN/ UN/UM/ AIM/AIN/ EIN/IEN	*example:* Boivin, Cousin, Lucien, peintre, Quimper, américain, écrivain, bienvenue, parisien, infirmière, parfum.
OM/ON	*example:* bonjour, Luçon, breton,

bourguignon, Dijon, ils sont.

Consonants

(Most of the examples given are taken from **Première unité**.)

These are very similar to the English, although they are pronounced with a sharper sound. Here are the main differences.

C	1 usually has a hard sound as in the English card. *example:* compositeur, cosmonautes, cuisiniers, Clément, Claire. 2 When it is followed by an e or i it softens to an s sound as in soap. *example:* c'est, célibataire, divorcé, fiancé, médecin.
Ç	c cedilla. This softens the c to an s sound before an a, an o or a u. *example:* français, provençal, François, Luçon.
G	has two sounds: 1 a hard sound as in the English gorilla. *example:* Guillaume, gallois, guide, Le Goff, bourguignon. 2 a soft sound when it precedes an e or an i, like the English si in confusion. *example:* Brigitte, ingénieur, Nuits-St. Georges.
GN	is like the English ni sound in bunion. *example:* bourguignon, espagnol.
H	is never pronounced in French; however, words beginning with h can be divided into two categories.

1 you can ignore the **h mute**, as the word behaves just as if it began with a **vowel**.
example:
l'**h**ôtel, l'**h**ôpital.
2 this type is called **h aspirate**, and words beginning with this letter have the same sound as the dropped **h** in the English **'ow kind of you**. However you must use the full form of the article with them.
example:
le **H**ollandais, la **H**ollande.

CH   corresponds to the English **sh** sound in **shop**.
example:
Charles, Mi**ch**el, mousta**ch**e, pê**ch**eur, **ch**inois, autri**ch**ienne.

TH   is always pronounced with a **t** sound as in the English **tea**.
example:
thé, **th**éâtre.

J   has the same sound as the soft **g** in French.
example:
je, tou**j**ours, **J**eanne, **J**osée, Le**j**eune.

L or LL   preceded by **ai**, **ei** and sometimes **i**, is pronounced with a **y** sound as in the English **you**. The **l** alters the **ai** sound to a pronunciation similar to the English **eye**.
example:
ai**l**, trava**il**, Versai**ll**es, viei**ll**e, Marsei**ll**e, fi**ll**e.

Q   is always followed by **u** as in English, but is pronounced with a **k** sound as in the English **duck**.
example:
qui, **q**u'est-ce, **Q**uimper, en**q**uêteuse.

R   can be pronounced in two ways:
1 a rolled **r**, with the tip of the tongue behind the teeth.

2 a gutteral **r** at the back of the throat like a gargle.
The English **r** is placed in between these two sounds. You will find the rolled **r** is more common in the South of France. It is easier to practise if you put another letter in front.
example:
François, français, actrice.

W   is normally pronounced like the English **v** in very, but sometimes, when the word is borrowed from English, the English **w** is simulated, as in **w**att and **w**hisky.
example:
Washington.

X   is pronounced like the English **x** in exile.
example:
e**x**ercise, e**x**amen.

Y   as in English, **y** sometimes behaves like the vowel **i**, and sometimes like the English consonant sound in **you**.
example:
abo**y**er, pa**y**er.

Unlike English, a consonant at the end of a word is generally not sounded in French.
example:
Je suis, vous, êtes, Paris, Strasbourg, Cannes, étudiant, toujours, Normand, comment, Anglais, Londres.

Adding an **s** to mark the plural of a word is basically a spelling change.
example:
suisse → suisses.
However if these consonants are followed by an **e**, in the case of a feminine for instance, then they are fully sounded.
Compare:
Il est normand *and* Elle est normande.
Il est anglais *and* Elle est anglaise.
Sylvie Clément *but* Claire Ouate.

There are some exceptions however, and **f** and **l** are generally sounded.
example:
veuf, Piaf, espagnol, général.
A final **r** is often sounded.

example:
ingénieur, pêcheur, professeur, chanteur, danseur.

Nevertheless there are many exceptions;
for example, the combination **-er** is most-
ly sounded as **é**.
example:
métier, cuisinier, ouvrier.

Liaison

The final consonant of a word is often
sounded, if the word following it starts
with a **vowel** or an **h mute**, and its sound
is carried over. This is particularly common with **s** and **t**.
example:
vous êtes, elle est anglaise, il est espagnol, ils sont italiens, dans une usine.

Note that **s** and **x** are pronounced like **z**,
d like **t**, and **f** like **v**.

Note that **et** is never run on. If it were, it
would be confused with **est**.
example:
Un touriste **et** un guide (*A tourist and a
guide*); Un touriste **est** un guide. (*A tourist
is a guide.*)

Elision

The final **e** of some words is elided in
French when it precedes another word
starting with a **vowel** or an **h mute**. In
that case, the last **e** of the first word is
dropped and replaced by an apostrophe.
example:
Je suis d'Ajaccio. (instead of **de**); Je **m'**appelle Guillaume. (instead of **me**); **C'**est le
guide. (instead of **ce**); Est-ce **qu'**il est
martien? (instead of **que**).

Note thate the **a** of the definite article **la**
and the **i** of **si** can also be elided.
example:
l'église (the church); s'il pleut (if it rains).

Accents and tréma

See the letter **e** (Alphabet).
A circumflex accent makes the vowel
longer. It often replaces an old **s** which
has been retained in English.
example:
hôpital (*hospital*); île (*island*) etc.

An accent on a vowel other than **e** indicates a difference in meaning.
example:
à Paris (*in Paris*), il **a** (*he has*); sur (*on*), sûr
(*sure*); où (*where*), ou (*or*); la (*the*), là
(*there*).

Accents are not required on capital letters in French.

When two vowels come together, and
one has a tréma above it (¨), it means that
each is pronounced separately.
example:
Noël.

Stress

In French the last, or last but one, syllable of a word is slightly stressed.
example:
Paris, mademoi**selle**.
However French words do not have a
strongly stressed syllable as in English.
example:
photograph, pho**to**graphy.
Generally speaking, they are pronounced more evenly.

In conclusion we should like to point out
that there are some exceptions to the
general rules given above, just as there
are in English, for example, the different
pronunciation of words ending in **-ough**!
It is important therefore to listen to your
teacher, and to the tapes, and to keep
practising!

Grammar Section

BASIC GRAMMATICAL TERMS USED IN THIS SECTION

Noun

A **noun** is a word used to identify a person, a place or a thing.
example:
man, cat, town, theatre.

A **proper noun** is the name given to a particular person or place.
example:
Guillaume, Paris.

Article

There are two types of articles.
1 The Definite article – in English, **the**.
   example:
   the dog.
2 The Indefinite article – in English, **a** or **an**.
   example:
   a student, **an** animal.

Adjective

An adjective is a word giving more information about a noun.
example:
a **tall** man, a **ginger** cat, an **old** town, a **good** theatre.

Verb

A verb is a word expressing action, existence or occurrence.
example:
to **speak**, to **be**, to **seem**.
The form given in dictionaries is called the **infinitive**. When a verb is used in connection with a person or persons, it is said to be **conjugated**.
example:
he **reads**, I **see**.
The time (past, present, future) is the **tense**. The conjugation of some French verbs is irregular and must be learnt by heart. (See table given on page 212.)

Adverb

An adverb is a word giving more information about a verb or an adjective.
example:
She drives **slowly**, they speak **quickly**, this is a **very** beautiful dress.

Preposition

A preposition is a word that connects one element of a sentence to another.
example:
he lives **in** Paris, the book is **on** the chair, a bag **of** sweets, they speak **to** the woman, they went **to** the theatre.

Subject and object of verbs

The subject is the person or thing doing the action.
The object is the person or thing to which the action is being done.
In **the woman is knitting a jumper, the woman** is the subject, and **a jumper** is the object.
In **three children are talking to the woman, three children** is the subject, and **the woman** is the object.
a jumper is called a **direct object** because there is no preposition linking it to the verb.
the woman in the second example is called an **indirect object** because it is preceded by the preposition **to**.

Pronoun

A pronoun is a short word used to replace a noun which has been mentioned before.
example:
– Do you know Paris?
– Yes I went **there** last year.
The use of **there** avoids the repetition of **Paris**.

example:
– Do you like Mary?
– I have met Mary only once but I don't like **her**.
The use of **her** avoids the repetition of **Mary**.

example:
– Do you like learning French?
– Yes, but I find **it** difficult.
The use of **it** avoids the repetition of **French**.

There are different types of pronouns, depending on the part they play in a sentence.

I CONJUGATION OF VERBS AND SUBJECT PRONOUNS

a The subject pronouns are as follows:

	Singular	**Plural**
1st person	je (*I*)	nous (*we*)
2nd person	tu (*you*)	vous (*you*)
3rd person	il (*he*)	ils (*they*)
	elle (*she*)	elles (*they*)

example:

Je suis (*I am*) nous sommes (*we are*)
tu es (*you are*) vous êtes (*you are*)
il est (*he is*) ils sont (*they are*)
elle est (*she is*) elles sont (*they are*)

b The conjugation of the verbs in French is generally more difficult than in English, because more changes occur. **Etre**, like **to be**, changes a lot with each person because it is an irregular verb. Irregular verbs must be learnt by heart because their conjugations do not follow a set pattern. (See table given on page 212.)
However most French verbs belong to groups which behave according to a set pattern. (See page 211.)

c **Tu** is used when addressing one person that one knows very well, such as a relative or a close friend. It corresponds to the old English form **thou**. If in doubt when you meet French people, stick to the **vous** until your friends suggest you use **tu**.

Vous can be used when addressing one person or more. It is the exact equivalent of the English form **you**.
example:
Vous êtes étudiant? (*Are **you** a student?*); **Vous** êtes étudiants? (*Are **you** students?*)

Ils is used when **they** refers to masculine plural or mixed.

Elles is only used when all elements are feminine.

Whenever masculine and feminine elements are mixed, the masculine takes preference.

example:

Lucien et Josée sont martiniquais. **Ils** sont de Fort-de-France.

Jeanne est de Luçon et **Sylvie** est de Grasse. **Elles** sont françaises.

d Ce/Il

It is always difficult to translate **it** when it is the subject of the verb **to be**.

When coming immediately before a noun or a pronoun, **it/he/she is** are translated by **c'est**:

example:

C'est un dictionnaire. (*It is a dictionary.*); **C'est** une pomme. (*It is an apple.*); **C'est** elle. (*It is her.*); **C'est** un ingénieur. (*He is an engineer.*); **C'est** une Française. (*She is a Frenchwoman.*).

Note that the two latter examples could also be expressed as follows:

Il est ingénieur; **Elle est** française.

Remember that the same is true of the plural: **Ce sont** des pommes. (*They are apples.*); **Ce sont** elles. (*It is them.*)

When it comes before an adjective and when it refers to a **specific** noun, **it/they** is translated by **il(s)/elle(s)** accordingly:

example:

Qu'est-ce qu'il y a dans cette valise?

Elle est lourde! (*What is in this suitcase? It is heavy!*); Pourquoi portes-tu ce chapeau? Il est ridicule. (*Why are you wearing this hat? It is ridiculous.*); J'aime ces chaussures, **elles** sont très élégantes. (*I like these shoes, they are very elegant.*).

But, when it comes before an adjective and when it refers to **no specific** noun, it is translated by **ce**:

example:

C'est grand. (*It is big.*); C'est beau. (*It is beautiful.*); C'est cher. (*It is expensive.*).

Il is used only when the adjective is followed by a subordinate clause.

example:

Il est évident qu'elles ont peur. (*It is obvious that they are afraid.*)

Or when it is followed by an infinitive construction.

example:

Il est interdit de fumer. (*It is forbidden to smoke.*); **Il** est agréable de se promener. (*It is pleasant to have a walk.*).

Il is also used when talking of the weather.

example:

Quel temps fait-**il**? (*What is the weather like?*); **Il** fait beau. (*It is fine.*); **Il** pleut. (*It is raining.*).

Or when speaking of the time.

example:

Quelle heure est-**il**? (*What is the time?*); **Il** est trois heures. (*It is three o'clock.*).

2 THE DEFINITE ARTICLE (THE)

a In French all nouns are either masculine or feminine. Usually, nouns referring to male creatures are masculine and nouns referring to female creatures are feminine. There are a few exceptions such as **médecin** (*doctor*), **professeur** (*teacher*), **écrivain** (*writer*) which are masculine even if the person is a woman. If you wish to make it clear, you must say **femme médecin** etc. On the other hand **sentinelle** (*sentry*) for instance is a feminine word.

The definite article in French varies according to the gender and number of the noun.

The masculine is **le** as in **le garçon** (*the boy*), **le livre** (*the book*).

The feminine is **la** as in **la fille** (*the girl/daughter*), **la livre** (*the pound*).

Les precedes all nouns in the plural.

example:

les garçons (*the boys*); **les filles** (*the girls*); **les hommes** (*the men*); **les infirmières** (*the nurses*); **les héros** (*the heroes*); etc.

b Both masculine and feminine words in the singular starting either with a **vowel** or a **h mute** take **l'** (l apostrophe).
example:
l'arbre (*the tree*); l'homme (*the man*); l'enfant (*the child*); l'infirmière (*the nurse*).
However the nouns starting with an **h aspirate** do not follow this rule.
example:
le héros (*the hero*) but l'héroïne (*the heroine*); la haie (*the hedge*); la hache (*the axe*).

Another exception is the word **onze** (*eleven*) which is not preceded by **l'** either.
example:
le onze avril (*the eleventh of April*).

c The definite article tends to be used more in French than in English.
example:
La vie et **la** mort (*Life and death*); L'amour (*Love*); J'adore **le** chocolat (*I love chocolate*).

3 THE INDEFINITE ARTICLE (A/AN)

The indefinite article also agrees in number and gender with the noun.
The masculine is **un** as in **un** chat (*a cat*), **un** magasin (*a shop*).
The feminine is **une** as in **une** maison (*a house*), **une** école (*a school*).
The plural, which is the equivalent of **some**, and hardly used in English, is **des** as in **des** enfants (*(some) children*), **des** maisons (*(some) houses*).

Note:
a Un/Une are not used with **il est/elle est** when describing a profession or a nationality.
example:
Il est ingénieur *or* C'est **un** ingénieur (*He is an engineer*).
Elle est française (*She is French*) *or* C'est **une** Française (*She is French/a French woman*).
b The same applies to the plural **des**.
example:
Ils sont espagnols (*They are Spanish*) *or* Ce sont **des** Espagnols (*They are Spanish/Spaniards*).

4 NEGATIVES

a To make a negative sentence in French, two negative words must be used, **ne** or **n'** and **pas**. These two negative words are usually placed on either side of the verb.
example:
Nous **ne** sommes **pas** étudiants. (*We are not students.*) Il **n'**est **pas** de Paris. (*He is not from Paris.*).

Other negative words can be used instead of **pas**.
example:
Elle **ne** parle **jamais**. (*She never speaks.*)
Vous **ne** mangez **rien**. (*You eat nothing/You do not eat anything.*) Je **n'**aime **personne**. (*I like nobody/I do not like anybody.*)

Here are a few more common negative words you might come across.

example:
Cette route **ne** mène **nulle part**. (*This road leads nowhere/This road does not lead anywhere.*) Il **n'**a **aucun** ami. (*He has no friend* (emphatic).) Il **n'**a **aucune** ambition. (*He has no ambition* (emphatic).) Il **ne** mange **guère**. (*He scarcely eats.*) Je **n'**ai **plus** d'argent. (*I have no money left/no more money.*)
Note:
Another way of saying **seulement** (*only*) is by using a similar construction with **ne . . . que/qu'**.
example:
Il parle **seulement** le français/Il **ne** parle **que** le français. (*He only speaks French.*)

b The place of **personne** varies according to its function in the sentence.

example:
Je **n'**aime **personne** (object). (*I like nobody.*) **Personne** (subject) **n'**aime cette femme. (*Nobody likes this woman.*).

The same is true of **rien.**
example:
Vous **ne** voyez **rien.** (*You do not see anything.*) **Rien ne** va plus. (*Nothing is going right anymore.*)

Also note that **personne** means **nobody/not anyone**, but that **a person** is **une personne** whether the person in question is male or female.

c When there is no verb in the sentence, **ne/n'** is not used.
example:
Pas moi! (*Not me!*) Jamais le samedi. (*Never on Saturdays.*)

When the verb is in the infinitive, both negative words come in front of the verb.
example:
Ne pas fumer (*No smoking*); Pour **ne pas** voir (*So as not to see*).

d In a negative sentence, the indefinite article **un, une, des** is replaced by **de/d'** when it means **no/not any.**
example:
Ils n'ont pas **de** voiture. (*They haven't got a car.*) Elle ne porte pas **de** chapeau. (*She is not wearing a hat.*)
but:
Ils n'ont pas **une** voiture anglaise, ils ont une voiture française. (*They haven't got an English car, they have a French car.*) Elle ne porte pas **un** chapeau bleu, elle porte un chapeau noir. (*She is not wearing a blue hat, she is wearing a black hat.*)

5 PARTITIVE ARTICLES

a The partitive article is used to express possession in French (as in the English **the cat of the chemist** instead of **the chemist's cat**).

de/d' precedes a name.
example:
Les enfants **de** Claire (*Claire's children*); la fiancée **d'**Yves (*Yves' fiancée*); la voiture **de** mademoiselle Chouan (*Miss Chouan's car*).

When **de** is combined with the definite article (i.e. **of the**) some changes occur:
de le → du
example:

| le pharmacien | → le chat **du** pharmacien (*the chemist's cat*) |

de la
example:

| la secrétaire | → le mari **de la** secrétaire (*the secretary's husband*) |

de l'
example:

| l'ingénieur | → l'auto **de** l'ingénieur (*the engineer's car*) |

de les → des
example:

| les enfants | → le lapin **des** enfants (*the children's rabbit*) |

b The partitive article is also used to translate the English **some** and **any**, although they are often omitted in English. The above-mentioned rule is applied:

le vin	→ **du** vin (*some wine*)
la soupe	→ **de la** soupe (*some soup*)
l'argent	→ **de** l'argent (*some money*)
l'ail	→ **de** l'ail (*some garlic*)
les frites	→ **des** frites (*some chips*)

In the negative, equivalent to the English **not any**, only **de/d'** is used.
example:
La boulangère **n'**a **plus de** pain. (*The baker has not any bread left.*) Il **n'**y a **pas de** frites aujourd'hui. (*There are not any chips today.*) Il **n'**y a **plus d'**eau dans le vase. (*There is not any water left in the vase.*) Il **n'**a **pas d'**amis. (*He has not got any friends.*)

c Whenever the combination **of the** occurs, the rule of the partitive article must be followed. For instance with place words using the preposition **de.**
example:
Il habite en face **du** cinéma. (*He lives opposite the cinema.*) La station de métro est près **des** magasins. (*The underground station is near the shops.*)

d The partitive article is not used with expressions of quantity.
example:
des enfants (*children*) *but* **beaucoup d'**enfants (*a lot of children*); des pommes (*apples*) *but* **un kilo de** pommes (*a kilo of apples*); de la soupe (*soup*) *but* **une boîte de** soupe (*a tin of soup*); du chocolat (*chocolate*) *but* **une tablette de** chocolat (*a bar of chocolate*);

de l'huile (*oil*) *but* **un litre d'**huile (*a litre of oil*).

Bien de (*a lot of*) is an exception and follows the rule of the partitive article.
example:
Vous avez **bien de la** chance. (*You are very lucky.*); Il a **bien des** problèmes. (*He has a lot of problems.*)

6 PREPOSITION à

a When combined with the definite article **à** behaves very similarly to **de**.
à le → au
example:
le professeur → **au** professeur
  (*to the teacher*)
à la
example:
la radio → **à la** radio
  (*on the radio*)
à l'
example:
l'hôpital → **à l'**hôpital
  (*in/to hospital*)
à les → aux
example:
les étudiants → **aux** étudiants
  (*to the students*)

The preposition **à** translates a variety of English prepositions.
At as in: **at** the bus stop (à l'arrêt d'autobus).
To as in: **to** the cinema (au cinéma); **to** the bank (à la banque).
In as in: **in** London (à Londres); **in** Canada (au Canada); **in** the United States (aux Etats-Unis).

Note:
Most countries are feminine in French (la France, l'Angleterre, la Suisse, l'Espagne, l'Allemagne etc.), in which case the English **in/to** is rendered by **en** in French (en France, en Angleterre, en Suisse, en Espagne, en Allemagne etc.)

b The preposition **à** is also used to express what something is made with.
example:
les pommes → une tarte **aux** pommes
  (*an apple tart*).
la fraise → un yaourt **à la** fraise
  (*a strawberry yogurt*).
le vin → de la moutarde **au** vin blanc (*mustard with white wine*).
l'ail → du saucisson **à l'**ail
  (*garlic sausage*).

7 QUEL

Quel is an interrogative and exclamatory adjective. Therefore it agrees in gender and number with the noun it qualifies.
example:
Quel jour (*Which/What day?*); **Quelle**

année? (*Which/What year?*); **Quels** enfants? (*Which/What/Whose children?*); **Quelles** valises? (*Which/What/Whose suitcases?*); **Quel** dommage! (*What a pity!*); **Quelle** belle vue! (*What a beautiful view!*)

8 -ER VERBS

a The verbs with infinitive in **-er** form a large group and most verbs within the group behave in the same way.
Let us take **chanter** (*to sing*) as an example.
chant- is called the stem.
-er is called the ending.
To conjugate an **-er** verb in the present indicative, one takes the stem and adds to it the following endings:

je chant**e**	nous chant**ons**
tu chant**es**	vous chant**ez**
il chant**e**	ils chant**ent**
elle chant**e**	elles chant**ent**

Despite the difference of spelling, the verbs sound the same in all the persons, except for the **nous** and **vous** forms.
Note:
Aller (*to go*) is an irregular verb despite its **-er** ending.

b Verbs in **-cer** and **-ger** are slightly different in the **nous** form to allow the pronunciation to be consistent throughout the conjugation.

Thus: nous commençons (*we start*);
nous lançons (*we throw*).
Without the **cedilla** it would be a **k** sound.
nous mangeons (*we eat*); nous nageons (*we swim*).
Without the extra e the g would be pronounced as in **goat**.

c Verbs with two **es** such as **acheter** (*to buy*), **jeter** (*to throw*) etc either use a grave accent (**è**) or double the consonant, except in the **nous** and **vous** forms. Thus:

j'achète	je jette
tu achètes	tu jettes
il achète	il jette
elle achète	elle jette
nous achetons	nous jetons
vous achetez	vous jetez
ils achètent	ils jettent
elles achètent	elles jettent

préférer (*to prefer*) is also slightly different and is conjugated as follows:

je préfère	nous préférons
tu préfères	vous préférez
il préfère	ils préfèrent
elle préfère	elles préfèrent

d Verbs ending in **-yer** such as **envoyer** (*to send*), **aboyer** (*to bark*). Except with **nous** and **vous** forms, the **-y** is replaced by **-i**:

j'envoie	nous envoyons
tu envoies	vous envoyez
il envoie	ils envoient
elle envoie	elles envoient

There are three types of verbs ending in **-yer**: **-ayer**, **-oyer** and **-uyer**. Although verbs in **-ayer** can be conjugated with the **-y** throughout, it is probably convenient for students to make the previous rule general and therefore always be on the safe side!

e The present indicative translates two different English forms.
example:
Il **chante** (*He sings/He is singing.*); Il ne **chante** pas (*He doesn't sing/He isn't singing.*).

It is also used to translate the English emphatic form.
example:
He does sing, doesn't he? (*Il chante, n'est-ce pas?*)

9 INTERROGATIVE SENTENCES

a When speaking casually, the French tend not to make a proper interrogative sentence. They use the statement and simply change the intonation:

example:
Vous êtes de Paris? (*Are you from Paris?*) **Il a** des enfants? (*Has he got any children?*)

But there are two other ways of making questions.

b The first one is by using **est-ce que/qu'** which allows one to keep the structure of the statement unchanged:
example:
Est-ce que vous êtes de Paris? **Est-ce qu'**il a des enfants?

c The second method is called the **inversion** and it consists in placing the verb before the subject:
example:
Etes-vous de Paris?

Some complications can occur:

i When the verb ends with a vowel, in which case **-t-** must be inserted.
example:
A-**t**-il des enfants? (*Has he got any children?*) Etudie-**t**-elle le français? (*Is she studying French?*)

ii When a name or a noun is used, in which case the subject pronoun must be used as well.
example:
Laurent habite-t-**il** à Rouen? (*Does Laurent live in Rouen?*); **Le médecin** est-**il** marié? (*Is the doctor married?*); **Les enfants** ont-**ils** faim? (*Are the children hungry?*); Où **les cuisiniers** travaillent-**ils**? (*Where do the cooks work?*)

10 ON

On can be used with two meanings in French.

First it can be used in a very general sense.
example:
On boit du cidre en Normandie. (*One drinks cider in Normandy.*).
Note that this general meaning can also be translated in English by **you** or **they**.

More familiarly, **on** can be used in French to mean **nous**.
example:
On regarde la télé et **on** joue au ping-pong. (*We watch the T.V. and play table tennis.*)

11 REGULAR -RE VERBS

Regular **-re** verbs such as **vendre** (to sell), **perdre** (to lose) etc. behave as follows in the present tense:

je perds	nous perd**ons**
tu perds	vous perd**ez**
il perd	ils perd**ent**
elle perd	elles perd**ent**

Quite a lot of **-re** verbs are irregular, in particular **prendre** (to take) and verbs with **prendre** in them such as **apprendre** (to learn), **comprendre** (to understand),

surprendre (to surprise) etc. Only the plural is different:

je prends	*but*	nous **prenons**
tu prends		vous **prenez**
il prend		ils **prennent**
elle prend		elles **prennent**

Other common regular **-re** verbs include: **rendre** (to give back/to make (to make happy, sad, pretty, etc.)); **descendre** (to go down/to get off); **mordre** (to bite).

12 ADJECTIVAL AGREEMENT

a In French the adjectives agree in gender and number with the noun they qualify.

The usual form of the feminine is an extra **-e**.
example:

Il est français, elle est française. (*He is French, she is French.*)

The usual form of the plural is an **-s**.
example:
Je suis grand, nous sommes grands. (*I am tall, we are tall.*)

If the adjective already ends with an **-e**, no change occurs for the feminine. If it already ends with an **-s**, or an **-x**, no change occurs for the plural.
example:
Il est célèbre, elle est célèbre. (*He is famous, she is famous.*) Le livre est gris, les livres sont gris. (*The book is grey, the books are grey.*) Il est heureux, ils sont heureux. (*He is happy, they are happy.*)

b If the adjective qualifies several nouns, masculine and feminine, the masculine form takes preference.
example:
Le chat et la chienne sont noirs. (*The cat and the bitch are black.*) Paul et Elisabeth sont intelligents. (*Paul and Elizabeth are intelligent.*)

c In some cases, the adjective does not agree with the noun.
  i When a colour is itself qualified.
    example:
    des yeux **bleu** clair (*light blue eyes*); une robe **vert** pomme (*an apple green dress*).
  ii When a noun is used as a colour.
    example:
    des chaussures **marron** (*reddish brown shoes*) (un marron = a chestnut).

d Not all adjectives form their plural by adding an **-s** in the plural.
Adjectives in **-eau** add an **-x**.
example:
de beaux enfants (*beautiful children*); des frères jumeaux (*twin brothers*).
Some adjectives in **-al** become **-aux**.
example:
loyal → loyaux *but* final → finals

e Not all adjectives form their feminine simply by adding an **-e**. Here are some of the commonest changes.

-er	→**-ère**	as in dernier, dernière (*last*)
-l	→**-lle**	as in culturel, culturelle (*cultural*).
-n	→**-nne**	as in bon, bonne (*good*); indien, indienne (*Indian*).
-f	→**-ve**	as in sportif, sportive (*sporty*).
-x	→**-se**	as in heureux, heureuse (*happy*).

f Some feminine forms are completely irregular and must be learnt by heart. Here are some of the commonest ones: blanc, **blanche** (*white*); frais, **fraîche** (*fresh, cool*); sec, **sèche** (*dry*); favori, **favorite** (*favourite*); long, **longue** (*long*); nouveau, **nouvelle** (*new*).

g Generally adjectives are placed after the noun they qualify, particularly colours, nationalities and long adjectives.
example:
un manteau **rouge** (*a red coat*); une voiture **américaine** (*an American car*); une remarque **intelligente** (*an intelligent comment*).

Some very common adjectives however precede the noun they qualify, such as: **autre** (*other*); **beau** (*beautiful*); **bon** (*good*); **grand** (*big, tall*); **gros** (*big, fat*); **haut** (*high*); **jeune** (*young*); **joli** (*pretty*); **large** (*wide*); **long** (*long*); **mauvais** (*bad*); **même** (*same*); **petit** (*small*).
example:
une **grande** maison (*a big house*); un **autre** jour (*another day*); un **gros** gâteau (*a big cake*).

h Some adjectives change their meaning whether they precede or follow the noun they qualify.
example:
ma **propre** chemise (*my own shirt*); *but* ma chemise **propre** (*my clean shirt*); l'**ancienne** maison (*the former house*) *but* la maison **ancienne** (*the old house*); la **dernière** semaine (*the final week*) *but* la semaine **dernière** (*last week*); de **pauvres** enfants (*unfortunate children*) *but* des enfants **pauvres** (*poor children*).

i Some of the adjectives which usually precede the nouns they qualify have a special masculine form if the noun starts with a **vowel** or a **h mute**.
example:
un **beau** livre (*a beautiful book*) *but* un **bel** homme (*a handsome man*); un **nouveau** train (*a new train*) *but* un **nouvel** avion (*a new plane*); un **vieux** pont (*an old bridge*) *but* un **vieil** ami (*an old friend*).

j If a noun in the plural is preceded by

an adjective the indefinite article **des** is replaced by **de/d'**. *example:*

Elle a **des** yeux bleus. (*She has blue eyes.*) *but* Elle a **de** beaux yeux. (*She has beautiful eyes.*)

13 DEMONSTRATIVE ADJECTIVES

Like the other adjectives they agree in gender and number with the nouns they qualify.

The masculine singular is **ce** as in **ce** livre (*this/that book*), *but* if the masculine word starts with a **vowel** or a **h mute**, **cet** is used instead as in **cet** argent (*this/that money*) or **cet** hôtel (*this/that hotel*). The feminine singular is **cette** as in **cette** fois (*this/that time*) or **cette** erreur (*this/that mistake*).

The form for all plurals is **ces** as in **ces** livres (*these/those books*), **ces** hôtels (*these/those hotels*), **ces** erreurs (*these/those mistakes*).

In French the difference between **this** and **that** or **these** and **those** is not usually stressed. When the difference needs to be emphasized **-ci** and **-là** are used. *example:*
ce vélo-**ci** (*this bicycle*); ce vélo-**là** (*that bicycle*); **ces** livres-**ci** (*these books*); **ces** livres-**là** (*those books*).

14 POSSESSIVE ADJECTIVES

	Singular		Plural
	Masc.	**Fem.**	
my	mon	ma	mes
your (singular)	ton	ta	tes
his/her/its	son	sa	ses
our	notre	notre	nos
your (polite or plural)	votre	votre	vos
their	leur	leur	leurs

Unlike English, the possessive adjective agrees with the noun it qualifies and **not** with the possessor. This is particularly important for the third person singular. *example:*
son fils (*his/her son*); **sa** fille (*his/her daughter*).

When a feminine word starts with a **vowel** or a **h mute**, the masculine possessive is used (for sound's sake).

example:
mon orange (*my orange*); **ton** amie (*your friend*); **son** autre tante (*his/her other aunt*).

The possessive adjective **mon/ma** is used when addressing a military person of superior rank or a religious person. *example:*
Oui **mon** général! (*Yes sir!*) Oui **mon** père. (*Yes father (priest).*) Oui **ma** sœur. (*Yes sister (nun).*).

15 -IR VERBS

It is convenient to split the **-IR** verbs into four different groups.

a The FINIR type is the most important group, and considered to be regular.

example:

finir (*to finish*); **choisir** (*to choose*); **saisir** (*to seize, to grab*); **punir** (*to punish*); **ralentir** (*to slow down*); **nourrir** (*to feed, to nourish*); **rougir** (*to blush*); **pâlir** (*to become pale*); **grandir** (*to grow* – note that to grow plants is **faire pousser**); **salir** (*to dirty*); **jaunir** (*to become yellow*); **grossir** (*to become big, to put on weight*); **réunir** (*to gather*); **obéir** (*to obey*); **réfléchir** (*to think, to ponder*); **agir** (*to take action*); **réagir** (*to react*); **applaudir** (*to applaud*) etc.

Note that many of these express a change of state.

To conjugate this type in the present indicative, find the stem by dropping the **-IR** (thus **FIN-**) and add the following endings:

je fin**is**	nous fin**issons**
tu fin**is**	vous fin**issez**
il fin**it**	ils fin**issent**
elle fin**it**	elles fin**issent**

Make sure that you do not forget half the endings of the plural; it is easily done!

As usual, the **-ent** in **ils/elles finissent** is not sounded.

b The DORMIR type.

example:

dormir (*to sleep*); **partir** (*to go away*); **sortir** (*to go out*); **servir** (*to serve*); **mentir** (*to tell lies*); **sentir** (*to feel*); **consentir** (*to agree*) etc.

Conjugating this type of verb is not quite as straightforward. First, in the singular, the second half of the verb disappears, and in the plural, you must take into account the fact that the consonant before the **-IR** varies.

Compare the following:

dormir	**servir**	**mentir**
je dors	je sers	je mens
tu dors	tu sers	tu mens
il dort	il sert	il ment
elle dort	elle sert	elle ment
nous dor**mons**	nous ser**vons**	nous men**tons**
vous dor**mez**	vous ser**vez**	vous men**tez**
ils dor**ment**	ils ser**vent**	ils men**tent**
elles dor**ment**	elles ser**vent**	elles men**tent**

c The -FRIR and -VRIR type.

example:

offrir (*to offer, to give (a present)*); **souffrir** (*to suffer*); **couvrir** (*to cover*); **découvrir** (*to discover*); **ouvrir** (*to open*) etc.

This type behaves exactly like an ordinary **-ER** verb in the present indicative. But here you get the stem by dropping the **-IR**, then you add the usual endings:

souffrir	**ouvrir**
je souffr**e**	j'ouvr**e**
tu souffr**es**	tu ouvr**es**
il souffr**e**	il ouvr**e**
elle souffr**e**	elle ouvr**e**
nous souffr**ons**	nous ouvr**ons**
vous souffr**ez**	vous ouvr**ez**
ils souffr**ent**	ils ouvr**ent**
elles souffr**ent**	elles ouvr**ent**

d The VENIR and TENIR type.

example:

venir (*to come*); **devenir** (*to become*); **prévenir** (*to warn*); **revenir** (*to come back*); **tenir** (*to hold*); **appartenir (à)** (*to belong (to)*) etc.

The very irregular **venir** and **tenir**, and all the verbs formed from them behave as follows:

tenir	**venir**
je **tiens**	je **viens**
tu **tiens**	tu **viens**
il **tient**	il **vient**
elle **tient**	elle **vient**
nous **tenons**	nous **venons**
vous **tenez**	vous **venez**
ils **tiennent**	ils **viennent**
elles **tiennent**	elles **viennent**

16 DEPUIS

It can be translated into English by **since** or **for**.

a Since
example:
depuis hier (*since yesterday*); depuis 1984 (*since 1984*); depuis mes vacances (*since my holidays*).

b For
If the action referred to is still going

on, the present indicative and **depuis** are used in French, whereas the perfect tense and **for** are used in English.
example:
Elle **habite** à Rouen **depuis** cinq ans. (*She's been living in Rouen for five years.*); Nous **apprenons** le français **depuis** six mois. (*We've been learning French for six months.*).

17 ALLER

Please consult the table of irregular verbs!

Basically, **aller** can be used in three different ways:

a Simply as meaning: **to go**
example:
Je vais au cinéma. (*I am going to the cinema.*); Ils vont à l'école. (*They are going/they go to school.*); Pour aller à la piscine? (*How does one get to the swimming-pool?*).

b To ask someone how they are
example:
Comment allez-vous? (*How are you?*); Je vais très bien, merci. (*I am very well, thanks.*).

Or more familiarly:
Comment ça va?
Ça va très bien, merci.

Note the vital difference between:
– Comment va-t-elle? (*How is she?*)
and
– Comment est-elle? (*What is she like?*)

c Finally, it can be used, like its English equivalent, to express a future action
example:
Il va apprendre le français (*He is going to learn French*); Nous allons visiter Rouen. (*We are going to visit Rouen.*).

Note that **aller** is followed by the infinitive of the other verb.

18 VENIR (DE)

The verb **to come** takes on a special meaning when it is used with **de**.
Venir de (*to have just*) is followed by the infinitive.
example:
Je viens de manger. (*I have just eaten.*)
Tu viens de manger. (*You have just eaten.*)
Il vient de manger. (*He has just eaten.*)

One or two more examples:
Je viens de boire de la bière. (*I have just drunk some beer.*); Ils viennent de partir. (*They have just left.*); Nous venons d'acheter une voiture. (*We have just bought a car.*).

19 PRONOUNS

a A pronoun is a word used in order to avoid repeating in full something which has been mentioned earlier.
example:
Do you know **his sister**?
Yes I see **her** on the bus every day.
Her is the personal pronoun replacing **his sister**.
The personal pronouns vary according to the role they play in a particular sentence. They can either be subject or object.

b The subject pronouns are:

je (*I*)	nous (*we*)
tu (*you singular*)	vous (*you polite or plural*)
il (*he*)	ils (*they masculine or mixed*)
elle (*she*) on (*one generally*)	elles (*only feminine*)

example:
Paul va à l'école; **il** va à l'école. (*Paul is going to school; he is going to school.*)

c The direct object pronouns replace a direct object. They are:

me/m' (*me*)	nous (*we*)
te/t' (*you familiar and singular*)	vous (*you polite or plural*)
le/l' (*him/it masc.*)	les (*they*)
la/l' (*her/it fem.*)	

example:
J'adore **le chocolat**, je **l'**adore (*I love chocolate, I love it*); Vous prenez **le livre**, vous **le** prenez (*You take the book, you take it*); Elle choisit **les fleurs**, elle **les** choisit (*She chooses the flowers, she chooses them*); Il **m'**aime. (*He loves me.*).

d The indirect object pronouns replace an indirect object, i.e. an object introduced by a preposition, usually **à**. They are similar to the direct object ones except for the third persons. Thus:
lui (*to him/to her/to it*)
leur (*to them*)

example:
Je parle **à Henri**, je **lui** parle (*I speak to Henry, I speak to him*); Je parle **à Jeanne**,

je **lui** parle (*I speak to Joan, I speak to her*); Je parle **au chat**, je **lui** parle (*I speak to the cat, I speak to it*); Nous sourions **aux enfants**, nous **leur** sourions (*We smile at the children, we smile at them*); Il **me** sourit (*He smiles at me*); Il **vous** montre l'église (*He shows you the church.* (In fact, *he shows the church to you.*)).

Note that the unfortunate thing is that the use of the prepositions does not always correspond from one language to the next and you must therefore be very careful because what is a direct object in French can be an indirect object in English, and vice versa.
In English you can say:
He buys her flowers.
But in French you must say:
Il lui achète des fleurs. (*He buys flowers to her.*)

Watch for verbs such as: **écouter** (*to listen to*); **attendre** (*to wait for*); **regarder** (*to look at*); **chercher** (*to look for*) etc.
In French, unlike English, they take a direct object.
example:
Nous **les** écoutons. (*We listen to them.*) Je **l'**attends. (*I am waiting for her.*) Ils **le** regardent. (*They are looking at him.*) Elle **les** cherche. (*She is looking for them.*)

e As you have probably noticed, in French the pronouns come directly before the verb.
example:
Je **les** vois. (*I see them.*)
Note that if two verbs are used, the pronouns go in front of the verb of which they are the object, which is generally the second verb, although it is in the infinitive.
example:
Tu peux **le** prendre. (*You can take it.*) Il va **le** faire. (*He is going to do it.*) Je viens de **les** manger. (*I have just eaten them.*)

If the sentence is in the negative, the pronouns stay with the verb between **ne** and **the other negative word**.
example:
Il ne **m'**écoute pas. (*He does not listen to me.*) Nous ne **les** voyons jamais. (*We never see them.*)

f The adverbs **y** and **en** can be used as pronouns. Most of the time they represent things or abstract ideas.

Y is usually used to avoid repeating the name of a place which has been mentioned, and corresponds to the English **there**.
example:
Connaissez-vous Paris? (*Do you know Paris?*)
Oui, j'**y** vais tous les ans. (*Yes, I go there every year.*)
It is also used to replace **à + a noun** which is not a person.
example:

toucher à	→ Ne touche pas **au** vase. Je n'**y** touche pas. (*Don't touch the vase. I am not touching it.*)
répondre à	→ Il répond **à la** lettre, il **y** répond. (*He answers the letter, he answers it.*)
penser à	→ N'oublie pas le pain. Non j'**y** pense. (*Don't forget the bread. No I think of it.*)

En generally translates **of it**, **of them**, **some** and **any**.
example:
Quand il demande du pain je lui **en** donne. (*When he asks for bread I give him some.*) A-t-il des frères? Oui il **en** a deux. (*Has he got any brothers? Yes he has got two (of them).*) Je n'ai pas besoin d'argent. (*I don't need any money.*) Je n'**en** ai pas besoin. (*I don't need any.*)

It can correspond to **de + a noun**.
example:

avoir besoin de	→ Je n'ai pas besoin **du couteau**. (*I don't need the knife.*); Je n'**en** ai pas besoin. (*I don't need it.*)
se servir de	→ Il se sert **de mon aspirateur**. (*He uses my hoover.*); Il s'**en** sert. (*He uses it.*)
avoir envie de	→ Elle a envie **de la robe rouge**. (*She fancies the red dress.*); Elle **en** a envie. (*She fancies it.*)

It can also represent a place one comes from.
example:
Où est la rue Pasteur? (*Where is rue Pasteur?*) J'**en** viens, c'est la première à droite. (*I've come from there, it's the first on the right.*)
Où est la poste? (*Where is the post-office?*) Juste là, j'**en** sors. (*Right there, I've just come out of it.*)
Note that **en** is used in a number of idiomatic expressions such as: s'**en** aller (*to go away*).

g Sometimes, several pronouns are required. In this case, they all come before the verb, and they all stay with the verb between the negative words in a negative sentence.
example:
Il **me le** montre. (*He shows it to me.*) Il ne **nous les** achète pas. (*He does not buy them for us.*)

If several pronouns are used, their order is as follows:

me				
	le			
te				
		lui		
se	la		y	en + verb
		leur		
nous				
	les			
vous				

The reflexive pronouns follow the same rules (see later).

h The strong or emphatic pronouns
They are:

moi	toi	lui	elle	soi
nous	vous	eux	elles	

They are used in many different cases.
i For emphasis (as their name indicates), in which case they are not necessarily translated into English.
example:
Moi, je parle anglais et allemand. (*I speak English and German*); **Lui**, il habite dans le Midi. (*He lives in the South.*).

ii   With **c'est/ce sont** (or when **c'est/ce sont** are understood):
example:
– Qui a fait ça? (*Who did this?*)
– (C'est) **elle**! (*She did!*)

iii   In comparisons:
example:
Il est plus grand que **moi**. (*He is taller than I am.*) Elle est moins connue que **lui**. (*She is less famous than he is.*) Je cours aussi vite que **vous**. (*I run as fast as you do.*)

iv   After **prepositions** and **comme**:
Avec moi (*with me*), **sans** eux (*without them*), **chez** nous (*at home/where we live*), **avant** toi (*before you*), **après** vous (*after you*), **sur** lui (*on him*), **derrière** elle (*behind her*) etc.
example: Il parle **comme** elle. (*He speaks the way she does (like her).*)

v   After **être à** (*to belong to*):
example:
Ce livre est à **lui**. (*This book belongs to him.*) Ces stylos ne sont pas à **toi**. (*These pens are not yours.*)

vi   With verbs of motion with **à**:
example:
Il vient à **moi**. (*He comes to me.*) Nous allons toujours à **elle**. (*We always go to her.*).

vii   With verbs taking **à** when referring to a person:
example:
Je pense souvent à **eux**. (*I often think of them.*)

viii **Aussi/Non plus:**
The strong pronoun is also used before **aussi** or **non plus** to express agreement or confirmation of similar experiences.
example:
J'ai soif. **Moi** aussi. (*I am thirsty. So am I.* (literally: *Me too*)); Ils habitent à Rouen. **Nous** aussi. (*They live in Rouen. So do we.*)
Non plus is used for the negative.
example: Ils n'apprennent pas l'anglais. **Toi** non plus. (*They do not learn English. Neither do you.*).

Note that **soi** is generally used when the subject is indeterminate or when the meaning is general.
example:
Chacun travaille pour **soi**. (*Everyone works for themselves.*) Il n'y a que chez **soi** qu'on est bien. (*One is only comfortable at home.*)

i   Table of pronouns

Subject Pronouns	Reflexive Pronouns	Direct Object Pronouns	Indirect Object Pronouns	Strong/ Emphatic Pronouns
je	me/m'	me/m'	me/m'	moi
tu	te/t'	te/t'	te/t'	toi
il / on	se/s'	le/l'	lui	lui / soi
elle	se/s'	la/l'	lui	elle
nous	nous	nous	nous	nous
vous	vous	vous	vous	vous
ils	se/s'	les	leur	eux
elles	se/s'	les	leur	elles

20 REFLEXIVE VERBS

a When a verb is used reflexively it usually means that the action turns back to the subject, in which case a reflexive pronoun is used (see the above table). Many verbs can be used either reflexively or ordinarily.
example:
(Se) laver

laver *(to wash)*

je lave (la voiture)	*I wash (the car)*
tu laves	*you wash*
il lave	*he washes*
elle lave	*she washes*
nous lavons	*we wash*
vous lavez	*you wash*
ils lavent	*they wash*
elles lavent	*they wash*

se laver *(to wash oneself)*

je me lave	*I wash myself*
tu te laves	*you wash yourself*
il se lave	*he washes himself*
elle se lave	*she washes herself*
nous nous lavons	*we wash ourselves*
vous vous lavez	*you wash yourself/ yourselves*
ils se lavent	*they wash themselves*
elles se lavent	*they wash themselves*

More verbs are used reflexively in French than in English. In fact some verbs are reflexive without any apparent reason.
example:
se promener *(to go for a walk);* **se reposer** *(to rest)* etc.

The best way to express **each other** and **one another** is also to use the verb reflexively.
example:
Ils ne se parlent plus. *(They don't speak to each other/one another any more.);* Nous nous regardons. *(We are looking at each other/one another.).*

b The reflexive pronouns behave like the personal pronouns, i.e. they come before the verb and remain stuck to the verb between the negative words in a negative sentence.
example:
Je **me** promène tous les dimanches. *(I go for a walk every Sunday.)* Il ne **se** rase pas souvent. *(He does not shave very often.)*

Making a question with a reflexive verb can be confusing, but in fact, the rules are the same. If you prefer, stick to the **Est-ce que . . .?** method.
example:
Est-cè qu'il **s'**appelle Henri? *or* S'appelle-t-il Henri? *(Is his name Henry?)* A quelle heure est-ce que vous vous levez? *or* A quelle heure vous levez-vous? *(At what time do you get up?)*
If you make a question using the inversion method, you must remember that the reflexive pronoun comes before the verb and that the subject pronoun comes after and is hyphenated.

Generally, when referring to parts of the body, the verb is used reflexively in French, instead of using a possessive adjective:
example:
Je me lave les mains. *(I wash my hands.* (literally: *I wash myself the hands.))* Elle se brosse les cheveux. *(She brushes her hair.* (literally: *She brushes herself the hair.))* Il se coupe les ongles. *(He cuts his nails.* (literally: *He cuts himself the nails.)).*

Make sure that when a reflexive verb is used in the infinitive you use the correct reflexive pronoun.
example:
Je viens de **me** promener. *(I have just had a walk.)* **Nous** allons **nous** reposer. *(We are going to rest.)*

c Other common reflexive verbs are:

s'amuser *(to enjoy oneself/to have a good time);* **s'approcher (de)** *(to come near);* **s'asseoir** *(to sit down);* **se baigner** *(to bathe);* **se battre** *(to fight);* **se chausser/ se déchausser** *(to put one's shoes on/to take ones shoes off);* **se demander** *(to wonder);* **se dépêcher** *(to hurry up);* **se disputer** *(to argue);* **s'écrier** *(to cry out);* **s'enfuir** *(to run away);* **s'exclamer** *(to exclaim);* **se fâcher** *(to get angry);* **se fiancer** *(to get engaged);* **s'habiller/se déshabiller** *(to get dressed/undressed);* **se maquiller** *(to put on make up);* **se marier** *(to get married);* **se réveiller** *(to wake up);* **se salir** *(to get dirty);* **se sauver** *(to escape);* **se suicider** *(to commit suicide);* **se tromper** *(to make a mistake).*

21 ADVERBS

In English adverbs normally end in **-ly** (*slowly*). The common ending in French is **-ment** (*lentement*).

Many adverbs are formed by adding **-ment** to the corresponding adjective in the feminine singular form.
example:
discret, discrète (*discreet*) → **discrètement** (*discreetly*)
malheureux, malheureuse (*unhappy, unfortunate*) → **malheureusement** (*unfortunately*)

If the masculine singular already ends in a **vowel**, that form is used.
example:
rapide (*quick*) → **rapidement** (*quickly*)
vrai (*true, real*) → **vraiment** (*truly, really*)

Most adjectives ending in **-ant** and **-ent** change to **-amment** and **-emment**,
example:
élégant (*elegant*) → **élégamment** (*elegantly*)

Some very common adverbs are irregular, and must be learnt by heart.
example:
bon (*good*) → **bien** (*well*)
Ils s'entendent **bien**. (*They get on well.*)
petit (*little*) → **peu** (*little*)
Elle mange **peu**. (*She eats little.*)
mauvais (*bad*) → mal (*badly*)

Je danse **mal**. (*I dance badly.*)
rapide (*quick*) → vite or rapidement (*quickly*)
Il parle **vite**. (*He speaks quickly.*)

Note that the **-ent** is sounded (unlike the third person plural of the verb ending). Remember that adverbs are invariable.

Generally in French, adverbs come immediately after the verb.
example:
Je mange **souvent** du poisson. (*I often eat fish.*) Ils s'aiment **immédiatement**. (*They fall in love immediately.*)

However there are a few exceptions, particularly for emphasis as in English.
example:
Quelquefois **même** ils se battent. (*Sometimes they even fight.*) Et **finalement** ils divorcent. (*And finally they get divorced.*)

Note:
a A few adjectives can be used as adverbs.
example:
Ils travaillent **dur**. (*They work hard.*)
b Some adverbs also give more information about an adjective or another adverb.
example:
très intéressant (*very interesting*); Il parle **très** vite. (*He speaks very quickly.*)

22 THE IMPERATIVE

a The imperative is the form of the verb used when giving an order.

When the order is given to other people, the second persons (singular and plural) are used in the present indicative, after the subject pronouns **tu** or **vous** have been dropped.
example:
Finis ton travail! (*Finish your work!*); **Vendez** votre voiture! Note that the **-er** verbs also drop the **s** of the second person singular.
example:

Travaille! (*Work!*); **Mange** ta soupe! (*Eat your soup!*).

When the order is given to a group of people including the speaker, i.e. when it translates the idea of **let's** . . ., the first person plural of the present indicative is used, without the **nous**.
example:
Allons-y! (*Let's go (there)!*); **Prenons** un taxi! (*Let's take a taxi!*).

b The irregular imperatives must be learnt by heart.

example:

avoir	aie/ayez (*have*)
	ayons (*let's have*)
être	sois/soyez (*be*)
	soyons (*let's be*)
aller	va (*but* vas-y)/allez (*go*)
	allons (*let's go*)
savoir	sache/sachez (*know*)
	sachons (*let's know*)
vouloir	veuille/veuillez (*be so good as, please*)

c The object pronouns are placed after the verb and linked by a hyphen. When there are several pronouns, the direct object one comes before the indirect object one. The pronouns are also linked by a hyphen.
example:
Apporte-le! (*Bring it!*) Apporte-le-lui! (*Bring it to him/her!*) *but* Apporte-nous-en! (*Bring us some!*)
en always comes last.
Note:
i When **me** is in the final position it changes to **moi**.

example:
Apporte-le-**moi**! (*Bring it to me!*)
ii When the command is in the negative, the pronouns keep their usual positions, i.e. before the verb.
example:
Ne l'apporte pas! (*Don't bring it!*) Ne m'en donne pas! (*Don't give me any!*)

d In the imperative, the reflexive pronouns behave like the personal pronouns, i.e. they come after the verb.
example:
Amusez-**vous** bien! (*Have a good time!*)
Marions-**nous**! (*Let's get married!*)
Note that in this case the **te** changes to **toi**.
example:
Réveille-**toi**! (*Wake up!*)

The pronoun goes back in front of the verb in the negative.
example:
Ne **vous** disputez pas! (*Don't argue!*)
Ne **te** trompe pas! (*Don't make a mistake!*)

23 THE INFINITIVE

The infinitive is the noun form of the verb (and the form to be found in the dictionary). Indeed a few infinitives are also true nouns, such as un **devoir** (*a duty*), les **devoirs** (*the homework*), le **déjeuner** (*lunch*) etc.
A verb in the infinitive can be the subject or the object of another verb, or it may be governed by a preposition.

a Without a preposition.
The infinitive is used when the verb is the subject of another verb.
example:
Travailler est indispensable. (*Working is a must.*)
Note that often the English is rendered by the **-ing** form.

The infinitive is also used when the verb is the object of another verb such as:

i a modal verb like **devoir, pouvoir** or **vouloir**.
example:
Il doit **venir**. (*He must come.*) Je veux **aller** à l'étranger. (*I want to go abroad.*)
ii **Aller, partir, venir, savoir, croire, falloir** (il faut).
example:
Elle part **travailler** à sept heures. (*She leaves for work at seven.*) Il faut **arriver** à l'heure. (*One must arrive on time.*) Ils viennent **voir** l'usine. (*They come to see the factory.*) Viens/Venez **voir**! (*Come and see!*)
iii After verbs of **liking/disliking/preference**.
example:
J'aime **aller** au concert. (*I like to go to concerts.*) Elle déteste **faire** la cuisine. (*She hates cooking.*) Ils préfèrent **passer** leurs vacances en

France. (*They prefer to spend their holidays in France.*)

iv After verbs of perception.
example:
Je l'entends **jouer** de la trompette. (*I (can) hear him/her playing the trumpet.*) Il regarde les enfants se **battre**. (*He watches the children fighting.*)

Note that, in fact, in French the infinitive is always used when a verb follows another one, with the exception of verbs following an auxiliary verb (**to have/to be**) in the case of the perfect tense (See Book 2).

b After a preposition.
example:
Elle a l'intention **de** refuser. (*She intends to refuse.*) **Pour** aller rue de Vaugirard S.V.P.? (*How do I get to rue de Vaugirard please?*) Il se met **à** travailler deux jours avant l'examen. (*He starts to work two days before the exam.*) J'essaie **d'**être poli avec lui. (*I try to be polite to him.*) Téléphonez avant **de** partir. (*Give a ring before leaving.*) Il réussit même **sans** travailler. (*He succeeds even without working.*) Il commence **à** pleuvoir. (*It is starting to rain.*) J'hésite **à** y aller. (*I hesitate to go there.*) Nous refusons **de** le faire. (*We refuse to do it.*) Empêche-les **de** partir. (*Prevent them from leaving.*)

c As you have noticed some verbs/expressions are followed by **à** and others by **de**. They must be learnt by heart. Here are two lists of the most common verbs of this kind.

Verbs followed by an infinitive introduced by **à**:
aider à (*to help to*); **apprendre à** (*to learn/teach to*); **commencer à/se mettre à**

(*to start to*); **consister à** (*to consist in*); **se décider à** (*to resolve to*); **hésiter à** (*to hesitate to*); **s'intéresser à** (*to be interested in*); **réussir à** (*to succeed in*) etc.

Verbs followed by an infinitive introduced by **de**:
accuser de (*to accuse of*); **arrêter de** (*to stop*); **décider de** (*to decide to*); **défendre de** (*to forbid to*); **empêcher de** (*to prevent from*); **essayer de** (*to try to*); **éviter de** (*to avoid*); **permettre de** (*to allow to*); **refuser de** (*to refuse to*); **remercier de** (*to thank for*); **s'étonner de** (*to be astonished at*); **avoir peur de** (*to be afraid to*); **avoir l'intention de** (*to intend to*); **être content de** (*to be pleased to*); **il est temps de** (*it is time to*) etc.

Note
i When a sentence with two verbs is in the negative, only the first one (conjugated) is placed between the negative words.
example:
Vous ne pouvez pas **rester** ici. (*You can't stay here.*) Je n'aime pas **prendre** l'avion. (*I don't like taking the plane.*)
ii But when a verb in the infinitive is itself in the negative, the two negative words precede it.
example:
Prière de ne pas **stationner**. (*Please do not park.*) Ne pas **se pencher** au dehors. (*Do not lean out.*)
iii When a pronoun is used it usually comes before the infinitive because it depends on it.
example:
Vous ne pouvez pas y **aller**. (*You can't go there.*) Je veux le **voir**. (*I want to see him/it.*)

24 SAVOIR/CONNAÎTRE

Please consult the table of irregular verbs!
There are two ways of translating **to know** into French:

a **Connaître** is used for people, places or

things which are basically known through the senses (sight, hearing, touch etc.).
Therefore, **connaître** is usually followed by a **noun**.

example:

Ils ne connaissent pas **l'Angleterre.** (*They don't know England.*) Je connais bien **le Centre Pompidou.** (*I know the Pompidou Centre well.*) Connaissez-vous **Sylvie Clément?** (*Do you know Sylvie Clement?*)

b Savoir is used when talking about knowing facts, i.e. to know that/why/whether/how/when/which etc.

Therefore, **savoir** is usually followed by a **sentence**.

example:

Je ne sais pas **s'il est français ou belge.** (*I don't know whether he is French or Belgian.*) Nous savons **qu'il part demain.** (*We know that he is leaving tomorrow.*) Elle sait **pourquoi tu es en retard.** (*She knows why you are late.*)
– **Quelle heure est-il?** (*What's the time?*)
– Je ne sais pas! (*I don't know!*)

25 SAVOIR/POUVOIR

Savoir translates the English **can** when it means to know how to do something one has learnt.

example:

Je ne sais pas nager. (*I can't swim.*) Les enfants savent déjà lire et écrire. (*The children can already read and write.*) Il sait compter jusqu'à cent. (*He can count up to a hundred.*)

Pouvoir expresses more the idea of being allowed/free to do something, to be able in the sense that it is possible because of the circumstances.

Compare:

Il sait nager. (*He can swim* (i.e. *knows how*)) *and* Il peut nager aujourd'hui. (*He can swim today* – i.e. *He is allowed to/It is possible for him to swim* – for the weather permits it, the sea is not too rough, the swimming-pool is not empty etc.)

1st group

26 Main Groups of regular verbs

Infinitive	Present		
chanter	je chante	perdre	je perds
(to sing)	tu chantes	(to lose)	tu perds
	il chante		il perd
	elle chante		elle perd
	nous chantons		nous perdons
	vous chantez		vous perdez
	ils chantent		ils perdent
	elles chantent		elles perdent

2nd group

Infinitive	Present
finir	je finis
(to finish)	tu finis
	il finit
	elle finit
	nous finissons
	vous finissez
	ils finissent
	elles finissent

Note:
Although this gives the main groups of regular verbs in French it is by no means definitive; for instance there are certain spelling irregularities in **-er** verbs (**jeter, commencer, manger**) and sub groups of **-re** and **-ir** verbs (**prendre, dormir**). These are dealt with in the Grammar Section to which you should refer.

3rd group

27 Irregular verbs

Infinitive	Present	Infinitive	Present
aller	je vais	avoir	j'ai
(to go)	tu vas	(to have)	tu as
	il va		il a
	elle va		elle a
	nous allons		nous avons
	vous allez		vous avez
	ils vont		ils ont
	elles vont		elles ont
appeler	j'appelle	battre	je bats
(to call)	tu appelles	(to beat)	tu bats
	il appelle		il bat
	elle appelle		elle bat
	nous appelons		nous battons
	vous appelez		vous battez
	ils appellent		ils battent
	elles appellent		elles battent
s'asseoir	je m'assieds	boire	je bois
(to sit down)	tu t'assieds	(to drink)	tu bois
	il s'assied		il boit
	elle s'assied		elle boit
	nous nous asseyons		nous buvons
	vous vous asseyez		vous buvez
	ils s'asseyent		ils boivent
	elles s'asseyent		elles boivent
	or		
	je m'assois	conduire	je conduis
	tu t'assois	(to drive)	tu conduis
	il s'assoit		il conduit
	elle s'assoit		elle conduit
	nous nous assoyons		nous conduisons
	vous vous assoyez		vous conduisez
	ils s'assoient		ils conduisent
	elles s'assoient		elles conduisent

Infinitive	Present	Infinitive	Present
connaître (to know)	je connais tu connais il connaît elle connaît nous connaissons vous connaissez ils connaissent elles connaissent	dire (to say, to tell)	je dis tu dis il dit elle dit nous disons vous dites ils disent elles disent
courir (to run)	je cours tu cours il court elle court nous courons vous courez ils courent elles courent	écrire (to write)	j'écris tu écris il écrit elle écrit nous écrivons vous écrivez ils écrivent elles écrivent
craindre (to fear)	je crains tu crains il craint elle craint nous craignons vous craignez ils craignent elles craignent	être to be	je suis tu es il est elle est nous sommes vous êtes ils sont elles sont
croire (to believe)	je crois tu crois il croit elle croit nous croyons vous croyez ils croient elles croient	faire (to do, to make)	je fais tu fais il fait elle fait nous faisons vous faites ils font elles font
cueillir (to pick)	je cueille tu cueilles il cueille elle cueille nous cueillons vous cueillez ils cueillent elles cueillent	falloir (to be necessary)	il faut
		lire (to read)	je lis tu lis il lit elle lit nous lisons vous lisez ils lisent elles lisent
devoir (must, to have to)	je dois tu dois il doit elle doit nous devons vous devez ils doivent elles doivent	mettre (to put)	je mets tu mets il met elle met nous mettons vous mettez ils mettent elles mettent

Infinitive	Present	Infinitive	Present
mourir	je meurs	rire	je ris
(to die)	tu meurs	(to laugh)	tu ris
	il meurt		il rit
	elle meurt		elle rit
	nous mourons		nous rions
	vous mourez		vous riez
	ils meurent		ils rient
	elles meurent		elles rient
ouvrir	j'ouvre	savoir	je sais
(to open)	tu ouvres	(to know)	tu sais
	il ouvre		il sait
	elle ouvre		elle sait
	nous ouvrons		nous savons
	vous ouvrez		vous savez
	ils ouvrent		ils savent
	elles ouvrent		elles savent
plaire	je plais	suivre	je suis
(to please)	tu plais	(to follow)	tu suis
	il plaît		il suit
	elle plaît		elle suit
	nous plaisons		nous suivons
	vous plaisez		vous suivez
	ils plaisent		ils suivent
	elles plaisent		elles suivent
pleuvoir	il pleut	se taire	je me tais
(to rain)		(to be quiet)	tu te tais
			il se tait
pouvoir	je peux/puis		elle se tait
(can, to be able to)	tu peux		nous nous taisons
	il peut		vous vous taisez
	elle peut		ils se taisent
	nous pouvons		elles se taisent
	vous pouvez		
	ils peuvent	tenir	je tiens
	elles peuvent	(to hold)	tu tiens
			il tient
prendre	je prends		elle tient
(to take)	tu prends		nous tenons
	il prend		vous tenez
	elle prend		ils tiennent
	nous prenons		elles tiennent
	vous prenez		
	ils prennent	venir	je viens
	elles prennent	(to come)	tu viens
			il vient
recevoir	je reçois		elle vient
(to receive)	tu reçois		nous venons
	il reçoit		vous venez
	elle reçoit		ils viennent
	nous recevons		elles viennent
	vous recevez		
	ils reçoivent		
	elles reçoivent		

Infinitive	Present	Infinitive	Present
vivre	je vis	vouloir	je veux
(to live)	tu vis	(to wish, to want)	tu veux
	il vit		il veut
	elle vit		elle veut
	nous vivons		nous voulons
	vous vivez		vous voulez
	ils vivent		ils veulent
	elles vivent		elles veulent

Infinitive	Present
voir	je vois
(to see)	tu vois
	il voit
	elle voit
	nous voyons
	vous voyez
	ils voient
	elles voient

28 Numbers

Cardinal numbers

1 un, une
2 deux
3 trois
4 quatre
5 cinq
6 six
7 sept
8 huit
9 neuf
10 dix
11 onze
12 douze
13 treize
14 quatorze
15 quinze
16 seize
17 dix-sept
18 dix-huit
19 dix-neuf
20 vingt
21 vingt et un
22 vingt-deux
23 vingt-trois
24 vingt-quatre
25 vingt-cinq
26 vingt-six
27 vingt-sept
28 vingt-huit
29 vingt-neuf
30 trente
31 trente et un
32 trente-deux
40 quarante
50 cinquante
60 soixante
70 soixante-dix
71 soixante et onze
72 soixante-douze
73 soixante-treize
77 soixante-dix-sept
80 quatre-vingts
81 quatre-vingt-un
82 quatre-vingt-deux
90 quatre-vingt-dix
91 quatre-vingt-onze
99 quatre-vingt-dix-neuf
100 cent
101 cent un
200 deux cents
201 deux cent un
220 deux cent vingt
500 cinq cents
550 cinq cent cinquante
1000 mille
5000 cinq mille

Ordinal numbers have the same form whether they are masculine or feminine, except for **un/une** (*1*), and **vingt** (*20*), which takes an **s** in quatre-vingts (*80*) – literally four twenties. **Cent** (*100*) takes a plural **s** when it stands alone, but not when followed by another number.
example:
deux **cents** (*200*); deux **cent** un (*201*).

Ordinal numbers

Ordinal numbers are formed by adding **-ième** to the cardinals.
example:
trois (3) → trois**ième** (*third*)
If there is a final **e** in the cardinal this is dropped.
example:
quatre (4) → quatr**ième** (*fourth*)
A final **f** becomes **v**.
example:
neu**f** (9) → neu**vième** (*ninth*)
A final **q** adds a **u**.
example:
cin**q** (5) → cin**quième** (*fifth*)

Like the cardinal numbers they keep the same form, except for **premier/première**

(*first*) and **second/seconde**, an alternative to **deuxième** (*second*).

Compound numbers just add **-ième** to the second number.
example:
vingt-et-un**ième** (*twenty first*).

Ordinal numbers are not used in French for kings/queens etc. nor months, except for **first**.
example:
François Ier (**premier**); Elisabeth Ire (**première**) *but* Henri IV (**quatre**); Louis XV (**quinze**); Elisabeth II (**deux**); le 1er janvier, le 1er mai, le 1er avril etc. (**premier**); le 24 novembre (**vingt-quatre**); le 14 juillet (**quatorze**); le 6 juin (**six**).

29 Seasons, months and days of the week

Les mois
The months

janvier	*January*
février	*February*
mars	*March*
avril	*April*
mai	*May*
juin	*June*
juillet	*July*
août	*August*
septembre	*September*
octobre	*October*
novembre	*November*
décembre	*December*

Note:
en avril, au mois d'avril (*in April*)

Les saisons
The seasons

le printemps	*Spring*
l'été	*Summer*
l'automne	*Autumn*
l'hiver	*Winter*

Note:
en été/l'été (*in Summer*); en automne (*in Autumn*); en hiver/l'hiver (*in Winter*); au printemps (*in Spring*).

Les jours de la semaine
The days of the week

dimanche	*Sunday*
lundi	*Monday*
mardi	*Tuesday*
mercredi	*Wednesday*
jeudi	*Thursday*
vendredi	*Friday*
samedi	*Saturday*

Note:
lundi (*on Monday*); le lundi (*on Mondays*).

Capital letters are not used for any of these in French.

30 Countries and their inhabitants

L'Afrique (f)	africain	La Hongrie	hongrois
L'Amérique (f)	américain	L'Inde (f)	indien
L'Asie (f)	asiatique	L'Irlande (f)	irlandais
L'Australie (f)	australien	L'Italie (f)	italien
L'Allemagne (f)	allemand	Le Japon	japonais
L'Angleterre (f)	anglais	Le Maroc	marocain
L'Autriche (f)	autrichien	La Nouvelle-Zélande	néo-zélandais
La Belgique	belge	La Norvège	norvégien
Le Canada	canadien	Le Pakistan	pakistanais
La Chine	chinois	Le Pays de Galles	gallois
Le Danemark	danois	La Pologne	polonais
L'Ecosse (f)	écossais	Le Portugal	portugais
L'Egypte (f)	égyptien	La Russie	russe
L'Espagne	espagnol	La Suède	suédois
L'Europe (f)	européen	La Suisse	suisse
La France	français	La Tchécoslovaquie	tchécoslovaque
La Grèce	grec (grecque)	La Turquie	turc (turque)
La Hollande	hollandais		

La Grande-Bretagne
Le Royaume-Uni
Les Iles Britanniques
L'Union des Républiques Socialistes Soviétiques (U.R.S.S.)

Note:
When the names of the inhabitants are used as adjectives, capital letters are not used in French.

example:
Grasse est une ville française. (*Grasse is a French town.*) Marie est française. (*Marie is French.*)
But: C'est une Française. (*She is a French-woman.*)

For more information on this topic, please refer to the Grammar Section, 3(b), 6 and 12 (a) (e) (g).

Vocabulary
FRENCH–ENGLISH

à *to, at;* —— **vous!**
 your turn!
aboyer *to bark*
l'**abricot** (m) *apricot*
absolument
 absolutely
accélérer *to accelerate*
l'**accord** (m)
 agreement; **d'** ——
 agreed
l'**accordéon** (m)
 accordion
l'**achat** (m) *purchase*
acheter *to buy*
l'**acteur(-trice)** (m, f)
 actor, actress
l'**addition** (f) *bill*
admirer *to admire*
adorer *to love, to*
 adore
l'**adresse** (f) *address*
l'**aéroport** (m) *airport*
affreux *awful, ugly*
l'**âge** (m) *age*
aggressif(-ive)
 aggressive
l'**agneau** (m) *lamb*
agréable *nice,*
 agreeable, pleasant
aider *to help*
l'**ail** (m) *garlic*
aimer *to like, to love*
ainsi *thus*
l'**air** (m) *air, tune;*
 avoir l'—— **riche**
 to look rich; **en**
 plein —— *in the*
 open air
ajouter *to add*
l'**alcool** (m) *alcohol*
allemand *German*
aller *to go;* **s'en** ——
 to go away;
 allez-y!, vas-y! *go*
 on; **allons bon!** *oh*
 bother!
s'**allonger** *to lie down*
allumer *to light, to*
 switch on
alors *so, then*

l'**alpinisme** (m)
 climbing,
 mountaineering
l'**alpiniste** (m, f)
 mountaineer
alsacien *from Alsace*
l'**alto** (m) *viola*
l'**amande** (f) *almond*
l'**amateur** (m) *amateur*
américain *American*
l'**ami(e)** (m, f) *friend*
l'**an** (m) *year*
ancien *ancient,*
 former, old
anglais *English*
l'**animal** (m) *animal;*
 —— **familier** *pet*
l'**anisette** (f) *aniseed*
 drink
l'**année** (f) *year*
l'**anniversaire** (m)
 birthday; —— **de**
 mariage *wedding*
 anniversary
l'**apéritif** (m) *aperitif*
l'**appareil** (m) **photo,**
 camera
l'**appartement** (m) *flat*
appartenir (à) *to*
 belong (to)
appeler *to call;* **s'**——
 to be called
apporter *to bring*
 (something)
âprement *bitterly*
l'**araignée** (f) *spider*
l'**argent** (m) *money,*
 silver; **l'**—— **de**
 poche *pocket money*
l'**armée** (f) *army*
l'**armoire** (f) *cupboard,*
 wardrobe
arranger *to arrange*
l'**arrêt** (m) *stop;*
 (s')arrêter *to stop*
arriver *to arrive*
l'**ascenseur** (m) *lift*
l'**ascension** (f) *ascent*
l'**aspirateur** (m)
 vacuum cleaner,

 hoover
aspirer *to breathe in*
l'**aspirine** (m) *aspirin*
s'**asseoir** *to sit down*
assez *enough, quite*
l'**assiette** (f) *plate*
assister (à) *to attend,*
 to witness
assorti *matching*
l'**astronaute** (m, f)
 astronaut
l'**athlétisme** (m)
 athletics
attendre *to wait for*
attirer *to draw, to*
 attract
attraper *to catch*
au-dessus (de) *above*
aucun *no, none*
l'**auditeur(-trice)** (m,
 f) *listener*
aujourd'hui *today*
auparavant
 previously
l'**auscultation** (f)
 sounding (of chest)
aussi *also*
aussitôt *immediately,*
 at once
autant de *as many*
l'**auto** (f) *car*
l'**autobus** (m) *bus*
l'**auto-stop** (m)
 hitch-hiking; **faire**
 de l'—— *to*
 hitch-hike
automatique
 automatic
l'**automne** (m)
 Autumn
autour (de) *around*
autre *other*
autrefois *formerly, in*
 the past
l'**autruche** (f) *ostrich*
l'**avance** (f) *advance;*
 en —— *early*
avancer *to go forward*
avant *before*
avec *with;* —— **ça**

(ceci)? *anything else?*
l'**avenue** (f) *avenue*
l'**avion** (m) *aeroplane*
l'**avis** (m) *opinion;* **à mon —** *in my opinion*
avoir *to have;* **avez-vous compris?** *Did you understand?*

le **badminton** *badminton*
les **bagages** (m, pl) *luggage*
la **bague** *ring*
la **baguette** *French loaf*
le **balcon** *balcony*
le **ballon** *ball*
la **banane** *banana*
la **bande dessinée** *strip cartoon*
la **banlieue** *suburbs*
la **banque** *bank*
le **bar** *bar*
la **barbe** *beard*
la **barrière** *barrier, gate*
la **basilique** *basilica*
la **basse-cour** *farmyard*
le **bateau** *boat*
le **bâtiment** *building*
la **batterie** *battery*
se **battre** *to fight*
beau (bel, belle) *fine, beautiful*
le **beau-fils** *son-in-law*
le **beau-père** *father-in-law*
beaucoup (de) *much, a lot (of)*
la **beauté** *beauty*
les **beaux-parents** *parents-in-law*
le **bébé** *baby*
beige *beige*
belge *Belgian*
la **belle-fille** *daughter-in-law*
la **belle-mère** *mother-in-law*
le **besoin** *need;* **avoir — (de)** *to need*
bêtement *stupidly*
le **beurre** *butter*
la **bibliothèque** *library*
le **bic** *biro*
la **biche** *doe*
la **bicyclette** *bicycle*

le **bidet** *bidet*
bien *good*
bien sûr *of course*
la **bienvenue** *welcome*
la **bière** *beer*
le **bifteck** *steak*
le **bijou** *jewel*
la **bille** *marble*
blanc *white*
bleu *blue;* **— marine** *navy blue*
le **blouson** *wind-cheater*
le **blue-jean** *jeans*
le **bœuf** *ox, beef*
boire *to drink*
le **bois** *wood*
la **boîte** *box, tin;* **— postale** *P.O. box*
bon *good*
le **bonbon** *sweet*
bonjour *hello, good day*
le **bonnet** *bonnet, hat*
le **bord** *edge*
bordeaux *plum-coloured, maroon;* le **—** *Bordeaux wine*
la **bouche** *mouth*
le **boucher** *butcher*
bouclé *curly*
la **boucle d'oreille** *earring*
la **bougie** *candle*
la **boulangerie** *baker's shop*
le **bourgogne** *Burgundy wine*
bourguignon *from Burgundy*
le **bout** *end, piece*
la **bouteille** *bottle*
le **bouton** *button*
le **bracelet** *bracelet*
la **branche** *branch*
braquer *to manoeuvre, to turn the wheel (car)*
le **bras** *arm*
breton *from Brittany*
bricoler *to potter around*
le **bridge** *bridge (game of)*
le **brie** *brie cheese*
briller *to shine*
britannique *British*
brosser *to brush*

le **brouillard** *fog*
le **bruit** *noise*
brûler *to burn*
brun *brown*
le **buffet** *sideboard*
le **bureau** *office;* le **— de poste** *post office;* le **— de tabac** *tobacconist's;* le **— des objets trouvés** *lost property office*

ça (cela) *that*
le **cabaret** *cabaret*
le **cadeau** *present*
le **café** *coffee, café*
le **cahier** *exercise book*
le **calvados** *calvados (apple brandy)*
le **cambriolage** *burglary*
le **camembert** *camembert cheese*
le **camion** *lorry*
la **campagne** *country, countryside;* **à la — ** *in the country;* **en pleine —** *right in the country*
le **camping** *camping, camp site*
le **canapé** *sofa*
le **canard** *duck*
la **cantine** *canteen*
le **car (autocar)** *coach*
car *for*
la **carotte** *carrot*
le **carreau** *check, square*
le **carrefour** *crossroads*
la **carte** *card, map, menu;* la **— d'identité** *identity card;* la **— postale** *postcard*
le **casino** *casino*
casser *to break*
la **cathédrale** *cathedral*
la **cause** *cause;* **à — (de)** *because (of)*
la **cave** *cellar*
ce (cet, cette) *this, that;* **ces** *these, those*
celle-ci (f) *the latter*
ceci *this*
la **ceinture** *belt*
célèbre *famous*
célibataire *single, unmarried*

la **cendre** *ash*
le **cendrier** *ash-tray*
le **centre** *centre;* le —— **universitaire** *university complex*
la **cérémonie** *ceremony*
ceux (m pl) *those, those ones*
chacun *each one*
la **chaise** *chair*
la **chambre** *bedroom*
le **chameau** *camel;* **poil de** —— *camel hair*
le **champ** *field*
le **champagne** *champagne*
le **champignon** *mushroom*
la **chance** *luck;* **avoir de la** —— *to be lucky*
changer *to change*
la **chanson** *song*
chanter *to sing*
le/la **chanteur (-euse)** *singer*
le **chapeau** *hat*
chaque *each, every*
la **charcuterie** *pork butcher's, delicatessen*
le **charcutier** *pork butcher*
le **chat** *cat*
châtain *chestnut-brown*
chaud *hot*
le **chauffage** *heating*
chauffer *to heat*
la **chaussure** *shoe*
chauvin *chauvinist*
le **chemin** *way, path*
le **cheminot** *railwayman*
la **chemise** *shirt*
la **chemise de nuit** *nightdress*
le **chemisier** *woman's shirt, blouse*
cher *dear*
chercher *to look for*
le **cheval** *horse*
la **chèvre** *goat*
le **chien** *dog*
le **chocolat** *chocolate*
choisir *to choose*
le **choix** *choice*
le **chômage** *unemployment;* **en** —— *out of work*
la **chose** *thing*
le **chou** *cabbage;* **mon petit** —— **(term of endearment)** *my love;* le —— **-fleur** *cauliflower*
le **cidre** *cider*
la **cigarette** *cigarette*
le **cinéma** *cinema;* la ——**thèque** *film library*
la **circulation** *traffic*
citer *to quote*
le **citron** *lemon*
le **civet de lièvre** *jugged hare*
clair *clear, light*
la **clarinette** *clarinet*
la **classe** *class, classroom*
classique *classical*
la **clé (clef)** *key*
le **client** *client, customer*
la **clinique** *clinic*
le **clochard** *tramp*
la **cloche** *bell*
le **cochon** *pig*
le **code** *code;* —— **de la route** *Highway code*
le **cœur** *heart;* **avoir mal au** —— *to feel sick*
le **cognac** *brandy*
se **coiffer** *to do one's hair*
le **coiffeur** *hairdresser*
le **coin** *corner*
la **colère** *anger;* **être en** —— *to be angry*
la **collection** *collection;* **faire** —— **(de)** *to collect*
le **collège** *college*
la **colline** *hill*
le **comble; ça c'est le** ——! *that beats all!*
commander *to order*
comme *as, like, for;* —— **çi** —— **ça** *not too bad, so so*
commencer *to begin*
comment *what, how*
le **commissariat (de police)** *police station*
la **commode** *chest of drawers*
compact *compact*
la **compagne** *companion*
le **compartiment** *compartment*
complet *completed, full*
complètement *completely*

comporter *to comprise*
le **compositeur de musique** *composer*
comprendre *to understand*
le **comptoir** *counter*
le/la **concierge** *concierge, caretaker*
le **concours** *competition*
la **condition** *condition;* **à** —— **(de)** *on condition*
conduire *to drive*
la **confiture** *jam*
confortable *comfortable*
connaître *to know (person or place)*
le **conseil** *advice*
consentir *to consent*
consoler *to console, to comfort*
contempler *to contemplate*
continuer *to continue*
le **contraire, au** —— *on the contrary*
contre *against*
la **contrebasse** *double-bass*
le **coq** *cock, chicken*
le **corps** *body*
le **corsage** *blouse, bodice*
corse *Corsican*
le **costume** *suit*
la **côte** *coast*
la **côtelette** *cutlet, chop*
le **coton** *cotton*
le **cou** *neck*
la **couche** *coat, layer*
se **coucher** *to go to bed*
la **couchette** *couchette*
couler *to flow*
la **couleur** *colour*
le **couloir** *corridor*
le **coup de foudre** *love at first sight, clap of thunder*
le **couple** *couple*
courir *to run*
la **course** *race;* la —— **au trésor** *treasure hunt;* les ——**s** *shopping*
court *short*
courtois *courteous*
le **couscous** *couscous (a North African dish)*
le/la **cousin(e)** *cousin*

le **couteau** *knife*
la **couture** *sewing*
couvrir *to cover*; **se**
—— *to put on*
clothes
craindre *to fear*
craintif(-ive) *timid*
la **cravate** *tie*
le **crayon** *pencil*
la **crème** *cream*
creuser *to dig out*;
—— **un puits** *make
a well*
le **cri** *cry, shout*
le **crochet** *crochet*
crochu *hooked*
le **croisement**
crossroads
le **croissant** *croissant*
la **croix** *cross*
le **croque-monsieur**
*toasted cheese and
ham sandwich*
les **crudités** *raw
vegetables*
la **cuiller (cuillère)**
spoon
la **cuillerée** *spoonful*
le **cuir** *leather*
la **cuisine** *kitchen*; **faire
la** —— *to do the
cooking*
le **cuisinier** *cook*
la **cuisse** *thigh*; **les**
——**s de
grenouilles** *frogs'
legs*
cuit *cooked*; —— **à
point** *medium
cooked*
le **cygne** *swan*

dans *in*
danser *to danse*
le/la **danseur(-euse)**
dancer
de *of, from*
debout *standing*
se **débrouiller** *to
manage*
le **début** *beginning*
décaféiné
decafeinated
décider *to decide*
décolleté *low-cut*
découvrir *to discover*
dedans *inside*
le **défaut** *fault, flaw*
défendre *to forbid*
déjà *already*

le **déjeuner** *lunch*; ——
to have lunch
délicieux *delicious*
demain *tomorrow*
demander *to ask*
le **déménagement**
removal
déménager *to move
house*
le **déménageur** *removal
man*
demi *half*
la **dent** *tooth*
la **dentelle** *lace*
le **dentifrice** *toothpaste*
dépasser *to overtake*
se **dépêcher** *to hurry*
déplaire *to displease*
depuis *since, for*
déranger *to disturb*
derrière *behind*
descendre *to go down*
la **descente** *descent*
le **désert** *desert*
désirer *to want*
désolé *sorry*
le **dessert** *dessert*
la **destination**
destination
se **détendre** *to relax*
détester *to detest, to
hate*
deuxième *second*
devenir *to become*
deviner *to guess*
devoir *to have to,
must*; **les** ——**s**
(m, pl) *homework*
le **dictionnaire**
dictionary
différent *different*
la **difficulté** *difficulty*
le **dimanche** *Sunday*
le **dîner** *dinner*; —— *to
have dinner
(evening meal)*
dire *to say, to tell*
la **discothèque**
discothèque
discrètement
discreetly
se **disputer** *to quarrel*
le **disque** *record*
distrait
absent-minded
divorcé *divorced*
divorcer *to get
divorced*
le **doigt** *finger*
le **dommage** *damage*;

quel ——**!** *what a
pity!, what a shame!*
donner *to give*
doré *golden*
dormir *to sleep*
le **dos** *back*
double *double*
doucement *gently*
la **douche** *shower*
la **douleur** *pain,
suffering*
doux(-ce) *sweet, mild*
la **douzaine** *dozen*
droit *straight*; **tout**
—— *straight on*
la **droite** *right*; **à** ——
on the right
drôle *funny*
dur *hard*
durer *to last*

l'**eau** (f) *water*
s'**échapper** *to escape*
l'**écharpe** (f) *scarf*
l'**éclair** (m) *eclair*
l'**école** (f) *school*
économique
economical
écossais *Scottish*
écouter *to listen (to)*
écrire *to write*
l'**écrivain** (m) *writer*
l'**écureuil** (m) *squirrel*
égal *equal*; **ça m'est**
—— *I don't mind*
l'**église** (f) *church*
électrique *electric*
élégant *elegant*
elle *she, her*
elles *they, them*
embarrassant
embarrassing
l'**embouteillage** (m)
traffic jam
embrasser *to kiss*
l'**embrayage** (m)
clutch
l'**émission** (f)
*broadcast,
programme*
emmener *to lead
away, to take away*
l'**emploi** (m) *job*
l'**employé(e)** (m, f)
employee, clerk
emporter *to take away
(something)*
emprunter *to borrow*
en *in, some, some of
it/them*

s'**endormir** *to fall asleep*
l'**endroit** (m) *place*
l'**enfant** (m, f) *child*
enlever *to take off*
s'**ennuyer** *to be bored*
énorme *enormous*
l'**enquête** (f) *enquiry;* —— **par sondage** *sample survey*
l'**enquêteuse** (f) *market researcher*
ensuite *then, after that*
entendre *to hear*
s'**entendre (bien)** *to get on (well)*
entre *between*
l'**entrée** (f) *starter, entrance hall*
environ *about*
l'**épaule** (f) *shoulder*
éplucher *to peel*
l'**éponge** (f) *sponge*
l'**épreuve** (f) *test*
l'**erreur** (f) *mistake*
l'**escalier** (m) *stairs*
l'**escargot** (m) *snail*
espagnol *Spanish*
espérer *to hope*
l'**esplanade** (f) *esplanade*
l'**esprit** (m) *spirit, wit*
essayer *to try*
essoufflé *out of breath*
essuyer *to wipe*
et *and;* —— **vous?** *What about you?*
l'**étable** (f) *cowshed*
l'**étage** (m) *floor*
l'**été** (m) *Summer*
étendre *to spread out*
étincelant *sparkling*
l'**étranger(-ère)** (m, f) *stranger, foreigner*
être *to be*
étroit *narrow, tight*
l'**étudiant(e)** (m, f) *student*
étudier *to study*
exact *correct*
exactement *exactly*
s'**excuser** *to apologise;* **excusez-moi** *excuse me*
exotique *exotic*
expirer *to breathe out*
expliquer *to explain*
l'**express** (m) *expresso coffee*

face, en —— **(de)** *opposite*
se **fâcher** *to get angry*
facile *easy;* ——**ment** *easily*
la **façon** *way;* **une** —— **de parler** *a way of speaking*
le **facteur** *postman*
la **faim** *hunger;* **avoir** —— *to be hungry;* **avoir une** —— **de loup** *to be ravenous*
faire *to do, to make;* **faites le point!** *check your progress!*
le **fait** *fact, deed;* **en** —— *in fact*
la **famille** *family*
la **farine** *flour*
fatigué *tired*
faut, il faut *one must, it is necessary*
la **faute** *fault*
le **fauteuil** *armchair*
faux(-sse) *false*
fêlé *cracked*
félicitations! *congratulations*
la **femme** *woman, wife*
la **fenêtre** *window*
la **ferme** *farm*
la **fermeture éclair** *zip*
le **fermier** *farmer;* la **fermière** *farmer (f), farmer's wife*
férocement *fiercely*
la **fête** *feast, festival, celebration*
fêter *to celebrate*
les **feux** (m, pl) *traffic lights*
fiancé *engaged*
se **fiancer** *to get engaged*
la **fille** *daughter, girl*
le **film** *film*
finalement *finally*
fini *finished*
finir *to finish*
la **firme** *firm*
flamber *to cover with spirit and set alight*
la **fléchette** *dart*
le **flot** *wave*
le **foie** *liver*
la **fois** *time*
le/la **fonctionnaire** *civil servant*
le **fond** *bottom, depths;* à —— *thoroughly,*

deeply
fondre *to melt, to thaw;* —— **en larmes** *to burst into tears*
le **football** *football*
la **forme** *form;* **être en** —— *to be in form*
formidable *terrific*
la **formule** *formula*
fort *strong, loud*
fou (folle) *mad*
le **foulard** *scarf*
la **fourchette** *fork*
fourré *lined with fur*
la **fourrure** *fur*
frais (fraîche) *fresh*
la **fraise** *strawberry*
français *French*
franchement *frankly*
frapper *to hit, to beat*
le **frère** *brother*
frisé *curly*
la **frite** *chip*
froid *cold*
le **fromage** *cheese*
frotter *to rub*
le **fruit** *fruit*
fumant *smoking, steaming*
fumer *to smoke*
le **fumeur** *smoker*

gagner *to win, to earn*
gallois *Welsh*
le **gant** *glove*
le **garage** *garage*
le **garçon** *boy, waiter*
garder *to look after, to keep*
la **gare** *station*
(se) **garer** *to park*
garnir *to garnish*
le **gâteau** *cake;* le —— **sec** *biscuit*
la **gauche** *left;* à —— *on the left*
le **gendarme** *policeman*
général *general*
le **genou** *knee*
le **genre** *kind*
les **gens** (m, pl) *people*
gifler *to slap (in the face)*
les **gitanes** (f) *brand of cigarettes*
la **glace** *ice, ice cream*
le **glaçon** *ice-cube*
goûter *to taste*
le **gramme** *gram*

grand *big, large, tall*

la **grand-mère**
  grandmother

le **grand-père**
  grandfather

grandir *to grow (up),*
  get bigger

le **gras** *fat*

la **grasse matinée,**
  faire la —— *have a*
  lie-in

grave *serious*

le **grenier** *loft, attic*

la **grenouille** *frog*

la **grève** *strike*

gris *grey*

gros *big, fat*

grossir *to get big/fat*

le **groupe** *group*

le **gruyère** *gruyere*
  cheese

la **guêpe** *wasp*

le/la **guide** *guide*

la **guitare** *guitar*

s'**habiller** *to dress*

habiter *to live*

habitué à *used to*

le **hamac** *hammock*

la **hanche** *hip*

la **harpe** *harp*

haut *high;* **en ——** *at*
  the top, upstairs

hésiter *to hesitate*

l'**heure** (f) *hour, time;*
  de bonne ——
  early

heureusement
  fortunately

l'**histoire** (f) *story,*
  history

l'**hiver** (m) *Winter*

hollandais *Dutch*

l'**homme** (m) *man*

honnête *honest*

l'**hôpital** (m) *hospital*

l'**horreur** (f) *horror,*
  dread; **avoir ——**
  (de) *to hate*

l'**hôtel** (m) *hotel*

l'**huile** (f) *oil*

l'**humeur** (f) *mood,*
  humour

ici *here*

l'**idée** (f) *idea*

il *he*

il y a *there is, there are*

ils *they*

l'**immeuble** (m) *block*

of flats

l'**imperméable** (m)
  raincoat

impoli *impolite, rude*

l'**importance** (f)
  importance

impossible
  impossible

l'**inconnu(e)** (m, f)
  unknown person,
  stranger

indien *Indian*

indiquer *to indicate*

indiscret *indiscreet,*
  nosy

l'**industriel** (m)
  industrialist

infect *foul, filthy,*
  revolting

l'**infirmier(-ère)** (m, f)
  nurse

l'**inflation** (f) *inflation*

les **informations** (f, pl)
  news

l'**ingénieur** (m)
  engineer

inquiet *worried*

s'**inquiéter** *to worry*

s'**inscrire** *to enrol*

s'**installer** *to settle*
  (down)

insulter *to insult*

interdit *forbidden*

intéressant
  interesting

s'**intéresser (à)** *to be*
  interested (in)

l'**intérieur** (m) *interior;*
  à l'—— *inside*

interroger *to question*

interrompre *to*
  interrupt

l'**interview** (f)
  interview

irlandais *Irish*

italien *Italian*

le **jabot** *jabot, shirt frill*

la **jambe** *leg*

le **jambon** *ham*

le **jardin** *garden;* **le ——**
  zoologique *zoo*

le **jardinage** *gardening*

jaune *yellow*

je (j') *I*

jeter *to throw*

le **jeudi** *Thursday*

jeune *young;* **la ——**
  fille *young girl*

joli *pretty*

le **jongleur** *juggler*

jouer *to play;* **—— à**
  (+ a game); **—— de**
  (+ a musical
  instrument)

le **jouet** *toy*

le **jour** *day*

le **journal** *newspaper*

la **journée** *day*

le **judo** *judo*

les **jumeaux(-elles)** (m,
  f, pl) *twins*

la **jupe** *skirt*

le **jus** *juice*

jusqu'à *until, as far*
  as

la *the, it, her*

là-bas *over there*

là-haut *up there*

le **laboratoire de**
  langues *language*
  laboratory

la **laine** *wool*

laisser *to leave, to let*

le **lait** *milk*

la **lampe** *lamp*

lancer *to throw*

la **langue** *tongue,*
  language

le **lapin** *rabbit*

la **larme** *tear*

le **lavage** *washing*

laver *to wash;* **se ——**
  to wash oneself

le *the, it, him*

la **leçon** *lesson*

le **légume** *vegetable*

le **lendemain** *the*
  following day

lentement *slowly*

lequel *which, which*
  one?; **avec**
  lesquelles (f, pl)
  with which

les *the, them*

la **lessive** *washing,*
  laundry

la **lettre** *letter*

leur *their, to them*

se **lever** *to get up*

la **librairie** *bookshop*

la **liberté** *freedom,*
  liberty

libre *free, spare,*
  vacant

le **lieu** *place*

la **ligne** *line, figure;*
  garder la —— *to*
  stay slim

la **limite** *limit*
lire *to read*
la **liste** *list*
le **lit** *bed*
le **litre** *litre*
le **livre** *book;* la ——
pound
le/la **locataire** *tenant*
la **loi** *law;* **faire la** ——
to rule, to be the boss
loin *far*
long (longue) *long*
longtemps *long time*
louer *to rent, to hire*
le **loup** *wolf*
lourd *heavy*
lui *him, to him, to her*
les **lunettes** (f, pl)
glasses, spectacles

la **machine** *machine*
madame *mrs, madam*
mademoiselle *miss*
le **magasin** *shop*
le **magazine** *magazine*
maigrir *to get thin, to
lose weight*
le **maillot de bain**
swimming costume
la **main** *hand*
maintenant *now*
la **mairie** *town hall*
mais *but*
la **maison** *house*
le **maître** *master*
mal *badly*
le **mal** *harm,
illness;* —— **de
l'air** *air sickness;*
—— **de mer** *sea
sickness;* **faire** ——
to hurt; **avoir** ——
to be in pain
le/la **malade** *patient;* ——
ill, sick
malgré *in spite of*
malheureusement
unfortunately
la **Manche** *English
Channel*
la **mandarine** *mandarin
orange*
manger *to eat*
la **manifestation**
demonstration
le **manteau** *coat*
se **maquiller** *to put on
make-up*
le **marchand** *merchant,
seller, shopkeeper;* **le**

—— **de primeurs**
greengrocer
la **marche** *walk, step;*
—— **à suivre**
method, procedure
le **marché** *market*
marcher *to go, to
work, to walk*
le **mari** *husband*
marié *married*
se **marier** *to get married*
**marre: avoir marre
(de)** *to be fed up
(with)*
le **marron** *chestnut*
mars *March*
martiniquais *from
Martinique*
le **matelot** *sailor*
la **maternité** *maternity
hospital*
le **matin** *morning*
matinal *early
morning*
la **matinée** *morning*
mauvais *bad*
la **mayonnaise**
mayonnaise
méchant *naughty,
nasty, wicked;*
chien —— *beware
of the dog*
mécontent *unhappy,
displeased*
la **médaille** *medal,
medallion*
le **médecin** *doctor*
le **médicament**
medicine
le **mégot** *cigarette end*
mélanger *to mix*
même *even;* le/la
—— *the same*
le **ménage** *housework*
la **ménagère** *housewife*
la **ménagerie** *menagerie*
mentir *to tell a lie*
le **menton** *chin*
la **mer** *sea;* **au bord de
la** —— *at the
seaside*
merci *thank you*
le **mercredi** *Wednesday*
la **mère** *mother*
merveilleux (-se)
marvellous
la **messe** *mass*
mesurer *to measure*
le **métier** *occupation*
se **mettre d'accord**

(pour) *to agree (to)*
les **meubles** (m, pl)
furniture
meurtri *bruised*
mi-temps *part-time;*
travailler à —— *to
work part-time*
miauler *to miaow*
le **midi** *mid-day;* **le
Midi** *the South of
France*
le **miel** *honey*
le **milieu** *middle;* **au**
—— **(de)** *in the
middle (of)*
le **mille-feuille** *cream
slice*
mince *slim, thin*
la **mine** *appearance;*
**avoir
bonne/mauvaise**
—— *to look well/ill*
le **menu** *menu*
la **mobylette** *moped*
la **mode** *fashion;* **à la**
—— *fashionable*
moderne *modern*
le **mohair** *mohair*
moi *me*
le **mois** *month*
la **moisson** *harvest;* **la**
——**neuse-
batteuse** *combine
harvester*
la **moitié** *half*
le **monde** *world;*
beaucoup de ——
a lot of people; **tout
le** —— *everybody*
monsieur *mr, sir*
la **montagne** *mountain*
la **montre** *watch*
se **moquer (de)** *to make
fun (of)*
le **morceau** *piece*
mort *dead*
la **morue** *cod*
le **mot** *word*
la **moto** *motorbike*
les **mots croisés** (m, pl)
crossword
mouillé *wet*
la **moustache** *moustache*
la **moutarde** *mustard*
le **mouton** *sheep*
le **moyen** *means*
municipal *municipal*
le **mur** *wall*
le **musée** *museum*
le/la **musicien(-ienne)**

musician
la **musique** music
myope short-sighted

nager to swim
la **naissance** birth
la **nappe** tablecloth
natal native, home
la **natation** swimming
national national
la **nationalité** nationality
la **nature** nature; **yaourt**
—— plain yogurt
ne . . . plus no more
ne . . . jamais never
nécessaire necessary
neiger to snow
nerveux(-se) nervous
neuf(-ve) brand new
le **neveu** nephew
le **nez** nose
la **nièce** niece
le **Noël** Christmas; **à**
—— at Christmas
le **nœud** knot; le ——
papillon bow-tie
noir black
le **nom** name; le —— **de**
famille surname
non no
non plus neither
le **nord** North
normand Norman
la **nostalgie** nostalgia
la **note** mark, note
nourrir to feed
nous we, us
nouveau (nouvelle)
new
la **nouvelle** news item
la **nuit** night
nul (nulle) not one,
useless, worthless
le **numéro** number

l'**obélisque** (m) obelisk
l'**occasion** (f)
opportunity; **d'**——
second hand
occupé busy, occupied
s'**occuper (de)** to be
busy (with), to look
after
l'**œil** (m) eye; **les yeux**
(m, pl) eyes
l'**œuf** (m) egg
offrir to offer, to give
(a present)
l'**oie** (f) goose

l'**oiseau** (m) bird
l'**ombre** (f) shadow; **à**
l'—— in the shade
l'**omelette** (f) omelette
l'**oncle** (m) uncle
ondulant undulating
l'**opéra** (m) opera
l'**or** (m) gold
l'**orange** (f) orange
l'**ordonnance** (f)
prescription
les **oreillons** (m, pl)
mumps
organiser to organise
l'**origine** (f) origin,
beginning
ou or
où where
oublier to forget
oui yes
l'**ouvreuse** (f) usherette
l'**ouvrier(-ière)** (m, f)
worker
ouvrir to open

le **pain** bread; le ——
grillé toast
pâle pale
le **palier** landing
pâlir to grow pale
le **pamplemousse**
grapefruit
la **pancarte** sign
la **panne** breakdown;
être en —— to be
out of order;
tomber en —— to
have a breakdown
le **panneau** sign
le **pantalon** trousers
le **papillon** butterfly
les **Pâques** Easter; **à** ——
at Easter
le **paquet** packet
par by
le **parapluie** umbrella
le **parc** park
le **pardessus** overcoat
pardon excuse me,
pardon
le **parent** parent, relative
parfait perfect
le **parfum** perfume
parisien Parisian
le **parking** car-park
parler to speak;
parlons-en let's
talk about that
le/la **partenaire** partner
la **partie** part

partout everywhere
le **passage pour**
piétons pedestrian
crossing
le **passant** passer-by
le **passe-temps** hobby
le **passeport** passport
passer to pass, to
spend; **se** —— to
happen
la **pâte** mixture, paste,
dough
le **pâté** pâté
la **patience** patience
le **patin** ice/roller skate
la **patinoire** skating rink
la **pâtisserie** cake shop
le/la **patron(-onne)** owner,
boss
la **pause-café** coffee
break
la **pêche** fishing
pêcher to fish
le **pêcheur** fisherman
peindre to paint
le **peintre** painter
la **pellicule** film
se **pencher** to lean
pendant during
péniblement
laboriously,
painfully
penser to think
perdre to lose
le **père** father
le **permis de conduire**
driving licence
le **persil** parsley
la **personne** person;
—— nobody
petit small, little; **le**
—— **déjeuner**
breakfast; **le** ——
-fils grandson; **la**
——**e-fille**
granddaughter; **les**
——**s-enfants**
grandchildren
pétrifié petrified
peu little
la **peur** fear; **avoir** ——
(de) to be afraid (of)
peut-être perhaps
le **phare** headlight,
lighthouse
la **pharmacie** chemist's
le **pharmacien** chemist,
pharmacist
le **photographe**
photographer

la **photo(graphie)**
photograph
le **piano** *piano*
la **pièce** *room*; la ——
de monnaie *coin*
le **pied** *foot*; à —— *on
foot*
la **pierre** *stone*
la **pincée** *pinch*
le **ping-pong** *table
tennis*
la **pipe** *pipe*
pire *worse*; —— **que
jamais** *worse than
ever*
la **piscine** *swimming
pool*
la **place** *square*
le **plafond** *ceiling*
la **plage** *beach*
se **plaindre** *to complain*
la **plaisanterie** *joke*
le **plat** *dish*
plat *flat*
plein *full*; **faire le
—— (d'essence)** *to
fill up with petrol*;
en —— air *in the
open air*
pleurer *to cry*
pleuvoir *to rain*
plier *to bend, to fold*
plissé *pleated*
la **pluie** *rain*
la **plume** *feather*; ——**r**
to pluck
plus *more*
plusieurs *several*
plutôt *rather*
le **pneu** *tyre*
la **poêle** *frying pan*
le **poil** *hair*; —— **de
chameau** *camel
hair*
point, à —— *just
right*; **faites le
——!** *check your
progress!*; **être sur
le —— de** *to be
about to*
la **pointure** *shoe size*
la **poire** *pear*
le **poison** *poison*
le **poisson** *fish*; le ——
rouge *goldfish*
le **pôle nord** *North pole*
le **policier** *policeman*; le
film —— *detective
film*
polonais *Polish*

la **pomme** *apple*; la ——
de terre *potato*
le **pommier** *apple tree*
le **pont** *bridge*
le **port** *port*
la **porte** *door*
le **portefeuille** *wallet*
le **porte-monnaie** *purse*
porter *to wear, to
carry*
poser *to place, to put*;
—— **une question**
ask a question
la **poste** *post office*
le **postérieur** *bottom*
le **pot** *pot, carton*
potable *drinking*
la **poubelle** *dustbin*
la **poule** *hen*
le **poulet** *chicken*
le **poumon** *lung*
pour *for, in order to*
le **pourboire** *tip*
pourquoi *why*
pourtant *however*
pousser *to grow (of
plants), to push*;
—— **un cri** *to utter
a cry*; **faire** —— *to
grow (plants)*
la **poussette** *pushchair*
le **poussin** *chick*
pouvoir *to be able to,
can*
la **prairie** *meadow*
précieux(-se)
precious
se **précipiter** *to hurry, to
rush*
préférer *to prefer*
premier *first*
prendre *to take*
le **prénom** *forename*
préparer *to prepare*
près (de) *near*
le **président** *president*
presque *almost*
pressé *in a hurry*
prêter *to lend*
principal *main*
le **printemps** *Spring*
probablement
probably
le **professeur** *teacher*
la **profession**
occupation
professionnel
professional
le **profil** *profile*
progressivement

gradually
la **promenade** *walk*;
faire une ——, **se
promener** *to go for
a walk*
la **prononciation**
pronunciation
propos, à —— *by the
way*; **à** —— **(de)**
concerning
le/la **propriétaire** *owner*
prospère *prosperous*
protéger *to protect*
la **protéine** *protein*
provençal *Provencal*
prudent *prudent*
le **pull-over** *pullover*
punir *to punish*

qu'est-ce qu'il y a?
*what is there?, what
is the matter?*
qu'est-ce que c'est
what is it?
quand *when*
quant à *as for*
le **quartier** *district*
quel *what, which*
quelque *some*; ——
chose *something*;
——**fois** *sometimes*
quelqu'un *someone*
la **question** *question*
qui *who*; **qui est-ce?**
who is it?
quitter *to leave*
quoi *what*
quotidien *daily*

raconter *to tell*
le **radiateur** *radiator*
la **radio** *radio*
raide *straight, stiff*
le **raisin** *grapes*
la **raison** *reason*; **avoir**
—— *to be right*
ralentir *to slow down*
ramasser *to gather, to
pick up*
la **randonnée** *excursion,
trip*
ranger *to tidy*
rarement *rarely*
se **raser** *to shave*
la **ratatouille** *ratatouille
(vegetable stew)*
rayé *striped*
la **rayure** *stripe*; **à** ——**s**
striped
réagir *to react*

recevoir *to receive, to get*
réclamer *to claim*
la **récolte** *harvest*
recommander *to recommend*
reconnaître *recognise*
se **recoucher** *to go back to bed*
reculer *to move back*
refuser *to refuse*
regarder *to look (at)*
le **régime** *diet*
la **région** *region*
la **règle** *rule, ruler*
régulièrement *regularly*
se **relever** *to get up again*
remarquer *to notice*
remercier *to thank*
repeindre *to repaint*
remplir *to fill*
rendre *to give back, to return (something)*
rentrer *to return home*
renverser *to spill*
le **repas** *meal*
le **repassage** *ironing*
repasser *to iron*
se **repentir** *to repent*
répéter *to repeat*
répondre *to answer*
la **réponse** *reply*
se **reposer** *to rest*
la **république** *republic*
respecter *to respect*
respirer *to breathe*
le **restaurant** *restaurant*
rester *to stay*
le **retard** *delay;* **être en** —— *to be late*
le **retour** *return*
retourner *to turn over*
la **retraite** *retirement;* **être en/à la** —— *to be retired*
retroussé, nez —— *snub nose*
le **rétroviseur** *rear mirror*
réussir *to succeed*
le **rêve** *dream*
le **réveil** *alarm-clock*
réveiller *to wake (someone) up;* **se** —— *to wake up*
revenir *to return, to come back*
rêver *to dream;* **la** ——**ie** *day-dream*

le **rez-de-chaussée** *ground floor*
le **rhum** *rum*
riche *rich*
rien *nothing*
les **rillettes** (f, pl) *rillettes (potted mince of pork or goose)*
la **rivière** *river*
le **riz** *rice*
la **robe** *dress*
rond *round*
le **roquefort** *roquefort cheese*
rose *pink*
le **rôti** *roast*
rouge *red;* —— **à lèvres** *lipstick*
rougir *to blush*
roulé *rolled;* **col** —— *roll-neck*
rouler *to drive, to roll, to go (car)*
rousseur, les taches de —— *freckles*
roux (-sse) *red, ginger*
la **rue** *street*
russe *Russian*

le **sac** *bag*
saignant *rare*
le/la **saint(e)** *saint;* **la Sainte Catherine** *St Catherine's day;* **la Saint Valentin** *St Valentine's day*
saisir *to seize, to grab*
la **saison** *season*
la **salade** *salad*
sale *dirty*
salir *to dirty;* **se** —— *to make oneself dirty*
la **salle** *room;* **la** —— **à manger** *dining room;* **la** —— **de bain** *bathroom;* **la** —— **de démonstration** *showroom*
le **salon** *drawing room, lounge*
le **samedi** *Saturday*
la **sandale** *sandal*
le **sandwich** *sandwich*
la **santé** *health*
la **sardine** *sardine*
le **satin** *satin*
le **saucisson** *salami-type sausage;* **le** —— **à**

l'ail *garlic sausage*
sauf *except*
sauter *to toss, to jump*
savoir *to know (a fact)*
la **scène** *scene, stage*
les **sciences** (f, pl) **naturelles** *natural sciences, biology*
la **séance de gymnastique** *gym session*
le **seau** *bucket*
sec (sèche) *dry*
sécher *to dry*
la **seconde** *second*
le/la **secrétaire** *secretary*
le **séjour** *stay*
selon *according to*
la **semaine** *week*
sembler *to seem*
le **sens** *direction*
sensible *sensitive*
sentir *to smell, to feel*
sérieux *serious*
le **service** *service*
la **serviette** *briefcase;* **la** —— **(de table)** *napkin;* **la** —— **(de toilette)** *towel*
servir *to serve;* **se** —— **de** *to make use of*
seulement *only*
si *if, yes (after a negative question)*
s'il vous plaît *please*
la **sieste** *siesta, afternoon nap*
signaler *to signal*
le **singe** *monkey*
la **situation** *situation, position*
situé *situated*
le **ski** *ski;* **faire du** —— *to ski*
le **smoking** *dinner jacket*
la **société** *society, company*
la **sœur** *sister*
la **soie** *silk*
la **soif** *thirst;* **avoir** —— *to be thirsty*
le **soir** *evening;* **hier** —— *last night*
la **soirée** *evening*
le **soja** *soya*
le **soldat** *soldier*
le **soleil** *sun*
le **sommeil** *sleep*

le **sommet** *summit, top*
le **sondage** *opinion poll*
sortir *to go out*
le **souci** *care, worry*
soulever *to lift*
la **soupe** *soup*
sourd *deaf*
le **sourire** *smile;* —— *to smile*
la **souris** *mouse*
se **souvenir (de)** *to remember*
souvent *often*
spécial *special*
le **spectacle** *spectacle, display, show*
splendide *splendid*
le **sport** *sport;* ——**if** *sporty, sport-loving*
le **stade** *stadium*
la **station** *stop, station;* ——**ner** *to park*
la **statistique** *statistic*
la **statue** *statue*
stupide *stupid*
le **stylo** *pen*
la **succursale** *branch (of a firm)*
le **sucre semoule** *caster sugar*
suisse *Swiss*
la **suite** *following, continuation;* **de** —— *in succession;* **tout de** —— *immediately*
suivi (de) *followed (by)*
suivre *to follow*
le **supermarché** *supermarket*
supprimer *to suppress, to eliminate*
sur *on*
surgelé *frozen*
surprendre *to surprise*
surpris *surprised*
surtout *particularly, above all*
surveiller *to watch, to watch over*
sympathique (sympa) *nice, friendly*
le **syndicat d'initiative** *tourist office*

la **table** *table*

le **tableau** *picture, black-board*
la **tache** *stain, spot;* **les** —— **de rousseur** *freckles*
la **taille** *size, waist, height;* ——**r** *to come up (in size);* **le** ——**ur** *suit (for a woman)*
se **taire** *to be quiet, silent*
tandis que *while*
tant pis *too bad, never mind*
la **tante** *aunt*
le **tapis** *carpet*
tard *late*
la **tarte** *tart*
la **tasse** *cup*
le **téléphone** *telephone;* ——**r (à)** *to telephone*
la **télé** *TV, telly*
la **télévision** *television;* **à la** —— *on television*
tellement *so much, so many*
le **temps** *time, weather;* **un** —— **de chien** *dreadful weather;* **de** —— **en** —— *from time to time*
tendre *to stretch*
tenir *to hold;* **se** —— *to hold on to*
le **tennis** *tennis*
le **tergal** *Terylene*
terminer *to finish*
la **terre** *ground, earth*
la **terrine** *bowl, earthenware pot*
la **tête** *head*
le **théâtre** *theatre*
tiède *lukewarm*
le **timbre** *stamp*
tirer *to pull;* —— **la langue** *to stick out one's tongue*
le **tiroir** *drawer*
la **tomate** *tomato*
le **tombeau** *tomb*
tomber *to fall*
le **tonneau** *barrel*
la **toque** *toque, cap*
tort *wrong;* **avoir** —— *to be wrong*
la **tortue** *tortoise*
tôt *early*
toujours *still, always*

le **tour** *tour, turn;* **la** —— *tower*
tourner *to turn*
tous les deux *both*
la **Toussaint** *All Saints' day*
tousser *to cough*
tout *all;* —— **à coup** *suddenly;* —— **de suite** *immediately;* —— **droit** *straight on*
le **tracteur** *tractor*
le **train** *train;* **en** —— **de** *in the act of*
le **trajet** *journey*
la **tranche** *slice*
le **transport** *transport*
le **travail** *work*
travailler *to work*
la **traversée** *crossing*
traverser *to cross*
très *very*
le **trésor** *treasure*
tricoter *to knit*
trilingue *trilingual*
la **trompette** *trumpet*
trop *too much*
le **trottoir** *pavement*
trouver *to find;* **se** —— *to be (situated)*
tu *you (singular and familiar)*
tue-tête, à —— *at the top of (your) voice*
le **tweed** *tweed*

ultramoderne *super modern, most up-to-date*
uni *united, plain (material, colour)*
l'**université** (f) *university*
l'**usine** (f) *factory*
utile *useful*
utiliser *to use*

les **vacances** (f, pl) *holidays*
la **vache** *cow*
le **vainqueur** *winner*
la **vaisselle** *washing-up, dishes*
la **valise** *suitcase*
la **valse** *waltz*
vas-y *see under* **aller**
vaut, ça —— **mieux** *that is better*
végétarien *vegetarian*

le **vélo** bicycle
le **velours** velvet; **le**
    ——— **côtelé**
    corduroy velvet
    vendéen from Vendée
le/la **vendeur(-euse)**
    salesman/sales-
    woman
    venir to come
    venir de to have just
le **vent** wind
le **ventre** stomach,
    tummy
    vérifier check
la **vérité** truth
    verni varnished; **le**
    cuir ——— patent
    leather
le **verre** glass
    vert green
la **veste** jacket
le/la **veuf(-ve)**
    widower/widow
la **viande** meat

    vider to empty
la **vie** life
    vieux (vieille) old
    vigoureusement
    vigorously
le **village** village
la **ville** town
le **vin** wine
le **violon** violin
    vite quickly
la **vitesse** speed, gear; **à**
    toute ——— at top
    speed
la **vitrine** shop window
    vivre to live
    voici here is
    voilà there is
    voir to see
le **voisin** neighbour
la **voiture** car; **une**
    petite ———
    nerveuse a nippy
    little car
la **voix** voice

la **volaille** fowl, poultry
le **volant** steering-wheel;
    être au ——— to be
    driving
    voler to steal, to fly
le **voleur** thief
    votre your
    vouloir to want, to
    wish
    vous you (polite or
    plural)
le **voyage** journey;
    ———**r** to travel; **le**
    ———**ur** traveller
    vrai true; ———**ment**
    really

le **week-end** weekend

    y there
le **yaourt** yogurt
le **yoga** yoga

le **zeste** rind

ENGLISH–FRENCH

    able, to be ——— **to**
    pouvoir
    about environ; **to be**
    ——— **(to)** être sur le
    point (de)
    above au-dessus (de)
    abroad à l'étranger
    absent-minded
    distrait
    absolutely
    absolument
    actor l'acteur (m)
    actress l'actrice (f)
to **add** ajouter
    address l'adresse (f)
to **admire** admirer
    advance l'avance (f)
    advice le conseil
    aeroplane l'avion (m)
    afraid, to be ———
    (of) avoir peur (de)
    after après
    again de nouveau,
    encore, re- (e.g.
    redire, refaire,
    revenir etc.)
    against contre
    age l'âge (m)
    aggressive aggressif

to **agree (to)** se mettre
    d'accord (pour);
    ———**d** d'accord;
    ———**ment** l'accord
    (m)
    air l'air (m)
    airport l'aéroport (m)
    alarm-clock le réveil
    alcohol l'alcool (m)
    all tout
    almond l'amande (f)
    almost presque
    already déjà
    also aussi
    amateur l'amateur
    (m)
    ancient ancien
    and et
    anger la colère; **to be**
    angry être en colère;
    to get angry se
    fâcher
    animal l'animal (m)
to **answer** répondre
    anything quelque
    chose, rien
    (negative)
    anything else? avec
    ça?/avec ceci?

to **apologise** s'excuser
    apple la pomme
    apple tree le pommier
    apricot l'abricot (m)
    arm le bras
    armchair le fauteuil
    army l'armée (f)
    around autour (de)
to **arrange** arranger
to **arrive** arriver
    as for quant à
    as comme
    ash la cendre
    ash-tray le cendrier
to **ask** demander; **to** ———
    a question poser
    une question
    at à, chez; ———
    Mary's chez Marie
to **attend** assister (à)
    automatic
    automatique
    average moyen
    awful affreux

    baby le bébé
    back le dos
    bad mauvais
    badly mal

bag *le sac*
baker's shop *la boulangerie*
ball *la balle* (small ball), *le ballon* (large ball)
banana *la banane*
bank *la banque*
bar *le bar*
barrel *le tonneau*
bathroom *la salle de bain*
battery *la batterie* (car), *la pile* (radio)
beach *la plage*
to **be** *être*; **to ——— situated** *se trouver*
to **beat** *frapper, battre*
beard *la barbe*
beauty *la beauté*
because (of) *à cause (de)*
to **become** *devenir*
bed *le lit*; **to go to ———** *se coucher*
bedroom *la chambre*
beef *le bœuf*
beer *la bière*
before *avant (de)*
to **begin** *commencer*; **———ning** *le début*
behind *derrière*
beige *beige*
bell *la cloche*
to **belong (to)** *appartenir (à)*
belt *la ceinture*
to **bend** *plier*
between *entre*
bicycle *la bicyclette, le vélo*
big *grand, gros*; **to get ———ger** *grandir, grossir*
bill *l'addition* (f)
bird *l'oiseau* (m)
biro *le bic*
birth *la naissance*; **———day** *l'anniversaire* (m)
biscuit *le gâteau sec*
black *noir*
block of flats *l'immeuble* (m)
blouse *le corsage, le chemisier*
to **blush** *rougir*
boat *le bateau*
body *le corps*
book *le livre*

bookshop *la librairie*
bored, to be ——— *s'ennuyer*
boring *ennuyeux*
to **borrow** *emprunter*
both *(tous/toutes) les deux*
bottle *la bouteille*
bottom *le fond*
box *la boîte*
boy *le garçon*
bracelet *le bracelet*
branch *la branche, la succursale* (of a firm)
brandy *le cognac*
bread *le pain*
to **break** *casser*
breakdown, to have a ——— *tomber en panne*
breakfast *le petit déjeuner*
to **breathe** *respirer*; **to be out of ———** *être essoufflé*
bridge *le pont*
briefcase *la serviette*
to **bring (something)** *apporter*
broadcast *l'émission* (f)
brother *le frère*
brown *brun*
to **brush** *brosser*
bucket *le seau*
building *le bâtiment*
burglary *le cambriolage*
to **burn** *brûler*
to **burst into tears** *fondre en larmes*
bus *l'autobus* (m)
busy *occupé*; **to be ——— (with)** *s'occuper (de)*
but *mais*
butcher *le boucher*
butter *le beurre*
butterfly *le papillon*
button *le bouton*
to **buy** *acheter*
by *par*

cabbage *le chou*
cake *le gâteau*
cake shop *la pâtisserie*
to **call** *appeler*
camera *l'appareil* (m),

photo
camping *le camping*
can, to be able to *pouvoir*
candle *la bougie*
canteen *la cantine*
car *l'auto* (f), *la voiture*
car-park *le parking*
card *la carte*
carpet *le tapis* (rug), *la moquette* (fitted carpet)
carrot *la carotte*
carton *le pot*
casino *le casino*
cat *le chat*
to **catch** *attraper*
cathedral *la cathédrale*
cauliflower *le chou-fleur*
cause *la cause*
ceiling *le plafond*
to **celebrate** *fêter*
cellar *la cave*
centre *le centre*
ceremony *la cérémonie*
chair *la chaise*
champagne *le champagne*
to **change** *changer*
Channel, English ——— *la Manche*
chauvinist *chauvin*
to **check** *vérifier*; **checked** *à carreaux*
cheese *le fromage*
chemist *le pharmacien*; **———'s** *la pharmacie*
chest of drawers *la commode*
chestnut *le marron*
chestnut-brown *châtain*
chick *le poussin*; **———en** *le poulet*
child *l'enfant* (m, f)
chin *le menton*
chip *la frite*
chocolate *le chocolat*
choice *le choix*
to **choose** *choisir*
Christmas *le Noël*
church *l'église*
cider *le cidre*
cigarette *la cigarette*
cinema *le cinéma*

civil servant *le/la fonctionnaire*

to **claim** *réclamer*

clarinet *la clarinette*

class, ——room *la classe*

classical *classique*

clear *clair*

clerk *l'employé(e)* (m, f)

client *le client*

to **climb** *grimper*

clinic *la clinique*

coach *le car, l'autocar* (m)

coast *la côte*

coat *le manteau*

cock *le coq*

coffee *le café;* —— **break** *la pause-café*

coin *la pièce de monnaie*

cold *froid*

to **collect** *faire collection (de)*

college *le collège*

colour *la couleur*

to **come** *venir*

to **comfort** *consoler;* ——**able** *confortable*

comic (strip) *la bande dessinée*

company (firm) *la société*

compartment *le compartiment*

competition *le concours*

to **complain** *se plaindre*

completely *complètement*

concerning *à propos (de)*

condition *la condition*

congratulations! *félicitations!*

to **consent** *consentir*

to **console** *consoler*

to **contemplate** *contempler*

to **continue** *continuer*

cook *le cuisinier;* to —— *faire la cuisine, cuire;* ——**ed** *cuit*

corner *le coin*

correct *exact, correct*

corridor *le couloir*

cotton *le coton*

couchette *la couchette*

to **cough** *tousser*

counter *le comptoir*

country *le pays;* **in the ——** *à la campagne*

couple *le couple*

to **cover** *couvrir*

cousin *le/la cousin(e)*

cow *la vache*

cream *la crème*

to **cross** *traverser;* ——**ing** *la traversée;* —— **roads** *le carrefour, le croisement;* ——**word** *les mots croisés* (m)

cry *le cri;* to —— *pleurer* (to weep), *crier* (to shout)

cup *la tasse;* ——**board** *le placard*

curly *bouclé, frisé*

customer *le client*

daily *quotidien*

to **dance** *danser;* ——**r** *le/la danseur(-euse)*

dart *la fléchette*

daughter *la fille;* ——**-in-law** *la belle-fille*

day *le jour, la journée;* —— **-dream** *la rêverie*

dead *mort*

dear *cher*

to **decide** *décider*

delay *le retard*

delicious *délicieux*

descent *la descente*

desert *le désert*

dessert *le dessert*

destination *la destination*

detective: —— **story** *le roman policier*

to **detest** *détester*

dictionary *le dictionnaire*

diet *le régime*

different *différent*

difficulty *la difficulté*

dining room *la salle à manger*

dinner *le dîner* (evening meal); **to have ——** *dîner*

dirty *sale;* to —— *salir*

discotheque *la discothèque*

to **discover** *découvrir*

discreetly *discrètement*

dish *le plat*

to **displease** *déplaire*

district *le quartier*

to **disturb** *déranger*

divorced *divorcé;* **to get ——** *divorcer*

doctor *le médecin*

dog *le chien*

door *la porte*

double *double*

dozen *la douzaine*

drawer *le tiroir*

dream *le rêve;* **to ——** *rêver*

dress *la robe;* **to ——** *habiller;* **to get ——ed** *s'habiller*

to **drink** *boire*

to **drive** *conduire;* **to —— (to)** *aller en voiture (à)*

driving licence *le permis de conduire*

dry *sec (sèche);* **to ——** *sécher*

duck *le canard*

during *pendant*

dustbin *la poubelle*

each *chaque;* —— **one** *chacun*

early *de bonne heure, tôt;* **to be ——** *être en avance*

to **earn** *gagner*

earth *la terre*

Easter *les Pâques* (f)

easy *facile*

economical *économique*

edge *le bord*

egg *l'œuf* (m)

electric *électrique*

elegant *élégant*

embarrassing *embarrassant*

employee *l'employé(e)* (m, f)

to **empty** *vider*

end *le bout, la fin*

engaged *fiancé;* **to get ——** *se fiancer*

engineer *l'ingénieur* (m)

enormous *énorme*
enough *assez*
enquiry *l'enquête* (f)
to **enrol** *s'inscrire*
equal *égal*
to **escape** *s'échapper*
even *même, régulier*
evening *le soir, la soirée*
every *chaque, tout;*
—— **day** *chaque jour, tous les jours;*
——**body** *tout le monde;* ——**where** *partout*
exactly *exactement*
except *sauf*
excursion *la randonnée, l'excursion* (f)
exercise book *le cahier*
exotic *exotique*
to **explain** *expliquer*
eye *l'œil* (m); **eyes** *les yeux* (m, pl)

fact *le fait;* **in** —— *en fait*
factory *l'usine* (f)
to **fall** *tomber;* **to** —— **asleep** *s'endormir*
false *faux*
family *la famille*
famous *célèbre*
far *loin*
farm *la ferme;* ——**er** *le fermier*
fashion *la mode;* ——**able** *à la mode*
fat *gros;* **to get** —— *grossir*
father *le père;* ——**-in-law** *le beau-père*
fault *la faute*
fear *la peur;* **to** —— *craindre*
feather *la plume*
to **feed** *nourrir*
to **feel sick** *avoir mal au cœur*
field *le champ*
fiercely *férocement*
to **fight** *se battre*
to **fill** *remplir;* **to** —— **up with petrol** *faire le plein (d'essence)*
film *le film, la pellicule* (for a

camera)
finally *finalement, enfin*
to **find** *trouver*
finger *le doigt*
to **finish** *finir*
firm *la firme*
first *premier*
fish *le poisson;* **to** —— *pêcher;* ——**erman** *le pêcheur;* ——**ing** *la pêche*
flat *plat;* —— *l'appartement* (m)
floor *l'étage* (m)
flour *la farine*
to **flow** *couler*
to **fly** *voler*
fog *le brouillard*
to **fold** *plier*
to **follow** *suivre*
foot *le pied;* **on** —— *à pied;* ——**ball** *le football*
for *pour* (in order to), *car* (because), *depuis* (of time)
to **forbid** *défendre;* ——**den** *interdit*
foreign *étranger;* ——**er** *l'étranger (-ère)* (m, f)
forename *le prénom*
to **forget** *oublier*
fork *la fourchette*
form *la forme;* ——**er** *ancien;* ——**erly** *autrefois*
fortunately *heureusement*
freckles *les taches de rousseur*
free *libre, gratuit* (free of charge); ——**dom** *la liberté*
fresh *frais (fraîche)*
friend *l'ami(e)* (m, f)
frog *la grenouille;* ——**s' legs** *les cuisses de grenouilles*
from *de*
frozen *gelé; congelé* (food), *surgelé* (deep-frozen)
fruit *le fruit*
frying pan *la poêle*
full *plein*
funny *drôle*

fur *la fourrure*
furniture *les meubles* (m)

garage *le garage*
garden *le jardin;* ——**ing** *le jardinage*
garlic *l'ail* (m)
gate *la barrière*
to **gather** *ramasser, (se) réunir* (people)
general *général*
gently *doucement*
to **get** *obtenir* **to** —— **on (well)** *s'entendre bien;* **to** —— **up** *se lever*
to **give** *donner;* **to** —— **back** *rendre*
glass *le verre;* ——**es** *les lunettes* (f)
glove *le gant*
to **go** *aller;* **(of a car)** *rouler;* **to** —— **away** *s'en aller;* **to** —— **down** *descendre;* **to** —— **forward** *avancer;* **to** —— **on** *continuer*
goat *la chèvre*
gold *l'or* (m); ——**fish** *le poisson rouge*
good *bon* (adj), *bien* (adv)
goose *l'oie* (f)
grandchildren *les petits-enfants*
granddaughter *la petite-fille*
grandfather *le grand-père*
grandmother *la grand-mère*
grandson *le petit-fils*
grapefruit *le pamplemousse*
grapes *le raisin*
green *vert;* **grocer** *le marchand de primeurs*
grey *gris*
ground *la terre;* —— **floor** *le rez-de-chaussée;* **on the** —— *par terre*
group *le groupe*
to **grow (of plants)**

pousser; **to** ——
(plants) *faire
pousser;* **to** ——
(up) *grandir*
to **guess** *deviner*
guide *le/la guide*
guitar *la guitare*

hair *les cheveux* (m);
to do one's —— *se
coiffer;* ——**dresser**
le coiffeur
half *demi(e)* (m, f), *la
moitié*
ham *le jambon*
hand *la main*
to **happen** *se passer*
hard *dur*
hat *le chapeau*
to **hate** *avoir horreur (de)*
to **have** *avoir;* **to** —— **a
breakdown** *tomber
en panne;* **to** ——
broken down *être
en panne;* **to** ——
just *venir de;* **to**
—— **to (must)**
devoir
he *il*
head *la tête;*
——**light** *le phare*
health *la santé*
to **hear** *entendre*
heart *le cœur*
to **heat** *chauffer;*
——**ing** *le
chauffage*
heavy *lourd*
height *la taille*
hello *bonjour, allô*
(telephone)
to **help** *aider*
hen *la poule*
here *ici;* —— **is/are**
voici
to **hesitate** *hésiter*
high *haut*
hill *la colline*
hip *la hanche*
to **hit** *frapper*
to **hitch-hike** *faire de
l'auto-stop* (m)
hobby *le passe-temps*
holidays *les vacances*
(f)
homework *les devoirs*
(m)
honest *honnête*
honey *le miel*
to **hope** *espérer*

horse *le cheval*
hospital *l'hôpital* (m)
hot *chaud*
hotel *l'hôtel* (m)
hour *l'heure* (f)
house *la maison;*
——**wife** *la
ménagère;*
——**work** *le
ménage*
however *pourtant*
hunger *la faim;* **to be
hungry** *avoir faim*
to **hurry** *se dépêcher;* **to
be in a** —— *être
pressé*
to **hurt** *faire mal (à quel
qu'un), avoir mal (à)*
husband *le mari*

I *je/j'*
ice skating *le patin à
glace*
ice, ice cream *la glace*
ice-cube *le glaçon*
idea *l'idée* (f)
if *si*
immediately *tout de
suite, aussitôt*
important *important*
impossible
impossible
in *dans, en*
to **indicate** *indiquer*
industrialist
l'industriel (m)
inflation *l'inflation* (f)
inside *dedans, à
l'intérieur (de)*
to **insult** *insulter*
interesting
intéressant; **to be
interested in**
s'intéresser (à)
to **interrupt** *interrompre*
interview *l'interview*
(f)
to **iron** *repasser;*
——**ing** *le
repassage*

jacket *la veste*
jam *la confiture*
jar *le pot*
jeans *le blue-jean*
jewel *le bijou*
job *l'emploi* (m), *le
travail*
joke *la plaisanterie*
journey *le trajet, le*

voyage
judo *le judo*
juice *le jus*
to **jump** *sauter*

to **keep** *garder*
key *la clé (clef)*
kind *gentil*
to **kiss** *embrasser*
kitchen *la cuisine*
knee *le genou*
knife *le couteau*
to **knit** *tricoter*
knot *le nœud*
to **know (a fact)** *savoir;*
to —— **(person or
place)** *connaître*

lace *la dentelle*
lamb *l'agneau* (m)
lamp *la lampe*
landing *le palier*
language *la langue*
last *dernier;* **to** ——
durer
late *tard;* **to be** ——
être en retard
law *la loi*
to **lead** *mener;* **to** ——
away *emmener*
to **lean** *se pencher*
leather *le cuir*
to **leave** *quitter;* **to** ——
(to let) *laisser*
left *la gauche*
leg *la jambe*
lemon *le citron*
to **lend** *prêter*
lesson *la leçon, le
cours*
letter *la lettre*
library *la bibliothèque*
life *la vie*
lift *l'ascenseur* (m)
light *la lumière, clair*
(adj)
like *comme;* **to** ——
aimer, plaire
line *la ligne*
lipstick *le rouge à
lèvres*
list *la liste*
to listen (to) *écouter;*
——**er**
l'auditeur(-trice)
(m, f)
litre *le litre*
little *peu, petit;* ——
by —— *peu à
peu/petit à petit*

to **live** *habiter, vivre*
loft *le grenier*
long *long (longue);* **a
—— time**
longtemps
look *le regard;* **to
—— (at)** *regarder;*
to —— (after)
s'occuper (de); **to
—— (for)** *chercher;*
to —— (rich) *avoir
l'air (riche);* **to ——
well/ill** *avoir
bonne/mauvaise
mine*
lorry *le camion*
to **lose** *perdre*
lost property *les
objets trouvés* (m)
lounge *le salon*
to **love, to adore** *adorer*
luck *la chance;* **to be
——y** *avoir de la
chance*
luggage *les bagages*
(m)
lunch *le déjeuner;* **to
have ——** *déjeuner*
lung *le poumon*

machine *la machine*
mad *fou (folle)*
madam *madame*
magazine *le magazine*
main *principal*
to **make** *faire;* **to ——
fun (of)** *se moquer
(de);* **to —— use
(of)** *se servir (de)*
man *l'homme* (m)
to **manage** *se débrouiller*
map *la carte*
market *le marché*
married *marié;* **to get
——** *se marier*
marvellous
merveilleux
master *le maître*
matching *assorti*
mayonnaise *la
mayonnaise*
me *me, moi*
meadow *la prairie*
meal *le repas*
means *le moyen*
to **measure** *mesurer*
meat *la viande*
medicine *le
médicament*
medium *moyen*

to **melt** *fondre*
menu *le menu, la
carte*
mid-day *midi*
middle *le milieu;* **in
the —— (of)** *au
milieu (de)*
milk *le lait*
mind, I don't —— *ça
m'est égal*
miss *mademoiselle;* **to
—— manquer**
mistake *l'erreur* (f)
to **mix** *mélanger*
modern *moderne*
money *l'argent* (m)
monkey *le singe*
month *le mois*
mood *l'humeur* (f)
moped *la mobylette*
more *plus*
morning *le matin, la
matinée*
mother *la mère;* ——
-in-law *la
belle-mère*
motorbike *la moto*
mountain *la
montagne;* ——**eer**
l'alpiniste (m, f)
mouse *la souris*
moustache *la
moustache*
mouth *la bouche*
to **move** *déplacer,
bouger;* **to ——
back** *reculer;* **to
—— house**
déménager
mr *monsieur*
mrs *madame*
much *beaucoup (de)*
museum *le musée*
mushroom *le
champignon*
music *la musique*
musician *le/la
musicien(ne)*
mustard *la moutarde*

name *le nom*
napkin *la serviette (de
table)*
narrow *étroit*
nasty *méchant*
national *national;*
——**ity** *la
nationalité*
native *natal*
nature *la nature*

navy blue *bleu
marine*
near *près (de)*
necessary *nécessaire;*
it is —— *il faut*
neck *le cou*
need *le besoin;* **to
—— avoir besoin**
(de)
neighbour *le/la
voisin(e)*
neither *non plus*
nephew *le neveu*
nervous *nerveux*
never *jamais*
new *nouveau
(nouvelle);* **brand
—— neuf (neuve);**
——**s** *les
informations* (f);
——**s item** *la
nouvelle;*
——**spaper** *le
journal*
next *suivant,
prochain;* **the ——
day** *le lendemain*
nice *agréable,
sympathique
(friendly)*
niece *la nièce*
night *la nuit;*
——**dress** *la
chemise de nuit*
no *non*
none *aucun*
nobody *personne*
noise *le bruit*
north *le nord*
nose *le nez*
note *la note, le billet
(banknote)*
nothing *rien*
to **notice** *remarquer*
now *maintenant*
number *le numéro*
nurse *l'infirmier
(-ière)* (m, f)

occupation *la
profession, le métier*
occupied *occupé*
of *de*
to **offer** *offrir*
office *le bureau*
often *souvent*
oil *l'huile* (f)
old *vieux (vieille)*
omelette *l'omelette* (f)
on *sur*

only *seulement*
open *ouvert;* **in the**
—— **air** *en plein*
air; **to** —— *ouvrir*
opinion *l'avis* (m)
opportunity
l'occasion (f)
opposite *en face (de)*
or *ou*
orange *l'orange* (f)
to order *commander;* **to**
be out of —— *être*
en panne
to organise *organiser*
other *autre*
over there *là-bas;*
——**coat** *le*
pardessus; **to**
——**take** *dépasser*
owner *le/la*
propriétaire, le/la
patron(ne)
ox *le bœuf*

packet *le paquet*
pain *la douleur;* **to be**
in —— *avoir mal*
to paint *peindre, faire les*
peintures (to
decorate); ——**er**
le peintre
pale *pâle*
to park *stationner, (se)*
garer
parent *le parent;*
——**s-in-law** *les*
beaux-parents
park *le parc*
part *la partie;* ——
-time *(à) mi-temps*
particularly *surtout*
partner *le/la*
partenaire
to pass, to spend *passer*
passer-by *le passant*
passport *le passeport*
patience *la patience*
pavement *le trottoir*
pear *la poire*
pedestrian crossing
le passage pour
piétons
to peel *éplucher*
pen *le stylo;* ——**cil** *le*
crayon
people *les gens* (m,
pl); **a lot of** ——
beaucoup de monde
perfect *parfait*
perfume *le parfum*

perhaps *peut-être*
person *la personne*
pet *l'animal familier*
(m)
photograph *la*
photo(graphie);
——**er** *le/la*
photographe
piano *le piano*
to pick up *ramasser*
picture *le tableau*
piece *le morceau*
pig *le cochon*
pink *rose*
pipe *la pipe*
place *l'endroit* (m); **to**
—— *poser*
plate *l'assiette* (f)
to play *jouer*
please *s'il vous plaît*
(polite or plural),
s'il te plaît
(familiar)
to pluck *plumer*
plum *la prune*
pocket money
l'argent (m) *de*
poche
poison *le poison*
police station *le*
commissariat (de
police)
policeman *le*
gendarme, l'agent
de police
polite *poli*
pork *porc*
port *le port*
post office *la poste, le*
bureau de poste
postcard *la carte*
postale
postman *le facteur*
pot *le pot*
potato *la pomme de*
terre
to potter around
bricoler
pound *la livre*
precious *précieux*
to prefer *préférer*
to prepare *préparer*
prescription
l'ordonnance (f)
present *le cadeau*
pretty *joli*
previously
auparavant
probably
probablement

professional
professionnel
programme
l'émission (f) (radio
or TV), *le*
programme
pronunciation *la*
prononciation
to protect *protéger*
prudent *prudent*
pullover *le pull-over*
to punish *punir*
purchase *l'achat* (m)
purse *le*
porte-monnaie
to push *pousser;*
——**chair** *la*
poussette
to put *mettre;* **to** ——
on clothes
s'habiller, se couvrir
(for warmth); **to**
—— **on make-up**
se maquiller

to quarrel *se disputer*
question *la question;*
to —— *interroger*
quickly *vite*
quiet, to be —— *se*
taire
quite *assez*
to quote *citer*

rabbit *le lapin*
race *la course*
radiator *le radiateur*
radio *la radio*
railwayman *le*
cheminot
rain *la pluie;* **to** ——
pleuvoir; ——**coat**
l'imperméable (m)
rarely *rarement*
rather *plutôt*
raw vegetables *les*
crudités
to react *réagir*
to read *lire*
really *vraiment*
reason *la raison*
to receive *recevoir*
to recognise *reconnaître*
to recommend
recommander
record *le disque*
red *rouge;* **ginger**
roux
to refuse *refuser*
region *la région*

regularly
régulièrement
relatives *la famille*
to **relax** *se détendre*
to **remember** *se*
souvenir (de)
removal *le*
déménagement;
—— **man** *le*
déménageur
to **rent** *louer*
to **repeat** *répéter*
to **repent** *se repentir*
reply *la réponse*
to **respect** *respecter*
to **rest** *se reposer*
restaurant *le*
restaurant
retirement *la retraite;*
to be retired *être à*
la retraite
return *le retour;* **to**
—— **home** *rentrer*
(à la maison); **to**
—— **(to come**
back) *revenir*
rice *le riz*
rich *riche*
right *(la) droite;* **to be**
—— *avoir raison*
river *la rivière*
roast *rôti*
room *la pièce, la salle*
round *rond*
to **rub** *frotter*
rude *impoli, grossier*
ruler *la règle*
to run *courir*
to **rush forward** *se*
précipiter

sailor *le matelot, le*
marin
saint *le/la saint(e)*
salad *la salade*
sandal *la sandale*
sandwich *le sandwich*
sardine *la sardine*
satin *le satin*
to **say** *dire*
scarf *l'écharpe* (f)
school *l'école* (f)
sea *la mer;* **at the**
——**side** *au bord de*
la mer
season *la saison*
second *deuxième,*
second; —— *la*
seconde; ——
-hand d'occasion

secretary *le/la*
secrétaire
to **see** *voir*
to **seem** *sembler*
to **seize** *saisir*
sensitive *sensible*
serious *grave, sérieux*
to **serve** *servir*
service *le service*
to **settle (down)**
s'installer
sewing *la couture*
shadow *l'ombre* (f)
to **shave** *se raser*
she *elle*
sheep *le mouton*
shirt *la chemise*
shoe *la chaussure*
shop *le magasin, la*
boutique; ——
assistant *le/la*
vendeur(-euse);
——**keeper** *le*
marchand; ——
window *la vitrine;*
——**ping** *les*
courses
short *court;* ——
-**sighted** *myope*
shoulder *l'épaule* (f)
to **shout** *crier*
shower *la douche*
shy *timide*
sideboard *le buffet*
sign *la pancarte, le*
panneau
to **signal** *signaler*
silk *la soie*
since *depuis*
to **sing** *chanter;* ——**er**
le/la chanteur
(-euse)
single *célibataire*
sir *monsieur*
sister *la sœur*
to **sit down** *s'asseoir;*
sitting *assis*
situated *situé*
situation *la situation*
size *la taille*
skating rink *la*
patinoire
ski *le ski;* **to** —— *faire*
du ski
skirt *la jupe*
to **slap (in the face)**
gifler
sleep *le sommeil;* **to**
—— *dormir*
slice *la tranche*

slim *mince*
slow *lent;* **to** ——
down *ralentir*
slowly *lentement*
to **smell** *sentir*
smile *le sourire*
to **smoke** *fumer;* ——**r**
le fumeur
snail *l'escargot* (m)
to **snow** *neiger*
so *alors*
sofa *le canapé*
soldier *le soldat*
some *quelque;*
——**one** *quelqu'un;*
——**thing** *quelque*
chose; ——**times**
quelquefois
son *le fils;* ——
-**in-law** *le beau-fils*
song *la chanson*
sorry *désolé*
soup *la soupe*
sparkling *étincelant*
to **speak** *parler*
speed *la vitesse*
spider *l'araignée* (f)
to **spill** *renverser*
spirit *l'esprit* (m)
splendid *splendide*
sponge *l'éponge* (f)
spoon *la cuiller*
(cuillère); ——**ful**
la cuillerée
sport *le sport;* ——**y**
sportif
to **spread out** *étendre*
square *la place*
squirrel *l'écureuil*
(m)
stadium *le stade*
stain *la tache*
stairs *l'escalier* (m)
stamp *le timbre*
standing *debout*
starter *l'entrée* (f)
station *la gare, la*
station (métro)
statue *la statue*
stay *le séjour;* **to** ——
rester; **to** —— **slim**
garder la ligne
steak *le bifteck*
to **steal** *voler*
steering-wheel *le*
volant
stiff *raide*
still *toujours*
stomach *le ventre,*
l'estomac (m)

stone *la pierre*
stop *l'arrêt* (m); **to
——** *(s')arrêter*
story *l'histoire* (f)
straight *droit;* **——
on** *tout droit*
stranger *l'étranger
(-ère)* (m, f)
strawberry *la fraise*
street *la rue*
strike *la grève*
strip cartoon *la bande
dessinée*
striped *rayé*
strong *fort*
student *l'étudiant(e)*
(m, f)
to **study** *étudier*
stupid *stupide;*
——ly *bêtement*
suburbs *la banlieue;*
in the —— *en
banlieue*
to **succeed** *réussir*
suddenly *tout à coup*
suit *le costume, le
tailleur* (for a
woman); **——case**
la valise
sun *le soleil*
supermarket *le
supermarché*
to **suppress** *supprimer*
surname *le nom de
famille*
to **surprise** *surprendre;*
——d *surpris*
swan *le cygne*
sweet *le bonbon*
to **swim** *nager*
swimming *la
natation;* **——
costume** *le maillot
de bain;* **—— pool**
la piscine

table *la table;* **——
tennis** *le
ping-pong, le tennis
de table;* **——cloth**
la nappe
to **take** *prendre;* **to ——
away** *emporter;* **to
—— off** *enlever*
to **taste** *goûter*
teacher *le professeur*
tear *la larme*
telephone *le
téléphone;* **to ——**

téléphoner *(à)*
television *la
télévision;* **on ——
à la télévision**
to **tell** *dire;* **to —— (a
story)** *raconter (une
histoire);* **to —— a
lie** *mentir*
tenant *le/la locataire*
terrific *formidable*
test *l'épreuve* (f)
to **thank** *remercier;* **——
you** *merci*
that *ça (cela)*
theatre *le théâtre*
then *ensuite*
there *y;* **—— is (are)**
il y a
these (those) *ces*
they *ils (elles)*
thief *le voleur*
thin *mince* (slim),
maigre (skinny);
to get —— *maigrir*
thing *la chose*
to **think** *penser*
thirst *la soif;* **to be
——** *avoir soif*
this *ceci*
this (that) *ce (cet,
cette)*
these (those) *ces*
to **throw** *jeter, lancer*
thriller (film) *le film
policier*
thus *ainsi*
ticket *le billet, le ticket
(métro)*
to **tidy** *ranger*
tie *la cravate*
time *la fois, le temps,
l'heure* (f)
tin *la boîte*
tip *le pourboire*
to *à*
toast *le pain grillé*
tobacconist's *le
bureau de tabac*
today *aujourd'hui*
tomato *la tomate*
tomorrow *demain*
too *aussi;* **—— bad**
tant pis; **—— much**
trop (de)
tooth *la dent;*
——paste *le
dentifrice*
tortoise *la tortue*
tourist office *le
syndicat d'initiative*

towel *la serviette (de
toilette)*
tower *la tour*
town *la ville;* **——
hall** *la mairie*
toy *le jouet*
tractor *le tracteur*
traffic *la circulation;*
—— jam
l'embouteillage (m);
—— lights *les feux*
(m)
train *le train*
to **travel** *voyager;*
——ler *le voyageur*
treasure *le trésor*
trip *l'excursion* (f), *la
promenade*
trousers *le pantalon*
true *vrai*
trumpet *la trompette*
truth *la vérité*
to **try** *essayer (de)*
tune *l'air* (m)
to **turn** *tourner;* **to ——
over** *retourner*
twins *les jumeaux
(-elles)* (m, f, pl)
tyre *le pneu*

umbrella *le parapluie*
uncle *l'oncle* (m)
to **understand**
comprendre
unemployment *le
chômage;* **to be
unemployed** *être
en chômage*
unhappy *mécontent,
triste*
university,
l'université (f)
until *jusqu'à*
upstairs *en haut*
up there *là-haut*
up to *jusqu'à*
to **use** *utiliser, se servir
(de);* **—— to** *habitué
(à);* **——ful** *utile*
usherette *l'ouvreuse*
(f)
to **utter a cry** *pousser un
cri*

vacuum cleaner
l'aspirateur (m)
vegetable *le légume*
very *très*
village *le village*
violin *le violon*

voice *la voix*

waist *la taille*
to wait for *attendre*
to wake (someone) up
     réveiller; to —— up
     se réveiller
walk *la promenade;* to
     go for a —— *se*
     promener, faire une
     promenade; to ——
     marcher, aller à pied
wall *le mur*
wallet *le portefeuille*
to want *désirer, vouloir*
to wash *laver;* to ——
     oneself *se laver;*
     ——ing *le lavage,*
     la lessive;
     ——ing-up *la*
     vaisselle
wasp *la guêpe*
to watch, to —— over
     surveiller; —— *la*
     montre
water *l'eau* (f)
wave *la vague*
way *le chemin*
we *nous*
to wear *porter*
     wedding *le mariage;*
     —— anniversary
     anniversaire de

mariage (m)
week *la semaine;*
     ——end *le*
     week-end
welcome *la bienvenue*
wet *mouillé*
what *quoi, comment*
wheel *la roue*
when *quand*
where *où*
which (which one)
     lequel
while *tandis que*
white *blanc*
who *qui*
why *pourquoi*
widow *la veuve;*
     ——er *le veuf*
wife *la femme*
to win *gagner;* ——ner
     le vainqueur, le/la
     gagnant(e)
wind *le vent*
window *la fenêtre*
wine *le vin*
to wipe *essuyer*
to wish *vouloir*
     with *avec*
to witness *assister (à)*
     wolf *le loup*
woman *la femme*
wood *le bois*
wool *la laine*

word *le mot*
work *le travail;* to
     —— *travailler;* to
     —— part-time
     travailler à
     mi-temps; ——er
     l'ouvrier (-ère) (m,
     f)
world *le monde*
worried *inquiet*
to worry *s'inquiéter*
     worse *pire*
to write *écrire;* ——r
     l'écrivain (m)
wrong *faux, mal;* to
     be —— *avoir tort*

year *l'an* (m), *l'année*
     (f)
yellow *jaune*
yes *oui*
yoga *le yoga*
yogurt *le yaourt*
you *vous* (polite or
     plural), *tu*
     (singular and
     familiar)
young *jeune*
your *votre* (*vos*)

zip *la fermeture éclair*
zoo *le jardin*
     zoologique, le zoo

Study Guide

Première unité

Exercises

Exercise A
Une touriste: Bonjour monsieur.
Le guide: Bonjour madame. Je *suis* le guide.
Une touriste: Ah! Vous *êtes* de Paris?
Le guide: Oui, et *vous*?
Une touriste: Je suis *de* Glasgow.
Le guide: Ah! Vous *êtes* anglaise!
Une touriste: Non.
Le guide: Quelle est votre *nationalité*?
Une touriste: Je suis *écossaise*.

Exercise B
Pierre: Bonjour Paul.
Paul: Bonjour Pierre.
Pierre: Tu *es* breton?
Paul: Oui.
Pierre: D'où es-tu?
Paul: Je suis de Quimper. Et *toi*?
Pierre: Moi aussi, je suis de Quimper!

Exercise C
1 Oui, elle est française.
2 Oui, il est français.
3 Non, il n'est pas français, il est allemand.
4 Non, il n'est pas français, il est russe.
5 Oui, il est français.
6 Non, il n'est pas français, il est suisse.
7 Non, elle n'est pas française, elle est anglaise.
8 Non, il n'est pas français, il est américain.
9 Oui, elle est française.
10 Non, ils ne sont pas français, ils sont anglais.
11 Oui, il est français.
12 Non, elles ne sont pas françaises, elles sont américaines.
13 Non, il n'est pas français, il est anglais.
14 Oui, il est français.
15 Oui, elles sont françaises.

Exercise D
Annick et Yves: Bonjour.
Marie et François: Bonjour. *Comment* vous appelez-vous?
Annick et Yves: Annick et Yves.
Marie et François: Vous *êtes* normands?
Annick et Yves: Non, *nous sommes* bretons.
Marie et François: D'où êtes-vous? De Rennes?
Annick et Yves: Non, *nous sommes* de Quimper. Et vous?
Marie et François: Nous sommes alsaciens.

Exercise E
Sylvie: Qui est-ce?
Guillaume: C'est Henri.
Sylvie: Il est normand?
Guillaume: Non, il *n'est pas* normand, il est bourguignon.
Sylvie: Et François et Marie Muller, *sont-ils* aussi bourguignons?
Guillaume: Ah non, ils *ne* sont *pas* bourguignons, ils sont alsaciens.
Sylvie: Et vous?
Guillaume: Moi, je suis parisien.

Deuxième unité

Exercises

Exercise B
1 Annigoni *est* peintre.
2 Kiri te Kanawa et Joan Sutherland *sont* chanteuses.
3 Graham Greene *est* écrivain.
4 Peter Maxwell Davies *est* compositeur de musique.
5 Roger Moore et Sean Connery *sont* acteurs de cinéma.
6 Jane Fonda *est* actrice de cinéma.

Exercise C
1 (b) astronautes, (a) américains.
2 (a) actrices, (c) italiennes.
3 (c) chanteuses, (a) américaines.
4 (b) photographes, (c) anglais.
5 (a) chanteurs, (c) français.
6 (c) compositeurs de musique, (a) britanniques.
7 (b) acteurs, (c) français.
8 (a) danseurs, (a) russes.

Exercise D
1 Je m'appelle Brown. Non, je ne suis pas canadien, je suis américain. Non, je ne suis pas célibataire, je suis marié. Non, elle n'est pas américaine, elle est chinoise. Non, je ne suis pas professeur, je suis pêcheur.

2 Je m'appelle Tania. Non, je ne suis pas française, je suis russe. Non, je ne suis pas de Moscou, je suis de Leningrad. Oui, je suis mariée. Non, je ne suis pas secrétaire, je suis infirmière.

3 Oui, nous sommes indiens. Non, nous ne sommes pas de Calcutta, nous sommes de Bombay. Non, nous ne sommes pas fiancés, nous sommes mariés. Non, nous ne sommes pas ingénieurs, nous sommes professeurs.

4 Oui, je suis d'Ajaccio. Non, je ne suis pas étudiant, je suis cuisinier. Non, je ne suis pas fiancé, je suis célibataire.

5 Non, ils ne sont pas écossais, ils sont gallois. Non, ils ne sont pas de Cardiff, ils sont de Cardigan. Non, ils ne sont pas peintres, ils sont écrivains.

6 Non, elle n'est pas autrichienne, elle est allemande. Non, elle n'est pas de Munich, elle est de Berlin. Non, elle n'est pas danseuse, elle est chanteuse.

Listening comprehension

1 —Bonjour monsieur. Comment vous appelez-vous?
—Je m'appelle Henri. Et vous mademoiselle?
—Moi je m'appelle Jeanne.

2 —D'où êtes-vous madame?
—Je suis de Bastia, c'est en Corse. Et vous?
—Je suis anglais, de Londres.

3 —Qui est-ce?
—Je ne sais pas!
—Est-ce que c'est le guide?
—Je ne sais pas!

4 —Quelle est votre situation de famille?
—Je suis célibataire. Et vous?
—Moi aussi, mais je suis fiancé à une Allemande.

5 —Quel est votre métier monsieur?
—Je suis pêcheur.
—En France?
—Oui, en Bretagne. Et vous?
—Moi je suis ouvrier d'usine.

1 Henri and Jeanne. Their names.
2 Where they come from. One comes from Bastia in Corsica, and the other one from London.
3 Who the other person is, and if he's the guide. The person says «I don't know».
4 One is single the other engaged. He's engaged to a German girl.

5 Their jobs. One is a fisherman, the other a factory worker.

For extra practice . . .
Make up your own métier/nationalité quiz using other famous people, or re-use the one in this unit asking students to write the métier/nationalité from memory.

Troisième unité

Avez-vous compris? (p. 17)

1 Etoile square.
2 Museums, a theatre and a film library.
3 The Seine.
4 The Army Museum.
5 The île de la Cité (island in the middle of the city). The cathedral of Notre-Dame.
6 Because it is an interesting building, and there are often street entertainers outside.

Avez-vous compris? (p. 19)

1 In the north of Paris.
2 For artists.
3 Le Printemps and Les Galeries Lafayette.
4 A theatre.
5 A palace.
6 An Egyptian obelisk, from Luxor.
7 A traffic jam.

Exercises

Exercise A

1 L' Arc de Triomphe est place Charles de Gaulle.
2 *Le* Palais de Chaillot est *un* centre culturel avec *des* musées, *un* théâtre et *une* cinémathèque.
3 L' île de la Cité est *le* cœur de Paris.
4 *Le* Palais de Chaillot et *le* Centre Pompidou sont *des* centres culturels.
5 *Le* Printemps et *les* Galeries Lafayette sont *des* grands magasins.
6 Il y a *des* artistes place du Tertre.
7 *La* Madeleine est *une* église de style grec.
8 L' obélisque de Louqsor est place de la Concorde.
9 Il y a *un* embouteillage place de la Concorde.

10 *L'* hôtel n'est plus loin.

Exercise B

1 C'est un stylo.
2 Ce sont des lunettes.
3 C'est une clé.
4 C'est un cœur.
5 C'est un fauteuil.
6 C'est une fenêtre.
7 C'est une porte.
8 C'est un lit.
9 C'est un sac.
10 Ce sont des cigarettes.
11 C'est un médecin.
12 C'est une église.

Exercise C

1 Non, ce n'est pas un balcon, c'est un livre.
2 Non, ce n'est pas une clé, ce sont des lunettes.
3 Non, ce n'est pas un fauteuil, c'est une table.
4 Non, ce n'est pas un car, c'est un bateau.
5 Non, ce n'est pas une statue, c'est un crayon.
6 Non, ce n'est pas un guide, c'est un touriste.
7 Oui, c'est un dictionnaire.
8 Non, ce n'est pas une secrétaire, c'est une infirmière.
9 Non, ce n'est pas une chaise, c'est un fauteuil.
10 Non, ce n'est pas un jardin, c'est un pont.
11 Non, ce n'est pas une armoire, c'est une douche.
12 Non, ce n'est pas un stylo, c'est une cigarette.

Exercise D

1 Qui est-ce?
2 Qui est-ce?
3 Qu'est-ce que c'est?
4 Qui est-ce?
5 Qu'est-ce que c'est?
6 Qu'est-ce que c'est?
7 Qui est-ce?
8 Qu'est-ce que c'est?
9 Qu'est-ce que c'est?
10 Qui est-ce?

Faites le point! (unités 1–3)

1 a Dominique et Antoine ne *sont* pas ingénieurs, ils *sont* cuisiniers.
  b Nous *sommes* fiancés, nous ne *sommes* pas mariés.
  c Vous *êtes* français? Non, je ne *suis* pas français, je *suis* anglais.
  d Qui est-ce? *C'est* Josée. Est-ce qu'elle est professeur? Non, elle *n'est pas* professeur, elle est *secrétaire*.
  e Qui *est-ce*? C'est Henri. *Est-il* veuf? Non, il *n'est pas* veuf, il *est* divorcé.

2 a Sylvie est ouvrière.
  b Ils sont bretons.
  c Quelle est votre situation de famille?
  d Je m'appelle Jeanne.
  e Je ne suis pas marié, je suis célibataire.

3 a Un pont, b un bateau, c un hôtel, d une rue, e un grand magasin, f une église, g une place, h une tour, i un théâtre, j un embouteillage.

4 a L'ascenseur, b l'escalier, c le couloir, d la porte, e la chambre.

5 a L'armoire, b le lit, c la douche, d le balcon, e la fenêtre.

Quatrième unité

Exercises

Exercise A

1 J'*ai* un chien et un chat.
2 Vous *avez* quatre enfants.
3 Elle est fiancée, elle *a* un fiancé.
4 Nous *avons* une maison à Reading.
5 Ils *ont* un appartement à Moscou.
6 Tu *as* un vélo.
7 Elle *a* un fils.
8 Nous *avons* une voiture italienne.
9 Il y *a* des touristes à Paris.
10 Vous *avez* de la chance.

Exercise B (suggested answer)

Avez-vous une maison, un appartement?
Avez-vous une voiture, un vélo?
Avez-vous un bateau, une moto?
Vous avez des enfants, des amis à Paris?
Est-ce que vous avez un chien, un chat?

Exercise C

1 A-t-elle une voiture?
2 Il y a combien de touristes?
3 Avez-vous des amis à Paris?
4 Quel âge a-t-il?
5 Avez-vous des enfants?
6 Avez-vous une maison?
7 Est-ce qu'il y a un ascenseur?
8 Ont-ils un chat?
9 Quel âge a-t-elle?

10 Avez-vous peur?

Exercise D
Réceptionniste: Bonjour messieurs-dames. Vous *désirez*?

Client: Bonjour madame *il y a* des chambres libres?

Réceptionniste: Oui monsieur.

Client: Nous sommes *dix-sept*.

Réceptionniste: Il y a seulement *seize* chambres!

Client: Ah, nous avons de la *chance*, Paul et Paulette sont mariés! A quel *étage* sont les chambres?

Réceptionniste: Il y a des chambres sur douze étages, mais il y a un *ascenseur*.

Client: Ah, très bien. Nous avons *faim*. Est-ce qu'il y a un restaurant?

Réceptionniste: Oui monsieur.

Client: Et nous avons *soif*. Il y a un bar?

Réceptionniste: Oui monsieur, là. Et voici les *clés*.

Client: Merci madame.

Dictation

1 J'ai une voiture française.
2 Tu n'es pas professeur, / tu es infirmière.
3 Ils sont mariés / et ils ont trois enfants.
4 Est-ce que vous avez / des poissons rouges?
5 Nous sommes étudiants / à *Paris*.
6 Il est ouvrier / dans une usine de parfum(s).
7 Nous avons trois animaux familiers; / un chien et deux chats.
8 Elle a peur des souris.
9 Elle a douze ans.
10 Ils ont de la chance, / ils ont un appartement à *Cannes*.

Note: Particularly watch for difficulties such as confusion between ils sont / ils ont, il a / il est etc., accents and agreements. Introduce the following French punctuation: . point , virgule ; point virgule. Read each phrase twice. Give proper names.

Cinquième unité

Avez-vous compris? (p. 34)

1 Jeanne and Sylvie.

2 Dominique and Antoine.
3 Soup.
4 Because there aren't any salads.
5 Antoine and Dominique.
6 Egg mayonnaise.

Avez-vous compris? (p. 35)

1 A rare steak and chips.
2 Roast chicken.
3 Ratatouille (tomatoes, courgettes, aubergines etc., cooked in oil), and rice.
4 Sardines in oil.
5 There are no mushrooms or ham.
6 Because there is none left.

Avez-vous compris? (p. 36)

1 No there isn't.
2 Just strawberry ones.
3 No, just oranges.
4 The fruit flan.
5 A bottle of wine from Burgundy, because that's all there is.
6 Guillaume.

Exercises

Exercise A
Je voudrais *du* poisson, *du* pain, *du* vin, *du* café, *du* thé, *du* fromage et *du* lait.

Je voudrais *de la* moutarde, *de la* crème, *de la* bière, *de la* viande, *de la* confiture et *de la* soupe.

Je voudrais *des* bonbons, *des* fruits, *des* légumes, *des* œufs, *des* champignons et *des* croissants.

Je voudrais *de l'*eau, *de l'*huile, *de l'*ail et *de l'*argent.

Exercise B (suggested answer)
Il n'y a pas d'eau dans le jardin.
Il n'y a pas de statues dans le jardin.
Il n'y a pas de vin dans le réfrigérateur.
Il n'y a pas de livres dans le jardin.
Il n'y a pas de chats dans la salle de classe.
Il n'y a pas de lait dans le réfrigérateur.
Il n'y a pas de fruits dans le réfrigérateur.
Il n'y a pas de café dans la salle de classe.
Il n'y a pas de stylos dans la salle de classe.
Il n'y a pas d'étudiants dans le jardin.

Exercise C
Marchand: Bonjour monsieur. Vous désirez?

Client: Je voudrais *de l'*huile d'olive, s'il vous plaît.

Marchand: Je suis désolé, je n'ai plus d'huile d'olive.

Client: Je voudrais *du* pain.

Marchand: Désolé, je n'ai pas *de* pain.

Client: Je voudrais de la bière.

Marchand: Je n'ai pas *de* bière, j'ai seulement *du* vin.

Client: *Du* bordeaux?

Marchand: Oui monsieur, voilà!

Client: Merci. Avez-vous *de la* salade?

Marchand: Non, je n'ai pas *de* salade, mais j'ai *des* fruits et *des* légumes.

Client: Avez-vous *de la* moutarde?

Marchand: Oui, j'ai *de la* moutarde de Dijon.

Client: Très bien. Je voudrais aussi *du* thé.

Marchand: Je suis désolé, je n'ai plus *de* thé, mais j'ai *du* café.

Client: Alors *du* café Avez-vous *du* lait?

Marchand: Je n'ai pas *de* lait aujourd'hui, mais j'ai *du* fromage.

Client: Non merci, pas dans le café!

Marchand: Alors c'est vingt francs, monsieur.

Client: Oh, je suis désolé, mais je n'ai pas d'argent!

Exercise D

The shopkeeper cannot provide: olive oil, bread, beer, green salad, tea, milk.

The customer could get: wine, fruit, vegetables, mustard, coffee, cheese.

Listening comprehension

Au restaurant il n'y a pas de soupe le midi, mais il y a des crudités et de la charcuterie. Aujourd'hui il n'y a pas de riz mais il y a des frites. Antoine voudrait une omelette mais il n'y a plus d'œufs, alors il choisit du poisson. Comme dessert il y a seulement des fruits et du fromage mais Sylvie voudrait de la tarte. Antoine voudrait du vin blanc mais il y a seulement de l'eau.

Note: Play the passage through twice, three times if the students experience difficulty.

1 Soup.
2 Chips.
3 Because there aren't any eggs left.
4 No. She would like flan, but there is only fruit or cheese.
5 Water.

Sixième unité

Avez-vous compris? (p. 41)

1 Non, elles ne sont pas dans le sac.
2 Non, elles ne sont pas sur la table de nuit.
3 Non, elles ne sont pas sous le journal.
4 Il y a une araignée au plafond.
5 Non, elles ne sont pas sur le balcon devant la fenêtre.
6 Non, elles ne sont pas au mur derrière le tableau.
7 Elles sont entre le sac et la valise.
8 Oui, elles sont par terre.

Avez-vous compris? (p. 44)

1 Non, c'est le fils de la Normande.
2 Non, c'est la ville de l'ouvrière.
3 Non, c'est le chat du pharmacien.
4 Non, c'est le lapin des enfants de Claire.
5 Non, c'est la ville de l'ingénieur et de l'infirmière.

Exercises

Exercise A

1 Il y a un chien derrière l'arbre.
2 L'oiseau est dans le ciel.
3 Il y a une voiture devant la moto.
4 Le hamac est entre les arbres.
5 Les enfants sont devant l'école.

Exercise B

Le sac est par terre.
Les clés sont dans le tiroir.
Le parapluie est contre le mur.
Les lunettes sont dans la boîte.
Les crayons sont sur la table.
Le chat est sous la chaise.

Exercise C

1 C'est le mari *de* Josée.
2 Le Quartier Latin est le quartier *des* étudiants.
3 La femme *du* cuisinier n'est pas française.
4 Le palais *de* Versailles est près de Paris.
5 L'appartement *des* Muller est à Strasbourg.
6 Moustache, le chat *du* pharmacien a six mois.
7 Le mari *de* l'infirmière est de Strasbourg.
8 Les enfants *des* cuisiniers ont faim.

9 Le fiancé *de la* secrétaire est anglais.
10 Les étudiants *du* professeur de français
   ont sommeil.

Exercise D

1 C'est le chat du pharmacien.
2 Ce sont les lunettes de l'ouvrière.
3 C'est la 4L de l'enquêteuse.
4 C'est le bureau du professeur.
5 C'est le fiancé de la fonctionnaire.
6 C'est le lapin de la fille de Claire.
7 C'est la mobylette du cuisinier.
8 Ce sont les touristes du guide.
9 C'est le vélo de l'étudiant.
10 C'est le chien du médecin.

Exercise E

1 What a pity!	e Quel dommage!
2 What a hotel!	b Quel hôtel!
3 What a good idea!	a Quelle bonne idée!
4 What a restaurant!	c Quel restaurant!
5 What a name!	d Quel nom!

Faites le point! (unités 4–6)

1 a parapluie, b douches, c pêcheur,
  d carte, e champignon.

2 Claire *a* deux enfants, un fils et une
  fille. Elle *a* un appartement et une voiture. Elle n'*a* pas de bicyclette. Yves et
  Annick n'*ont* pas d'enfants. Ils n'*ont*
  pas de maison, ils *ont* seulement un
  appartement.

3 —Antoine et Dominique, *avez*-vous
  des amis à Londres?
  —Non, nous n'*avons* pas d'amis à Londres.
  —Jeanne et Annick, est-ce que vous
  avez des enfants?
  —Non, nous n'*avons* pas d'enfants.

4 a Elle a faim.
  b Il a soif.
  c Il a sommeil.
  d Ils ont peur.
  e Il a chaud.

5 a Elle n'a pas faim.
  b Il n'a pas soif.
  c Il n'a pas sommeil.
  d Ils n'ont pas peur.
  e Il n'a pas chaud.

6 Dans la chambre il y a *des livres, des
  journaux* et *des magazines.*
  Il y a *des croissants, du pain* et *des gâteaux*
  sur la table.

Dans le magasin il y a *du thé, du vin* et
du café.
Dans un restaurant il y a *des tomates, de
la viande* et *des frites.*

7 du poisson √
  des légumes
  de la charcuterie
  des fruits √
  du fromage √
  des œufs √
  de la viande √
  des gâteaux

8 a L'oiseau est *sur* la branche.
  b Le chien est *derrière* l'arbre.
  c La souris est *devant* l'arbre.
  d Le chat est *entre* la souris et le lapin.

9 a C'est le stylo du professeur.
  b C'est le bateau du pêcheur.
  c C'est le téléphone de la secrétaire.
  d C'est le sac de l'infirmière.
  e Ce sont les lunettes du médecin.

10 a *L'araignée* est dans la soupe.
   b *Le tableau* est au mur.
   c *Le parapluie* est derrière la valise.
   d La lettre est dans *le tiroir.*
   e Le vase est sur *la table.*

Septième unité

Avez-vous compris? (p. 50)

1 Because he is still hungry.
2 A cake shop.
3 A large cream cake.
4 She wants some toothpaste and aspirin.
5 To buy cigarettes and stamps.
6 A bookshop, to buy a newspaper.

Avez-vous compris? (p. 53)

1 Il est entre la place de la Concorde et le
  Louvre.
2 Il y a l'obélisque de Louqsor.
3 Non, elle est à côté des Tuileries.
4 Non, il est loin de l'hôtel, au nord de
  Paris.
5 Le palais de l'Unesco est près de l'Ecole
  Militaire.
6 La gare St-Lazare est près de l'Opéra.
7 Il y a la Madeleine, la place Vendôme, le
  boulevard Haussmann et les grands
  magasins.

8 Ils sont dans le première rue à droite de l'hôtel.

Avez-vous compris? (p. 54)

The lady is looking for *the Rex Cinema*. It is not *far*, it is *5 minutes* on foot. There are some *traffic lights* at the crossroads. The lady must *cross over*, take the second street *on the left*, then the first *on the right*. She must carry on *right up* to the church. The Rex is *opposite* the Magic.

Exercises

Exercise A
1 Il y a une banque par ici?
2 Où est la gare?
3 Où sont les Champs-Elysées?
4 Il y a une pharmacie par ici?
5 Où est l'arrêt d'autobus?
6 Où sont les grands magasins?
7 Où est la Tour Eiffel?
8 Il y a un hôtel par ici?
9 Il y a une librairie par ici?
10 Où est la rue de Rivoli?

Exercise B
Dans la ville, il y a une école et un collège. L'école n'est pas loin du collège. Il y a un arrêt d'autobus en face *de* l'école. L'école est à côté *de la* mairie qui est au milieu *d*'un grand jardin. L'hôpital est à un bout *de la* ville, près *de la* rivière. La gare est à l'autre bout *de la* ville. Il y a un hôtel en face *de la* gare. Il y a deux cafés dans la ville—'Le Flash' est à côté *du* cinéma, et 'Le Repos' est en face *des* magasins, au coin *de la* rue. Il y a une place au milieu *de la* ville.

Exercise C (suggested answers)
1 Le parc est au milieu (des bâtiments).
2 La banque, le café, l'école et les magasins sont autour du parc.
3 Le garage est au coin.
4 Les maisons sont derrière l'hôtel et le café.
5 Le cinéma est devant les maisons.
6 L'hôpital est près du parc.
7 La banque et la poste sont en face des magasins.
8 La mairie est à côté de l'église.
9 Les magasins ne sont pas loin de la gare.
10 La gare est au bout de la rue.

Exercise D
Pour aller à l'arrêt d'autobus, *prenez* la deuxième rue à *gauche*, puis la *première* à *droite*. *Traversez* la *place*, continuez *tout* droit *jusqu'à* l'église. *Tournez* à droite. Allez jusqu'au *croisement*. L'arrêt d'autobus est là.

Exercise E
Le monsieur: Pardon monsieur l'agent, pour aller au Syndicat d'Intitiative, s'il vous plaît?
L'agent de police: C'est très facile.
Le monsieur: C'est loin?
L'agent de police: Non, c'est à dix minutes à pied. Prenez la première rue à gauche.
Le monsieur: La première à gauche?
L'agent de police: Oui. Allez tout droit jusqu'aux feux, puis tournez à droite.
Le monsieur: A droite?
L'agent de police: Oui, traversez le pont et vous y êtes. Le Syndicat d'Initiative est en face de la mairie.
Le monsieur: Merci bien monsieur l'agent.
L'agent de police: A votre service monsieur.

Listening comprehension

1 La voiture de l'infirmière est près de l'hôpital.
2 Le chien du médecin est dans le jardin.
3 Les cuisiniers du restaurant 'Le Coq d'Or' ont dix-neuf ans.
4 Le chat est par terre, à côté du radiateur.
5 Les valises des touristes sont au milieu de la place.
6 Le dictionnaire du professeur n'est pas sur la table.
7 Les enfants de la secrétaire ont faim.
8 Le mari de l'infirmière est sous la douche.
9 Les livres des enfants sont entre les journaux et la lampe.
10 La clé de l'appartement n'est pas dans le sac.

Note: Play the passage through twice, three times if the students experience difficulty.

1 Near the hospital.
2 The doctor's dog.
3 The cooks at the Coq d'Or restaurant.
4 On the floor next to the radiator.
5 In the middle of the square.
6 No, it isn't on the table.
7 No, they are hungry.
8 He's having a shower.

9 Between the newspapers and the lamp.

10 No, it isn't in the bag.

For extra practice . . .

From their listening to the tape and their answers in English, ask students to reproduce the sentences in French. For revision with place words re-use 'la chambre de Jeanne' (p. 21), and the classroom.

Huitième unité

Avez-vous compris? (p. 58)

1 Il travaille à Paris.
2 Ils travaillent à Strasbourg.
3 Elle travaille à Grasse, dans une usine.
4 Oui, il travaille dans un restaurant.
5 Oui, ils travaillent à Fort-de-France.
6 Non il ne travaille pas dans une clinique, il travaille dans une pharmacie.
7 Non, ils ne travaillent pas en Normandie, ils travaillent en Bretagne.
8 Claire Ouate travaille en Normandie.

Avez-vous compris? (p. 60)

1 Non, ils n'habitent pas en Angleterre ils habitent en France.
2 Elle travaille dans un magasin.
3 Il mange au café et elle mange à la cantine.
4 Non, il ne fume pas de cigarettes, il fume la pipe.
5 Non, elle ne regarde pas la télévision, elle écoute la radio ou des disques.
6 Ils étudient l'anglais.
7 Il remarque Chantal dans la classe.
8 Il parle à Chantal à la pause-café.

Avez-vous compris? (p. 61)

1 Elle travaille pour la SNES.
2 Oui, ils habitent à Rouen.
3 Ils travaillent à Rouen.
4 Il mange quelquefois de la morue.
5 Elle préfère les sardines.
6 Ils goûtent du soja.
7 Laurent aime le soja, mais Chantal n'aime pas le soja.
8 Oui, c'est bon à la santé. C'est très riche en protéines.

Avez-vous compris? (p. 62)

1 Parce que l'ouvrier est sourd.
2 Non, il n'habite pas à Rouen.
3 Il travaille à Rouen.
4 Dieppe est au bord de la mer.
5 Non, il déteste le poisson.

Avez-vous compris? (p. 63)

1 Oui, elle habite Rouen depuis vingt-cinq ans.
2 Elle a deux filles.
3 Elles ont dix-neuf et vingt ans.
4 Non, elles ne travaillent pas, elles étudient à l'université.
5 Elles habitent à Paris.
6 Oui, elles sont musiciennes, Sophie joue de la guitare et Nicole joue du piano.

Exercises

Exercise A (suggested answers)

Où habitez-vous? Où travaillez-vous? Aimez-vous le sport? Jouez-vous du piano ou de la guitare? Est-ce que vous regardez la télévision? Fumez-vous? Vous mangez souvent du poisson, de la viande, du fromage?

Exercise B

1 Est-ce que vous *habitez* au bord de la mer?
2 Monsieur et madame Muller *travaillent* à Strasbourg.
3 Sophie *aime* la musique moderne.
4 Laurent et Chantal *étudient* l'anglais.
5 Les filles de madame Ragot *jouent* au tennis.
6 *Jouez*-vous de la guitare?
7 Laurent *remarque* Chantal dans la classe.
8 Il *parle* à Chantal à la pause-café.
9 Le soir je *regarde* quelquefois la télévision.
10 Nous *écoutons* souvent des disques.
11 Tu *fumes* des cigarettes françaises.
12 Le midi *mangez*-vous au café ou à la cantine?
13 Ils *goûtent* le soja dans la rue.
14 Moi je *préfère* la viande.
15 Madame Ouate *pose* beaucoup de questions.

Exercise C (suggested answer)

Chère Marie-Pascale,

Bonjour! Je m'appelle Sylvia. J'ai vingt-et-un ans et j'habite dans une maison à Finchley, près de Londres. Je travaille dans un grand magasin à Londres. Je suis mariée. Roger travaille aussi à Londres, dans un bureau. Nous n'avons pas d'enfants, mais nous avons un chien; il s'appelle Jacko. Et vous, êtes-vous mariée? Avez-vous des enfants? Avez-vous un chien? Aimez-vous le sport? Moi je joue au badminton et au ping-pong.

J'aime la musique moderne et je joue de la clarinette et de la guitare. Et vous, êtes-vous musicienne? Le soir j'écoute souvent la radio ou des disques et je regarde quelquefois la télévision.

Amicalement,

Sylvia

Dictation

Nous habitons / dans la banlieue / de *Rouen. Nicole* travaille / dans une clinique, / et moi, / je travaille dans une banque. / Le midi / nous mangeons un sandwich au café, / et le soir / nous mangeons quelquefois / du fromage ou des œufs. / J'aime les sardines / mais Nicole déteste le poisson. /

Nous aimons la musique. / Je joue du piano / et Nicole joue de la guitare. / Nous aimons aussi le sport. / Nicole aime la natation / mais moi, / je préfère le tennis.

Note: Read the whole passage through, then read each phrase twice. At the end, read the whole passage through again, and ask the students to check accents, endings etc before marking their work. Introduce 'A la ligne'.

Neuvième Unité

Avez-vous compris? (p. 67)

1 Elle fait un gâteau.
2 Les enfants font les devoirs.
3 Paul et Elisabeth font du bruit.
4 Ils font une erreur.
5 Il écoute les informations.
6 Oui, elle fait la cuisine.
7 Ils jouent au football.

Cécile and Céline
Are two cousins
Who get on well
Who have the same cheeky look
Cécile and Céline
Have as you can guess
Parents who have
Grown up in the same house

Cécile is (that's great)
Arlette's daughter
Robert's sister
Who is Céline's father
It would be easy
If before Cécile
There wasn't Thierry
Who is Valérie's cousin

Valérie Céline
Thierry his sister
Also have Agnès
Who is their parents' niece
She is their cousin
Jocelyne's daughter
Who is the youngest
Arlette's and Robert's sister

So in the family
There are four girls
But there is also
Thierry's little cousin
Agnès is proud of him
He is her little brother
His name is Richard
And he was born a little later

Richard and Céline
Have other cousins
Boys and girls
And then cousins of cousins
But my sing-song
Stops at Angèle
Who is their grandmother
And makes all their jumpers

If it makes you laugh
Try and tell me
How your cousins
Could look so much like you
And afterwards you sing
Of whom your mother's
sister is the aunt
And the daughter of your grandfather

Muriel and Marine
Are two cousins
Who have three cousins
Rodolphe Gilles and Sébastien
Your turn to say it
Your turn to write it
You will do it well
Because I am now thoroughly
    confused . . .

Avez-vous compris? (p. 72)

1 Il fait froid.
2 Quelquefois il fait mauvais, il pleut.
3 En été, en général, il fait beau.
4 Il fait très chaud dans le désert.
5 Il fait souvent du vent en automne.
6 Il neige quelquefois en hiver.
7 En été, en général, il fait du soleil.
8 Il fait chaud dans le désert.
9 Il fait froid en hiver.
10 Il pleut au printemps et en automne.

Exercises

Exercise A
1 Elle chante.
2 Il pêche.
3 Elles bavardent.
4 Elle danse.
5 Ils font la cuisine.
6 Il fait du ski.
7 Elle étudie.
8 Ils jouent aux cartes.
9 Il fait une erreur.
10 Elle fait du vélo.
11 Ils fument la pipe.
12 Elle tricote.
13 Elle mange.
14 Il fait des devoirs.
15 Il joue de la trompette.

Exercise B (suggested answers)
1 Non, je ne fume pas de cigares.
2 Oui, je prépare quelquefois les repas.
3 Oui, je danse bien.
4 Non, je ne joue pas de la clarinette, je joue du piano.
5 Oui, je joue au bridge.
6 Non, je ne travaille pas dans un collège, je travaille dans un bureau.
7 Oui, j'aime le sport. Je joue au tennis et au football.
8 Non, je ne tricote pas.
9 Je préfère le thé.
10 Non, je n'achète pas souvent de poisson. Je préfère la viande.

Exercise C (suggested answers)
1 Non, nous n'habitons pas à Rouen, nous habitons à Reading.
2 Oui, nous mangeons souvent au restaurant.
3 Non, nous n'étudions pas l'espagnol, nous étudions le français.
4 Oui, nous jouons au tennis.
5 Oui, nous écoutons souvent la radio.
6 Oui, nous regardons souvent la télévision.

7 Oui, nous faisons les devoirs régulièrement.
8 Non, nous ne jouons pas du piano, nous chantons.
9 Non, nous ne faisons pas de sport.
10 Nous détestons le thé français.

Exercise D
1 Non, je n'habite pas en France.
2 Non, il ne fume pas.
3 Non, elle ne prépare pas un gâteau.
4 Non, ils ne dansent pas bien.
5 Non, elles ne font pas le ménage.
6 Non, elle ne travaille pas dans une usine.
7 Non, ils n'aiment pas le professeur.
8 Non, je ne joue pas du violon.
9 Non, nous n'écoutons pas la radio.
10 Non, elle ne fait pas un pull-over.
11 Non, je ne joue pas aux cartes.
12 Non, je n'étudie pas le russe.

Exercise E
1 Cécile et Monique sont les *sœurs* de Claude.
2 Claude est le *mari* de Liliane.
3 Liliane est la *belle-fille* de Françoise et Louis.
4 Françoise et Louis sont les *grands-parents* de Pierre.
5 Pierre est le *frère* d'Annie.
6 Annie est la *cousine* de Colette.
7 Colette est la *petite-fille* de Françoise et de Louis.
8 Louis est le *beau-père* de Jean Leroy.
9 Jean Leroy est le *beau-frère* de Cécile.
10 Cécile est la *tante* de Paul.
11 Paul est le *neveu* de Monique.
12 Monique est la *femme* de Jean Leroy.

Listening comprehension

Les touristes à Paris

La plupart des visiteurs étrangers arrivent à Paris pendant l'été. Ils aiment surtout visiter les monuments historiques, par exemple les églises comme la cathédrale de Notre-Dame dans l'île de la Cité ou la basilique du Sacré-Cœur à Montmartre. Sur la place du Tertre, derrière le Sacré-Cœur, ils regardent les artistes qui travaillent en plein air. Quelquefois ils font faire leur portrait et ils boivent quelque chose à la terrasse d'un café pour se rafraîchir.

S'il fait beau, les touristes font des promenades, par exemple aux Champs-Elysées où ils peuvent voir l'Arc de Triomphe et beaucoup de beaux magasins, ou bien ils font un tour en bateau mouche sur la Seine.

S'ils ont du courage, ils montent au sommet de la tour Eiffel pour admirer le panorama. Et tous font beaucoup de photos pour avoir de bons souvenirs. Ils achètent aussi des cartes postales pour envoyer à la famille et aux amis.

S'il pleut, ils visitent les musées, en particulier le Louvre où ils admirent des statues comme la Vénus de Milo ou de belles peintures comme la Joconde de Léonard de Vinci.

Le soir, ils mangent au restaurant pour goûter toutes sortes de spécialités françaises. Après, s'ils aiment la musique ils vont quelquefois à l'opéra, et s'ils parlent français ils peuvent aller au cinéma ou au théâtre.

Note: Play the passage through twice, three times if the students experience difficulty.

1 During the summer.
2 Places of historical interest.
3 Notre-Dame and the Sacré-Cœur.
4 Behind the Sacré-Cœur in Tertre Square.
5 Their portraits.
6 To cafe terraces.
7 Go for a walk round or a boat trip.
8 To admire the tremendous view.
9 Take a lot of photographs.
10 Postcards.
11 They visit museums.
12 The statue of Venus de Milo and Leonardo da Vinci's painting of the Mona Lisa, 'La Joconde'.
13 They try all kinds of special French dishes.
14 Those who like music.
15 Those who can speak French.

Faites le point! (unités 7–9)

1 Où est le guide? Il est *au milieu* des touristes.
Où sont les touristes? *Ils sont autour du guide.*
Où sont les clés du guide? *Elles sont par terre.*

2 *Où* est le café s'il vous plaît?
Quel café?
Le café de la poste.
A droite de l'hôtel.
Où est l'église s'il vous plaît?

Quelle église?
L'église St Pierre.
A gauche de la mairie.

3 —Pardon monsieur, pour aller à la gare s'il vous plaît?
—Oui, c'est loin.
—Y a-t-il un hôtel près de la gare?
—Il y a un hôtel par ici?
—Merci monsieur, au revoir.

4 —Pardon madame, il y a une banque *par ici*?
—Oui, il y a le Crédit Rural.
—C'est *loin*?
—Non, c'est à cinq minutes *à pied*. Allez *tout droit* jusqu' à l'église.
—*Quelle* église?
—L'église St Jacques. Là, tournez *à droite. Traversez* la place et *prenez* la première à gauche. La banque est *à côté de* la poste.
—Merci beaucoup madame. Au revoir.

5 a Jean-Pierre est le père de Claire.
 b Marie est la grand-mère de Sylvie.
 c Claire est la sœur d'Annie.
 d Alain est le mari de Louise.
 e Louise est la tante de Paul.

6 a 4, b 3, c 1, d 2.

7 a Il *fait du ski.*
 b Elles *font du bruit.*
 c Ils *font du vélo.*
 d Ils *font des devoirs.*
 e Il *fait la cuisine.*

8 a *Est-ce que vous habitez* à Dinard?
 b *Est-ce que vous travaillez* à Dinard?
 c Alors, où *est-ce que vous travaillez*?
 d *Est-ce que vous êtes* secrétaire?
 e *Est-ce que vous travaillez* dans un grand magasin?

9 —Monsieur, je voudrais vous poser quelques questions . . .
 a *Mangez-vous* au café le midi?
 b *Mangez-vous* souvent des sandwichs?
 c Pourquoi n'*achetez-vous* pas de sandwichs?
 d *Détestez-vous* le jambon?

10 a	Vrai	f	Vrai	k	Faux
b	Faux	g	Vrai	l	Vrai
c	Vrai	h	Faux	m	Vrai
d	Vrai	i	Faux	n	Vrai
e	Faux	j	Faux	o	Vrai

Dixième Unité

Avez-vous compris? (p. 79)

1 Oui, il a une grande sœur et un petit frère.
2 Il joue au ballon, aux billes ou aux gendarmes et aux voleurs.
3 En général ils regardent la télévision, mais quelquefois ils jouent au ping-pong, au train électrique ou aux fléchettes.
4 Elle est trop vieille.
5 Elle a quinze ans.

Avez-vous compris? (p. 80)

1 Parce qu'il est à la retraite.
2 Il fait pousser des fleurs et des légumes.
3 Il préfère aller à la pêche.
4 Il aime aller aux escargots. Parce qu'il adore les escargots.
5 Il assiste à la messe, et après il boit l'apéritif au café.
6 Il joue de l'accordéon.
7 Il joue aux cartes avec des amis au café.
8 Il prépare le dîner puis il regarde la télé.
9 Il préfère les films policiers et les émissions pour enfants.
10 Il a quatre-vingt quinze ans.

Avez-vous compris? (p. 81)

1 Oui, elle travaille à mi-temps.
2 Parce qu'elle a des enfants.
3 Elle aime lire le journal et faire les mots croisés. Elle aime aussi faire du crochet et de la couture.
4 Il fait collection de timbres.
5 Oui. Elle fait du yoga une fois par semaine.
6 Les garçons font du judo et les filles font de la danse. Et ils aiment tous la natation.
7 Non, il préfère regarder le sport à la télévision.

Exercises

Exercise A
1 Je déteste repasser, faire la vaisselle et passer l'aspirateur.

2 Je n'aime pas faire une promenade quand il pleut. Je n'aime pas aller au lit tôt, lire le journal.
3 J'aime bien faire des mots croisés, faire du jardinage quand il fait beau, jouer aux cartes avec des amis.
4 Je préfère aller en vacances à l'étranger, voyager en voiture, regarder le sport à la télévision.
5 J'adore inviter des amis, bricoler, rester au lit tard le dimanche.

Exercise B (suggested answers)
1 Qui travaille dans une pharmacie? Où travaille monsieur Boivin?
2 Que fait Laurent le jeudi soir? Quand Laurent étudie-t-il l'anglais?
3 Fumez-vous la pipe?
4 Regardez-vous souvent la télévision?
5 Que mange Claude? Qui mange un sandwich?
6 Fait-elle bien la cuisine? Comment fait-elle la cuisine?
7 Quand travaille-t-elle?
8 Où habite Marcel? Qui habite à Paris?
9 Est-ce qu'il bricole souvent?
10 Pourquoi mangent-ils des fruits et du fromage?

Exercise C (suggested answers)
1 Nous jouons souvent aux cartes.
2 Il repasse rarement.
3 Ils aiment aller au restaurant une fois par semaine.
4 Quelquefois elle préfère aller au cinéma.
5 Ils font toujours du sport le samedi.
6 En général je reste à la maison le dimanche matin.
7 De temps en temps j'écoute la radio ou je regarde la télévision.
8 Il ne fait jamais les mots croisés.

Exercise D (suggested answer)
Chère Marie-Pascale,

Merci de votre lettre. Nous aussi nous sommes sportifs! Roger joue au football le dimanche matin et moi je joue au badminton ou au ping-pong avec des amies.

Le samedi soir nous aimons aller au restaurant. J'adore essayer des plats exotiques (des escargots par exemple!) mais Roger préfère manger un bifteck avec une salade ou des frites. Il n'essaie jamais un nouveau plat.

Le soir, en général, nous préférons rester à la maison. Nous préparons le dîner puis nous faisons la vaisselle et quelquefois je passe l'aspirateur. Je fais souvent de la couture et Roger écoute des disques ou la radio. Nous regardons rarement la télévision.

Que faites-vous pendant le week-end? Aimez-vous bricoler, ou faites-vous une promenade ou le jardinage?

Bien amicalement,

Sylvia

For extra practice . . .
Give the alphabet with 'L'alphabet de l'amitié', helping students with extra vocabulary. Play hangman, 'Le pendu', for revision.

Onzième Unité
Avez-vous compris? (p. 86)
1 A sept heures.
2 Elle passe l'aspirateur.
3 A huit heures un quart.
4 Elle fait la vaisselle.
5 A neuf heures.
6 A neuf heures et demie.
7 Elle range les achats.
8 Elle fait du lavage ou du repassage.
9 Elle déjeune.
10 Elle commence à deux heures.

Avez-vous compris? (p. 88)
1 Elle achète quatre côtelettes.
2 Un rôti de bœuf.
3 Oui, parce que il est pour six personnes.
4 Un pot de rillettes et un petit saucisson sec.
5 Elle dépense soixante seize francs quarante.

Avez-vous compris? (p. 89)
1 Elle achète quatre sortes de fromages.
2 Environ une demi-livre.
3 Non, des yaourts natures.
4 Un litre de lait et un petit pot de crème fraîche.
5 Non, elle n'achète pas de beurre de Normandie, elle achète du beurre doux des Charentes.

Avez-vous compris? (p. 90)
1 Cinq kilos de pommes de terre.
2 Pour faire une salade de fruits.
3 Un chou-fleur et des carottes.
4 Un peu de persil et des champignons.
5 Non, pas du tout. Elle n'est pas contente.

Exercises
Exercise A
Il est sept heures, dix heures un quart, huit heures vingt, cinq heures moins vingt, onze heures dix, huit heures moins cinq, six heures cinq, deux heures moins le quart, une heure et demie, trois heures moins dix, quatre heures vingt cinq, midi (or minuit).

Exercise B
1 Une tasse *de* thé, 2 un bol *de* café, 3 une assiette *de* soupe, 4 des boîtes *de* bière, 5 une bouteille *de* vinaigre, 6 un litre d'huile, 7 un verre *de* vin, 8 un pot d'eau, 9 un tonneau *de* cidre, 10 un paquet *de* bonbons.

Exercise C
—C'est mon tour./C'est à moi. Je voudrais une boîte de sardines à l'huile.
—Je voudrais une bouteille d'eau minérale et un litre de vin rouge ordinaire.
—Oui, je voudrais aussi une demi-livre de café et un kilo de sucre.
—Est-ce que vous avez du pain?
—Vous vendez du fromage?
—Une tranche de roquefort, un petit chèvre et un morceau de gruyère, s'il vous plaît.
—Non, c'est trop.
—C'est tout merci, ça fait combien?

Exercise D (suggested answers)
1 Il fume *trop de* cigarettes.
2 Elle mange *beaucoup de* gâteaux.
3 Elle boit *trop de* cognac.
4 Il a *beaucoup de* tracteurs.
5 Il a *beaucoup* d'usines.
6 Il a *trop de* femmes.
7 In n'a pas *assez* d'argent.
8 Elle n'a pas *assez de* livres.

Listening comprehension
Chers auditeurs, bonjour. Vous écoutez France-Radio. Dans quelques instants, les

informations de midi, mais avant, permettez-moi de vous rappeler quelques émissions à ne pas manquer cette semaine. Très important si vous allez travailler en voiture; informez-vous sur l'état de la circulation, et détendez-vous en musique dans les embouteillages avec 'la route en chansons', tous les matins du lundi au vendredi, de 6 heures à dix heures. Ce soir, à 21h 30, ne manquez surtout pas le résultat de notre grande enquête nationale sur le cinéma: Qui va au cinéma? Quels films les Français préfèrent-ils? Demain après-midi, restez à l'écoute de 'Jacqueline et Compagnie', de 14 à 16 heures, pour l'invitée spéciale de Jacqueline, la jeune journaliste Véronique Tilon qui parlera de ses extraordinaires aventures en Afrique.

Et samedi après-midi, à partir de 15 heures, le hit-parade, le rendez-vous de nos jeunes auditeurs, animé comme d'habitude par Léo, leur disque-jockey favori.

Il est midi, voici donc Info-Déjeuner présenté aujourd'hui par Didier Gallet.

Note: Play the passage through twice, three times if the students experience difficulty.

1 (b), 2 (c), 3 (d), 4 (a), 5 (e).

1 Jacqueline et Compagnie is a chat show where Jacqueline welcomes special guests, on this occasion a journalist talking about Africa.
2 Résultat de l'enquête sur le cinéma—the results of a survey into who goes to the cinema and what films they prefer.
3 La route en chansons—music as you travel to work, with traffic bulletins.
4 Info-Déjeuner—The News summary at midday.
5 Le Hit-Parade—the latest hits introduced by your favourite disc-jockey.

Douzième unité

Avez-vous compris? (p. 95)

1 C'est le 17 mars.
2 Le 25 novembre.
3 Au mois d'août.
4 Le 12 juin.
5 Elle oublie toujours, elle ne sait pas.

Avez-vous compris? (p. 97)

1 Elle attend Laurent à huit heures moins cinq.
2 Elle entend la voiture.
3 Elle prend l'appareil photo et le sac de voyage.
4 Elle descend vite l'escalier.
5 Pour aller à la gare.
6 Ils prennent le train à huit heures et demie.
7 Ils admirent la campagne.
8 Ils descendent du train.
9 Ils sont enfin au bord de la mer.

Avez-vous compris? (p. 100)

1 Ils laissent les bagages à l'hôtel.
2 Ils prennent l'appareil photo et les maillots de bain.
3 Ils font une promenade.
4 Il fait très beau.
5 Ils prennent beaucoup de photos.
6 Parce que la pellicule est finie.
7 Sur la plage.
8 Ils bavardent avec d'autres clients.
9 Ils visitent Dieppe.
10 Ils déjeunent dans un petit restaurant du port.
11 Ils écoutent les informations.
12 Non, les cheminots sont en grève.

Exercises

Exercise A
1 Le vingt-cinq décembre, 2 le premier novembre, 3 le premier janvier, 4 le vingt-et-un mars, 5 (*suggested answer*) le dix-huit avril, 6 le quatorze février.

Exercise B
Paul *apprend* le français parce qu'il voyage souvent en France pour son travail. Il *vend* des disques. Il ne parle pas très bien, mais il *comprend*. Il *prend* toujours l'avion. En général, il *descend* dans un petit hôtel à Paris. Quand la réceptionniste parle à Paul, il *répond* en anglais. Il n'aime pas *attendre*, alors il prend souvent le métro à cause des embouteillages.

Exercise C
1 Vous *vendez*, nous *vendons*.
2 Vous *prenez*, je *prends*.
3 Il *attend*, il attend.
4 Ils *comprennent*, ils ne *comprennent* rien.

5 Vous *vendez*, les boulangers *vendent*.
6 Où *descendez*-vous? Je *descends*.
7 Vous *apprenez*, j'*apprends*.
8 Tu *réponds*, je *réponds*.

Exercise D

Laurent et Chantal *habitent* Rouen en Normandie. Ils *travaillent* aussi à Rouen, au centre de la ville, tout près de la cathédrale. Chaque semaine, Laurent *attend* Chantal pour aller à l'école où ils *apprennent* l'anglais. Chantal *comprend* bien, mais Laurent n'*est* pas fort et il ne *comprend* presque rien. Après la classe les étudiants *prennent* un café ensemble, avant de rentrer chez eux.

Dictation

Claire et *Marie* travaillent ensemble / dans un grand magasin / à *Dieppe*, / où elles vendent / des parfums. / Elles apprennent l'anglais / parce qu'elles voyagent souvent / en *Angleterre* / pour le travail. / Claire comprend bien / et adore faire les devoirs, / mais elle ne parle pas très bien / parce qu'elle a toujours peur / de faire une erreur. / Marie préfère parler / aux autres étudiants / dans la classe.

Note: Read each phrase twice. Give proper names.

Faites le point (unités 10–12)

1 a En général je suis en vacances au mois de juin / en juin.
  b Je prends souvent des photos.
  c Quelquefois je fais une promenade le dimanche.
  d Je joue rarement au tennis.
  e Je prends un bain chaque jour / tous les jours.
  f Je fais la cuisine de temps en temps.
  g Je ne prends jamais le bus.
  h Je fais les courses le matin.
  i Je ne regarde pas la télévision le samedi.
  j Je joue souvent de la guitare.
  k J'étudie le français une fois par semaine.
  l Je fais toujours les devoirs.

2 a Neuf heures, b onze heures moins le quart, c huit heures un quart, d deux heures et demie, e quatre heures moins dix.

3 a Elle passe l'aspirateur, b elle fait la vaisselle, c elle fait du lavage, d elle fait du repassage, e elle prépare le déjeuner.

4 a une *tasse* de thé, b des *boîtes* de bière, c une *bouteille* de vin, d un *verre* d'eau, e une *tranche* de gâteau, f un *pot* de crème fraîche, g un *paquet* de bonbons, h un *tonneau* de cidre, i un *bol* de café, j une *assiette* de soupe.

5 a le deux mai, b le vingt-trois avril, c le quatorze juin, d le dix-sept juillet, e le premier janvier, f le quatre février, g le dix-neuf septembre, h le vingt-et-un octobre, i le vingt-neuf novembre, j le dix décembre.

6 a *Qui est* dans la salle de bain?
  b Quand *Laurent étudie-t-il* l'anglais?
  c *Où mangent-ils?*
  d *Que mangez-vous?*
  e *Comment danse-t-elle?*
  f *Pourquoi* fumez-vous?

7 —Qu'est-ce que vous *vendez*?
  —Je *vends* beaucoup de choses. Je *vends* du vin, de l'eau minérale . . .
  —De la viande?
  —Non, les bouchers *vendent* de la viande.
  —Alors je *prends* une bouteille de vin blanc.

8 Christine *attend* son ami Michel. Quand elle *entend* la voiture, elle *prend* son sac et ses lunettes et elle *descend* vite l'escalier. Michel *attend* Christine pour aller au cinéma.

9 a Ils *prennent* le bus. Nous *prenons le bus.*
  b Ils *prennent* beaucoup de photos. Nous *prenons beaucoup de photos.*
  c Elles *descendent* l'escalier. Nous *descendons l'escalier.*
  d Ils *prennent* un bain. Nous *prenons un bain.*
  e Ils ne *comprennent* pas.

10 —Bonjour monsieur.
  —Je voudrais un kilo de pommes.
  —Une livre de raisin.
  —Deux pamplemousses, un chou-fleur et deux cents grammes de champignons.
  —C'est tout, ça fait combien?
  —Voilà monsieur, au revoir.

11 *Des* côtelettes, *un* saucisson sec, *du* fromage, *du* pain, *des* œufs, *des* pommes, *du* raisin, *des* pommes de terre, *un* pamplemousse, *un* chou-fleur, *des* champignons, *des* fraises.

Treizième unité

Avez-vous compris? (p. 107)

1 Silk.
2 Brown. Brown.
3 Fur.
4 Light grey. Black.
5 Leather. Wool.
6 Long, cut low at the back, made of pale pink satin.

Avez-vous compris? (p. 108)

1 With a zip. Roll-neck.
2 Navy blue.
3 A rain hat. Camel hair.
4 A bow-tie.

Avez-vous compris? (p. 110)

1 False.	4 False.
2 True.	5 False.
3 False.	6 True.

Exercises

Exercise A (suggested answers)

Que portez-vous pour aller travailler? Que portez-vous pour aller à l'école?

Quels vêtements portez-vous quand il neige?

Que portez-vous pour travailler à la maison?

Qu'est-ce que vous portez pour faire du sport?

Que portez-vous sur la plage?

Exercise B (suggested answers)

Un pantalon et des chaussures confortables pour faire une promenade.

Un maillot de bain pour la plage. Une robe élégante pour dîner au restaurant.

Une veste de laine si j'ai froid.

Exercise C

1 Le pull-over rouge coûte cent quarante-deux francs.

2 Le chapeau noir coûte cent soixante-neuf francs.
3 Le manteau gris coûte huit cent quatre-vingt-dix francs.
4 Le foulard jaune et vert coûte soixante-quinze francs.
5 Le corsage bleu coûte quatre-vingt-trois francs.

Exercise D (suggested answers)

—Je voudrais une cravate, s'il vous plaît.
—Oui monsieur. Une cravate en soie?
—Non, c'est trop cher.
—Quelle couleur voulez-vous?
—Je voudrais une cravate avec du bleu, du blanc et du rouge.
—Voilà monsieur. Nous avons des cravates à rayures, à fleurs . . .
—J'aime beaucoup cette cravate à fleurs. Combien coûte-t-elle?
—Elle coûte cinquante francs.
—Très bien.

Listening comprehension

While in Paris, François decided to buy Marie a present to remind them of their holiday there. One day he plucked up courage to walk into a lingerie shop:

Vendeuse: Bonjour monsieur. Vous désirez?

François: Je voudrais faire un cadeau à ma femme . . . Je ne sais pas . . . euh, une chemise de nuit peut-être.

Vendeuse: Oui monsieur, nous avons de très jolies chemises de nuit. Vous la voulez longue ou courte?

François: Longue, avec de la dentelle.

Vendeuse: Bien sûr, monsieur. Et quelle est la taille de votre femme?

François: Elle prend du quarante-deux.

Vendeuse: Avez-vous une couleur préférée?

François: Mon Dieu, non!

Vendeuse: Nous avons ce très joli modèle en blanc ou en champagne. Voici un autre modèle qui existe en bleu ou en rose. Ou bien cette chemise de nuit tout en dentelle noire, très décolletée.

François: La noire me plaît beaucoup. Elle coûte combien?

Vendeuse: Ce modèle fait cinq cent quatre-vingts francs.

François: Oh là là, c'est beaucoup trop cher! C'est dommage. Et la blanche?

Vendeuse: Alors, la blanche fait trois cent vingt-cinq francs, monsieur.

François: Hmm . . . Et la bleue?

Vendeuse: Voyons, la bleue fait deux cent soixante-dix francs.

François: C'est parfait, ma femme a les yeux bleus!

Vendeuse: Voulez-vous la robe de chambre assortie?

François: Non merci. Seulement la chemise de nuit. Pouvez-vous me faire un joli paquet-cadeau?

Vendeuse: Mais bien sûr, monsieur.

Note: Play the passage through twice, three times if the students experience difficulty.

1 True	4 True	7 False
2 True	5 False	8 False
3 False	6 False	9 True

For extra practice . . .

Ask the students what they wear in various situations, e.g. to go to work/school, for gardening, when it snows, on holiday, at the weekend, to practise their favourite sport, etc. This is a good opportunity to introduce more vocabulary, including a wider range of adjectives.

Quatorzième unité

Avez-vous compris? (p. 112)

1 A beautiful leather one.
2 A translation.
3 No, she is hopeless.
4 The pronunciation.
5 She recognizes the key ring.
6 He is slightly shortsighted.
7 She is shortsighted too.
8 They are in the language laboratory.

Avez-vous compris? (p. 113)

1 A pen.
2 In his briefcase which is in the classroom.
3 They are sun-glasses.
4 He only needs to listen.

Avez-vous compris? (p. 115)

1 Brand new, very comfortable and automatic.

2 It has broken down.
3 Happy. The factory is new and ultra-modern.
4 They have been on strike for a week.
5 Prosperous. They have several branches abroad.
6 No.
7 He often travels abroad.
8 Only in Europe.
9 She speaks three languages—French, English and German.
10 All his secretaries are very pretty.

Avez-vous compris? (p. 116)

1 No, they are tenants.
2 The children and the pets.
3 No. Paul goes to secondary school and Elisabeth goes to primary school.
4 They are very noisy with their music and their pets.
5 They are looking after some friends' pets.
6 Two dogs, three or four cats, a monkey, goldfish, a tortoise, a rabbit and some white mice.
7 The dogs bark all day, the cats miaow at night and the monkey steals things.
8 She is afraid of mice.

Exercises

Exercise A

1 *Mon* stylo? Il est dans *mon* sac.
2 *Mes* clés? Elles sont dans *ma* poche.
3 *Mon* école? Elle est à côté de *ma* maison.
4 *Ma* voiture? Elle est dans *mon* jardin.
5 *Mes* lunettes? Elles sont sur *mon* nez.

Exercise B

1 Oui, c'est *notre* ville.
2 Non, ce n'est pas *notre* école.
3 Oui, ce sont *nos* cahiers.
4 Oui, c'est *notre* professeur de français.
5 Non, ce ne sont pas *nos* devoirs.

Exercise C

1 C'est *son* sac.
2 C'est *son* auto.
3 C'est *leur* fils.
4 C'est *sa* serviette.
5 Ce sont *ses* lunettes.
6 Ce sont *ses* chaussures.
7 Ce sont *ses* parents.
8 Ce sont *leurs* parents.
9 C'est *sa* cravate.
10 C'est *son* bateau.

Exercise D

—*Ton* père est-il médecin?

—Non, *mon* père n'est pas médecin, il est homme d'affaires; c'est *mon* grand frère qui est médecin.

—Et *ta* mère est-ce qu'elle travaille?

—Non *ma* mère est ménagère.

—D'accord, elle ne travaille pas! Et *tes* sœurs?

—Sophie déteste *son* métier; elle est vendeuse.

—Et Marie?

—Elle est infirmière, elle adore *ses* malades.

—Moi, *ma* sœur a seulement sept ans, elle ne travaille pas bien sûr, mais *ma* mère travaille. Elle fait des enquêtes pour la SNES.

—Oui, ça ne m'étonne pas. Tu es comme *ta* mère, tu es très curieux!

Exercise E

L'usine de monsieur Déveine n'est pas dans le centre de Paris, elle est en *banlieue*. Le matin, il y a beaucoup d'*embouteillages* mais monsieur Déveine prend quand même sa voiture. Naturellement, si sa voiture est en *panne* il prend l'autobus. Monsieur Déveine ne voyage pas souvent à *l'étranger*. Les *affaires* de sa firme ne sont pas très prospères, et les ouvriers sont souvent en *grève*.

Dictation

C'est dimanche. / Tout le monde est à la maison. / *Pierre* fait ses devoirs / dans sa chambre. / *Olivier* répare son transistor. / Les deux garçons sont très occupés. / Les filles ne sont pas dans leur chambre. / Elles sont au salon / où *Francine* imite différents animaux. / Ça amuse beaucoup / la petite *Claudine*. / Papa bricole dans le garage. / Tout à coup, / la pendule sonne une heure. / C'est l'heure du déjeuner. / Maman crie 'A table!'. / Tous les membres de la famille / arrêtent leurs activités / et vont dans la salle à manger / le plus vite possible.

Note: Introduce more French punctuation, i.e. *ouvrez les guillemets, fermez les guillemets* and *point d'exclamation*.

Quinzième unité

Avez-vous compris? (p. 120)

1 En train.
2 En autobus.
3 Parce que les cheminots sont en grève.
4 25 minutes.
5 Il ne sait pas.

Avez-vous compris? (p. 120)

1 A l'école.
2 A pied.
3 Seulement le mardi.
4 Parce que leur mère n'est pas à la maison.
5 Non, ils emportent toujours un sandwich.

Avez-vous compris? (p. 121)

1 Faire les commissions.
2 Le mercredi.
3 En vélo.
4 La batterie de sa voiture est à plat.
5 Il pleut.

Avez-vous compris? (p. 121)

1 Elle est en vacances.
2 Les randonnées à cheval.
3 Rester en France.
4 Elle a peur.
5 Elle a le mal de l'air.
6 Elle a le mal de mer.
7 Il y a beaucoup de grèves.

Avez-vous compris? (p. 122)

1 Oui, très bien.
2 De Paris.
3 Comme ci comme ça.
4 Elle est fatiguée.
5 Non, ils sont malades, ils ont les oreillons.
6 Elle est vieille.

7 Non, elle est en panne.
8 Il est mort.
9 Il est en chômage.
10 Elle est en pleine forme.

Exercises

Exercise A
—Tiens, bonjour Laurent! Comment *vas*-tu?
—Je *vais* bien, merci. Et toi?
—Moi ça *va*. Et Chantal?
—Elle *va* bien, mais elle est fatiguée en ce moment.
—Elle travaille trop dur sans doute.
—Oui, elle est très occupée au magasin, mais en plus nous sortons presque tous les soirs.
—Où *allez*-vous donc?
—Nous *allons* au cinéma, au restaurant ou au théâtre. Quelquefois nous *allons* chez des amis, et tous les jeudis nous *allons* à l'école pour apprendre l'anglais. Résultat, nous *allons* au lit très tard.
—Vous *allez* au lit trop tard!
—Tu as peut-être raison. Mais ça ne fait rien, nous *allons* bientôt en vacances.
—Ah! Où *allez*-vous donc?
—Je ne sais pas encore!

Exercise B (suggested answers)
1 Il y a de gros nuages dans le ciel.
2 Il y a une Mobylette contre la porte du garage.
3 Le coq est sur le toit du garage.
4 La porte de l'étable est ouverte.
5 Le fermier est dans l'étable.
6 La fermière porte un pantalon.
7 Elle donne à manger aux cochons.
8 Un canard prend un bain.
9 Assis sur un seau, le chien regarde.
10 Sous le pommier, un cheval contemple la scène.

Exercise C
—Ça va/Je vais bien. Et vous?
—Je viens deux fois par semaine.
—Non, elle déteste la natation et préfère rester à la maison.
—Oui, d'habitude ils viennent aussi, ils adorent la natation; mais en ce moment ils sont à l'étranger.
—A Londres.
—Non, ils vont à des matchs de football et dans des discothèques.
—Paul revient mardi soir et Jacques vendredi après-midi.
—Non, Paul a le mal de mer et Jacques a le mal de l'air.

Exercise D (suggested answers)
—Tiens, bonjour Brigitte. Comment ça va?
—Bien merci, et vous?
—Ça va. Vous venez souvent au théâtre?
—Une ou deux fois par an seulement.
—Et votre mari?
—Il n'aime pas le théâtre, alors il reste à la maison pour garder les enfants.
—Et les enfants, ils viennent quelquefois?
—Ils sont trop jeunes, mais ils font du théâtre et de la musique à l'école.
—Mes enfants n'aiment que le sport: le football, le judo, la natation . . .
—Et votre mari?
—Il préfère lire le journal.

Reading comprehension

1 Elle est située en pleine campagne, à quelques kilomètres de Rouen.
2 Oui, ils habitent dans cette ferme depuis très longtemps.
3 Non, elle vient de Grenoble.
4 Parce qu'elle préfère les montagnes de son pays natal.
5 Non, il est trop vieux, mais chaque matin il donne à manger aux volailles.
6 Il épluche les légumes ou il plume les poulets.
7 Parce qu'elle fait la cuisine pour tout le monde.
8 Ils aident leurs parents à faire la moisson et la récolte des pommes.
9 Avec des pommes.
10 Colette, parce qu'elle aime être en plein air, s'occuper des animaux et conduire le tracteur.
11 Ils adorent quand le grand-père raconte des histoires d'autrefois.
12 Ils préfèrent la musique pop.

Faites le point! (unités 13–15)

1 a votre ville, b vos bureaux, c votre usine, d votre café, e nos amis.

2 a leur fils, b leur fille, c leurs enfants, d ses malades, e ses malades.

3 a Sa chemise est blanche, b sa cravate est rouge, c son pull-over est jaune, d son pantalon est gris, e ses chaussures sont brunes.

4 Il n'a pas de *chance*: sa femme est *malade*, sa *belle-mère* est à la maison, sa

voiture est en *panne*, et il est en *chôm-age*!

5 **a** Des gants *blancs*, **b** une robe *longue*, **c** un pantalon *noir*, **d** un chapeau *de soleil*, **e** une chemise *à fleurs*, **f** des gants *de cuir*.

6 **a** Une robe de soie, **b** une veste de fourrure, **c** une chemise rayée, **d** un pantalon marron/brun, **e** une jupe longue, **f** des bottes blanches, **g** une cravate à fleurs, **h** des chaussures vernies, **i** des gants de laine, **j** une ceinture de cuir.

7 **a** Nous *allons* travailler *en* métro.
b Ils *vont* au supermarché *en* voiture.
c Est-ce que vous *allez* à la piscine *à* pied?
d Je *vais* chez mes amis *en* vélo.
e *Vas*-tu à l'école *à* cheval?

8 **a** Comment allez-vous?/Comment vas-tu? Comment ça va?
b Ils sont en grève.
c Ma voiture est en panne.
d Je suis pressé(e).
e Il est à l'étranger.
f Il vient à la piscine toutes les semaines/chaque semaine.

9 Les enfants *viennent* souvent nous voir à la ferme, car ils aiment bien tous les *animaux*. Paul *va* voir les cochons parce qu'il les trouve drôles. Elisabeth visite la *basse-cour* quand il y a des petits *poussins*. Mais ils *vont* toujours voir le *tracteur* et la moissonneuse-batteuse.

10 **a** une chèvre, **b** un chien, **c** des moutons, **d** un coq et des poules, **e** un chat, **f** une vache, **g** un canard, **h** des chevaux, **i** un lapin.

Seizième unité

Avez-vous compris?
(p. 131)

1 Nous sommes dans un café-tabac.
2 Il s'appelle 'le Flash'.
3 Oui, il y a du monde.
4 Plusieurs personnes font le service.
5 Un garçon sert du vin, un autre des cafés.
6 La patronne sert les glaces.
7 Elle saisit un énorme gâteau à la crème.
8 Les enfants choisissent des glaces.

9 Ils dorment dans leur poussette.
10 Ils finissent leur croque-monsieur.

Avez-vous compris?
(p. 132)

1 Une dame choisit des cigarettes.
2 Il dort sur sa table.
3 Parce qu'elle fait tomber son assiette.
4 Il offre une cigarette à son amie.
5 Non, il sort du café.

Avez-vous compris?
(p. 133)

1 They go out.
2 They blush or grow pale.
3 No, they tell half the truth or they lie.

Avez-vous compris?
(p. 134)

1 Non, depuis deux ans seulement.
2 Que depuis le mois de septembre.
3 Oui, parce qu'il voit beaucoup de monde.
4 Depuis six mois.
5 Non, seulement depuis l'année dernière.

Exercises

Exercise A
—Oui, ils grandissent vite.
—Bien sûr/Naturellement, le soir ils finissent leurs devoirs et sortent sans soucis.
—Vous avez raison. Ils se nourrissent de frites et de bonbons.
—Et même quand on les punit . . .
—Oui, mais je pense à mes petits-enfants!

Exercise B
La cloche de l'église *sonne*. Il est une heure et demie. Une Renault *roule* dans la rue Saint-Honoré, puis *ralentit* et enfin s'arrête. Un homme *descend* de la voiture. Sa compagne *reste* dedans. L'homme *porte* un imperméable gris clair et des lunettes noires. Il *choisit* une grande maison. Il *ouvre* la porte avec difficulté et il *entre*. Dans la chambre à coucher il *ouvre* un tiroir. Il est plein de bijoux étincelants, en or, en argent, et avec des pierres précieuses de toutes les couleurs. L'homme *saisit* des bagues, des bracelets, des boucles d'oreille et les met dans un grand sac.

Il *sort* de la maison à toute vitesse. Il *monte* dans la voiture, et lui et sa compagne *partent* pour l'aéroport.

Deux jours plus tard ils *arrivent* en Amérique du Sud. Dans leur chambre d'hôtel ils *ouvrent* leurs valises. Ils *sortent* les bijoux. La femme les *examine*. Tout à coup elle *pâlit* puis *commence* à pleurer.

—Tu *es* vraiment stupide, dit-elle, ce *sont* de faux bijoux! Le lendemain ils lisent dans le journal: 'Etrange cambriolage à Paris. Actrice *perd* ses bijoux de scène!'

Exercise C (suggested answer)

It is one thirty. A Renault stops in the rue Saint-Honoré. The woman stays inside. The man, wearing dark glasses, gets out. He breaks into a large house. In the bedroom he empties a drawer full of jewellery into a large bag, then he quickly gets out. The man and the woman speed away to the airport.

Two days later, in a hotel room in South America, the woman examines the jewels, then starts to cry as she realizes that they are false.

The next day they read in the paper that in Paris the costume jewellery of an actress has been stolen.

Exercise D (suggested answer)

Londres, le 4 octobre 1986
Cher Pascal,

Je t'écris cette lettre pour te présenter la famille Bickerton. Ce sont des amis qui seront très contents de te recevoir pendant les vacances de Noël. Tous les membres de la famille sont très sympathiques. Ils habitent à Barnet, près de Londres, depuis douze ans. Monsieur Bickerton est en chômage depuis deux ans. Madame Bickerton travaille à mi-temps depuis dix-huit mois. Ils ne parlent pas français, mais ils adorent la France. Leur fille, Susie, est mariée depuis trois mois et habite à Enfield depuis son mariage. Leur fils, Timothy, a dix-sept ans. Il travaille dans une banque depuis un an, il a une moto et beaucoup d'amis. Pendant les week-ends, il joue au football; il appartient à un club. Il adore aussi la musique pop. Il apprend à jouer de la guitare électrique depuis plusieurs mois.

Je te souhaite de bonnes vacances en Angleterre.

Amicalement,

Listening comprehension

Marc est serveur dans un petit restaurant à Rouen. Il habite en banlieue, à cinq kilomètres du centre de la ville. Chaque jour il part de bonne heure pour éviter les embouteillages. Il sort de la maison à sept heures moins cinq et il monte sur sa mobylette; il trouve que c'est le plus pratique dans une ville où il y a beaucoup de circulation. Il utilise sa mobylette par tous les temps, même en hiver:

—Naturellement, ce n'est pas toujours très agréable, surtout quand il fait mauvais, mais c'est une question d'habitude, dit-il.

Dans le restaurant, les heures sont assez irrégulières, mais cela ne lui déplaît pas:

—Je n'aime pas les emplois de bureau, dit-il, chez nous l'ambiance est bonne et je suis en contact direct avec les gens. Et quelquefois j'ai du temps libre l'après-midi.

Se fâche-t-il de temps en temps?

—Pas souvent, répond-il, seulement quand je sers une vieille dame qui me traite comme un serviteur, ou quand un client ne peut pas se décider à choisir un plat ou une bouteille de vin sur le menu.

Il finit son travail vers dix heures du soir et il prend tous ses repas au restaurant. Qu'en pense sa femme?

—Elle est très contente, dit-il, elle déteste faire la cuisine!

Note: Play the passage through twice, three times if the students experience difficulty.

1 b, **2** c, **3** a, **4** c, **5** d, **6** a, **7** b.

For extra practice . . .

Ask the students to interview you about your job as a teacher (e.g. where you live, where you work, how you get to work, how long you have been a teacher, whether or not you like it, etc.). In the same way, you or the rest of the class can interview a student about his/her job, or a job of their choice.

Dix-septième unité
Avez-vous compris? (p. 139)

1 The removal men will arrive at 2. They

will take the furniture, put it in the van and leave for Chantal's new flat. Chantal will use Laurent's car to get there before the men.

2 She will tell them where to put the furniture.

3 There are 4 rooms: a small bathroom, a kitchen, a living-room and a bedroom.

4 1 table, 4 chairs, 2 armchairs, 1 sideboard, 1 bed, 1 chest of drawers and 1 large wardrobe.

Avez-vous compris? (p. 140)

1 The car breaks down.

2 They cannot get the wardrobe into the bedroom.

3 As the larger room will be the bedroom, all goes in easily, but the sideboard is now too big for the smaller room.

4 They leave it on the landing, because it is late and Chantal doesn't know what to do with it.

5 Because she cannot find her purse and she has only got big notes in her bag.

6 Laurent.

7 To put it in the kitchen.

Exercises

Exercise A

1 Ils *viennent d'*arriver à Paris. Ils *vont* visiter le musée du Louvre.

2 Elles *viennent de* monter au sommet de la tour Eiffel. Elles *vont* admirer le panorama.

3 Elle *vient d'*avoir un bébé. Elle *va* avoir beaucoup de travail.

4 Tu *viens de* boire trop de vin. Tu ne *vas* pas prendre la voiture.

5 Vous *venez d'*acheter de la laine. Vous *allez* tricoter un pull.

6 Il *vient de* téléphoner à sa petite amie. Ils *vont* aller au cinéma ce soir.

Exercise B

—Ecoute Chantal, je *viens d'*apprendre une bonne nouvelle.

—Qu'est-ce que tu *viens d'*apprendre?

—Tu connais Bernadette? Elle *va* épouser un Anglais!

—Elle a de la chance cette fille-là! Ils *vont* habiter en Angleterre, sans doute?

—Ils *viennent de* partir, ils *vont* arriver à Douvres demain matin vers 8 heures.

—Et Bernadette, elle *va* trouver un autre emploi, n'est-ce pas?

—Elle *vient de* trouver du travail!

—Elle a vraiment de la chance! Je *vais* chercher un petit ami anglais.

—Pauvre Laurent! Tu *vas* quitter ton pauvre petit Laurent!

—Non, pas encore! Il *va* m'aider à peindre l'appartement!

Exercise C

1 Oui, je *les* adore.

2 Oui, je *la* regarde tous les jours.

3 Oui, je *la* connais, et je *l'*aime beaucoup.

4 Oui, je *les* adore!

5 Non, je ne *l'*écoute jamais.

6 Oui, je *le* connais, et je ne *l'*aime pas du tout.

7 Non, je *la* déteste.

8 Oui, je *l'*adore!

9 Non, je ne *l'*ai pas encore.

10 Oui, je *l'*aime bien, mais je *le* trouve strict.

Exercise D

1 Il vient de *l'*acheter.

2 Je viens de *l'*allumer.

3 Elle vient de *l'*avoir.

4 Ils viennent de *la* vendre.

5 Je viens de *le* repeindre.
Nous venons de *le* repeindre.

Listening comprehension

Henri Boivin telephones his aunt Henriette:

Allô! Oui c'est Henri à l'appareil. Bonjour tante Henriette. Tu vas bien? . . . Oui je viens juste de rentrer de Paris . . . Oui j'ai passé des vacances formidables . . . Dis-moi, comment va mon petit Moustache? . . . Tu as eu des ennuis avec lui? Pourquoi? . . . Tu lui donnes à boire et il n'en veut pas? . . . Qu'est-ce que tu lui donnes donc. . . Du thé? De l'eau sucrée? Du lait? . . . Oui c'est pour ça, il ne boit jamais de lait froid! . . . Mais il mange bien quand même? . . . Non? . . . Tu lui donnes du foie et du poisson? C'est ce qu'il préfère . . . Alors je n'y comprends rien . . . Ah! C'est du poisson surgelé! Il a horreur du poisson surgelé . . . Et des sardines, oui ça va, mais grillées et surtout pas des sardines à l'huile . . . Quoi? des sardines en boîte à la sauce tomate! Tu plaisantes j'espère! Et il vit encore, la pauvre bête! . . . Il doit être assez maigre, non? . . . Tu crois qu'il attrape des souris dans le jardin du voisin? . . . Ah bon, tu l'enfermes le soir, alors ça n'arrive pas très souvent . . . Mon Dieu! . . . Non . . . Non . . . Moi je vais très . . . Dis donc tante, tu es sûre que tu l'as toujours à la maison mon brave Moustache? . . . Combien? . . . Il n'est pas rentré depuis trois jours! . . . Ecoute je mets mon pardessus et j'arrive tout de suite . . . Oui, oui . . . Attends, il y a quelqu'un à la porte . . . (miaulement) . . . Ah Moustache, mon trésor, tu viens de rentrer, tu viens de retrouver ton maître . . . (miaulements de plus en plus forts) . . . Ne pleure pas, ton papa va te donner un bon repas . . . Allô! Tante Henriette? Allô! . . .

Note: Play the passage twice, three times if the students experience difficulty.

1 In Paris.
2 He would not drink.
3 Because it was cold.
4 No, he hates frozen fish.
5 Because they were out of a tin and prepared in tomato sauce.
6 Some mice.
7 Three days.
8 To put his coat on and go to his aunt's house.
9 Moustache, his cat.
10 To give him a good meal.

Dictation

Roger a de la chance. / Il vient de gagner beaucoup d'argent. / Comme ses meubles sont vieux, / il décide d'acheter un lit, / une commode, une armoire / et un fauteuil neufs / pour sa chambre. / Il téléphone à son amie *Simone* / pour qu'elle l'aide / à les choisir. / Ils vont aller faire les grands magasins / samedi prochain. / Ils vont partir en ville / de bonne heure. / Le midi / ils vont prendre un sandwich / et une bière dans un café / pour ne pas perdre trop de temps. / Et le soir, / ils vont sans doute rentrer / très fatigués, / mais ça ne fait rien / si Roger trouve / des meubles qu'il aime.

Dix-huitième unité

Avez-vous compris? (p. 145)

1 Vrai	5 Vrai	9 Vrai
2 Faux	6 Faux	10 Vrai
3 Faux	7 Vrai	
4 Vrai	8 Vrai	

Avez-vous compris? (p. 148)

1 Elle le ramasse et le porte aux Objets Trouvés.
2 Elle le lui envoie directement.
3 Suggested answer: Moi aussi.
4 Elle le lui dit.
5 Suggested answer: Non, je le lui dis aussi.
6 Oui, je la réclame.
7 Non, elle a horreur de ça.

Avez-vous compris? (p. 149)

1 Elle leur dit que c'est mauvais, qu'ils n'en ont pas besoin et qu'ils ont de l'argent de poche.
2 À cause de l'argent de poche.
3 Elle leur en donne tous les samedis.
4 Oui, ils m'en donnent. / Non, ils ne m'en donnent pas.
Oui, je leur en donne. / Non, je ne leur en donne pas.
5 Ils achètent des bandes dessinées, des bonbons, ils vont au cinéma ou à la piscine.
6 Ça dépend de l'inflation.

Exercises

Exercise A

1 Comment vous *appelez-vous*? Je *m'appelle* Henri. Je *me réveille* à 6 heures et je *me lave* tout de suite.
2 Je *m'appelle* Annick. Quand je *me lève*, je *me coiffe* et je *me maquille* en un quart d'heure.
3 Nous *nous appelons* Dominique et Antoine. Quand nous *nous levons* le matin, nous *nous rasons* vite et nous *nous habillons* en 5 minutes.
4 *Vous couchez*-vous tôt?
Oui, je *me couche* de bonne heure, et je *m'endors* immédiatement.
5 Oui, je *me change*. Je *me brosse* les dents, je me recoiffe et je mets une robe élégante.

Exercise B (suggested answer)

Le samedi nous ne nous levons pas de bonne heure. Nous prenons un petit déjeuner à l'anglaise, puis nous nous lavons et nous nous habillons. En général, ma femme se lave les cheveux, et moi, je ne me rase pas. Ma femme fait les lits et la

vaisselle pendant que je passe l'aspirateur. Quelquefois je bricole ou je fais du
jardinage. L'après-midi nous allons en ville faire des courses. Si nous sortons le soir,
nous nous changeons. Ma femme se maquille et je me rase. Quand nous rentrons
tard, nous nous couchons et nous nous
endormons tout de suite. Et le dimanche
matin, nous nous réveillons très tard!

Exercise C

1 Il *lui* montre ses devoirs. Il *les lui* montre.
2 Il *la* donne à sa secrétaire. Il *la lui* donne.
3 Il *la* prête à Marie. Il *la lui* prête.
4 Il *lui* offre ses cigarettes. Il *les lui* offre.
5 Il *vous la* montre.
6 Il *leur* donne les cahiers. Il *les leur* donne.
7 Il *nous la* présente.
8 Il *leur* apporte la bouteille. Il *la leur*
apporte.

Exercise D

1 Oui, il *y* va depuis un mois.
2 Oui, j'*en* bois tous les jours.
3 Nous *en* avons deux.
4 Oui, elle *y* habite.
5 Oui, elle *en* a besoin pour son travail.
6 Parce que j'*y* travaille.
7 Oui, il *en* achète toutes les semaines.
8 Oui, j'*en* ai.
9 Oui, j'*y* vais souvent.
10 Oui, mais il ne m'*en* donne pas assez!

Picture composition (suggested answer)

Il est trois heures et demie. Madame Brède
se réveille.
Elle réveille son mari. Il n'aime pas se
lever.
Monsieur Brède se lève péniblement. Il va
dans la salle de bain pour se laver.
Il se rase. Il se coupe parce que sa femme
lui dit que le petit déjeuner est prêt. Il dit
«Aïe!».
Madame Brède lui dit de se dépêcher
parce que le café va refroidir.
Il s'habille à toute vitesse. Il pense que
c'est la même chose tous les matins.
Il se brûle parce que le café est encore trop
chaud.
Tout à coup, la pendule de la cuisine sonne trois heures et demie.
Les Brède sont très surpris parce que d'habitude ils se lèvent à cette heure-là.
Monsieur Brède n'est pas content parce
qu'il est très en avance et très fatigué!

Listening comprehension

L'homme entre dans le magasin une cage
à la main. Il met la cage sur le comptoir. Le
propriétaire se lève et regarde le client
d'un air interrogateur. Les deux hommes
se regardent pendant deux bonnes minutes. Finalement le client se fâche:
—Voici le perroquet, reprenez-le, dit-il, et
donnez-moi un perroquet qui parle français. Le propriétaire s'étonne:
—Il ne vous plaît pas ce perroquet? de-
mande-t-il.
—Non, non et non, répond le client. Je
suis vos conseils, tous les matins, sans
exception. Je me lève à six heures, je m'habille et je me lave, je me coiffe, je me
brosse les dents, je me rase, j'enlève la
couverture de la cage du perroquet, et je
lui dit bonjour en anglais, comme vous me
l'avez conseillé.
—Comment dites-vous?
—Goude mornigne!
—Votre accent n'est pas fameux. Je ne sais
pas s'il comprend.
—Je fais de mon mieux! Il se réveille, il se
nettoie les plumes avec le bec, je lui donne
à boire et à manger, et il se rendort sans un
mot! Je remets la couverture sur la cage et
je me recouche. A huit heures, même histoire. Je me lève, je me recoiffe, j'enlève la
couverture et je lui dis «Goude mor-
nigne!». Il se réveille, il se frotte les ailes, il
me regarde d'un air moqueur et il s'endort
sans dire un seul mot!
—Et vous dites «Good morning Jack»,
n'est-ce pas?
—Non, je dis seulement «Goude mornigne!».
—Eh bien voilà! Il faut dire «Good morning Jack», car il s'appelle Jack. C'est très
important!
Le client remercie le propriétaire et sort
du magasin. Deux jours plus tard, le re-
voilà, la cage à la main, l'air furieux.
—Voilà le perroquet, reprenez-le!
—Pourquoi, vous n'êtes pas content de
lui. Il ne parle toujours pas?
—Mais si, il parle depuis que je lui dis
«Goude mornigne Jack», mais il jure et il
dit des gros mots.
—Mais monsieur, qu'est-ce que vous
voulez, il ne répète que ce qu'il entend!

Note: Play the passage through twice,
three times if the students experience difficulty.

1 False	6 True
2 False	7 True
3 True	8 False
4 False	9 False
5 False	10 True

c Elle *l'*écoute souvent.
d Je *les* aime bien.
e Je *le* sers très frais.

8 a Paul *lui* montre les photos.
  b La petite fille *lui* prête son livre.
  c La maman *leur* donne des bonbons.
  d Le jeune homme *lui* offre des fleurs.
  e Le professeur *leur* explique un point de grammaire.

9 Tu *me le* montres, Marie, n'est-ce pas?
  Ah non Monsieur, je ne *vous le* montre pas.
  Marie *le leur* montre en cachette.
  Marie dessine bien, mais le professeur *lui* donne une punition.

Faites le point! (unités 16–18)

1 a Elle sort souvent avec des amis.
  b Nous rougissons parce que nous sommes timides.
  c Pourquoi punissez-vous les enfants?
  d Les enfants choisissent des frites.
  e Le dimanche, je dors jusqu'à midi.

2 a Il vient d'arriver.
  b Je vais faire mes devoirs.
  c Nous revenons de Paris.
  d Ils vont souvent au cinéma.
  e Les exercices deviennent difficiles.
  f Vas-tu sortir ce soir?
  g Nous venons de jouer au tennis.
  h Elle ne va pas répondre.
  i Venez-vous souvent ici?
  j Ce livre devient intéressant.

3 a Elle vient de partir.
  b Nous venons de manger.
  c Vous êtes fatigué parce que vous venez d'être malade.
  d Ils viennent de la finir.
  e Je viens de perdre mon porte-monnaie.

4 a Ils se réveillent à 5 heures.
  b Ils se lèvent à 5 heures 30.
  c Entre 5 heures 30 et 5 heures 40 ils se dépêchent. Ils se lavent et se rasent en 5 minutes. Ils s'habillent et se brossent les cheveux.
  d L'après-midi ils se reposent, quelquefois ils s'endorment.
  e Ils se couchent à 1 heure 5 et s'endorment tout de suite.

5 a Est-ce que vous vous changez?
  b Vous recoiffez-vous?
  c Non, je ne me remaquille pas.
  d Quelquefois je me lave mais quand je suis fatiguée je me couche tout de suite.

6 b Ils se détestent: They hate each other.
  d Ils se disputent souvent: They often argue.
  f Ils s'ennuient: They are bored.

7 a Je *l'*ai depuis dix ans.
  b Nous ne *la* regardons jamais.

10 a Nous *y* allons toutes les semaines.
  b Oui, ils *en* ont deux.
  c J'*en* ai besoin.
  d Parce que les enfants *en* boivent beaucoup.
  e Parce que vous *y* habitez.
  f Je n'*en* achète jamais.
  g J'*y* vais souvent.
  h Parce qu'il *en* a peur.

Dix-neuvième unité

Avez-vous compris? (p. 158)

1 Elle a mal partout.
2 Non, elle a quelquefois mal à la tête.
3 Elles sont mauvaises.
4 Elle est blanche.
5 Il lui demande d'enlever son corsage.
6 Elle a besoin de respirer fort et de dire 33.
7 Elle fume un peu.
8 Non, mais elle a mal au foie.
9 Non, parce que madame Brède n'a pas besoin de médicaments.
10 Faire un régime, arrêter de fumer, faire un peu de sport et écouter l'émission de madame Bonfoie à la radio.

Avez-vous compris? (p. 160)

1 Because a lorry is coming the other way.
2 She is getting near a junction.
3 A nippy little car.
4 Because his wife tends to drive on the left.

5 No, he makes her stop on a pedestrian crossing.

Exercises

Exercise A (suggested answer)

Vérifiez que le gaz est bien fermé.
Ramassez les lettres et les journaux.
Arrosez les plantes.
Ouvrez les fenêtres.
Donnez de la viande au chien, de la salade
    à la tortue et des graines au canari.
Allez promener le chien.
Nettoyez la cage du canari.
Passez l'aspirateur.
Fermez les fenêtres avant de partir et fer-
    mez la porte à clé.

Exercise B

Respirez à fond, ouvrez et fermez les
    mains, levez les bras et tendez-les.
Allongez-vous par terre, levez les jambes,
    d'abord la gauche et puis la droite, puis
    les deux en même temps/ensemble.
Touchez vos pieds sans plier les genoux.

Exercise C

—Bonjour Jean. Bonjour madame. Où as-
tu mal, Jean?
—As-tu mal à la tête?
—Enlève ton pull-over et respire à fond
par le nez. As-tu mal au ventre?
—Ouvre la bouche et dis 'Ah!'.
—Ce n'est pas grave madame, mais sur-
veillez son régime.

Exercise D

1 Alors *restons* à la maison.
2 Eh bien *faisons* une omelette.
3 Alors *allumons* le chauffage.
4 Alors *regardons* la télévision.
5 Alors *allons* au lit.

Dictation

Nous ne voyons / qu'un petit cercle de lumière / qui vient de nos lampes de poche. / Nous suivons les ordres du guide / qui va nous montrer / les beautés d'une grotte souterraine. / «Attention! Baissez la tête, / tenez votre droite, / ne touchez pas les murs, / regardez où vous mettez les pieds.» / Il fait noir, / il fait froid et humide / et j'ai peur. / Tout à coup, le guide s'arrête. / Enfin nous y voilà. / Nous admirons / les belles peintures primitives. / «Ecoute!» dit le guide à un jeune garçon. / Tout le monde s'arrête de parler, / et on entend des gouttes d'eau / tomber une à une dans un lac.

Note: You might like to give the students the vocabulary they have not come across before, i.e. *une grotte souterraine* and *une goutte*.

For extra practice . . .

You can play the French equivalent of «Simon said . . .»: the orders have to be obeyed only if preceded by «Jacques a dit . . .».

Many orders manageable in class can be found in the unit, but if you wish for more variety, you can introduce extra vocabulary (e.g. frappez dans vos mains, clignez de l'œil, faites claquer vos doigts, sifflez, etc.).

Vingtième unité

Avez-vous compris? (p. 162)

It is 8 o'clock. Claire asks her son Paul to go back to bed till at least 9, because her husband Francis wants to have a lie in. Disturbed, Francis tells them to be quiet. Then Elisabeth wakes up, full of life. Paul gives her their mother's message, but she does not believe him and they start having a noisy argument. Claire asks the children not to argue. Francis asks Claire to be quiet. Five minutes later, Claire wakes him up again. He has to get up quickly because he must take her to Planville for a survey on the French and their weekends.

Avez-vous compris? (p. 165)

1 The congenial atmosphere, the candles and the red and white checked tablecloth.
2 The tablecloth is stained and the ashtray is full.
3 Her glass is cracked.
4 A fork and a serving spoon.
5 Cold.
6 His knife is blunt.
7 She spills some sauce on her dress, and she hasn't got a napkin.
8 Crepes Suzette.
9 They get the wrong bill.
10 They got the bill of a couple eating caviar and drinking champagne.

Exercises

Exercise A

Ne vous asseyez pas sur mon fauteuil Louis XV.

Ne vous reposez pas plus d'un quart d'heure/de quinze minutes.

Ne vous couchez pas sur mon lit pour regarder la télévision.

Ne vous lavez pas les cheveux dans ma salle de bain.

Nettoyez les couteaux et les fourchettes.

Videz tous les cendriers.

Ne vous fâchez pas!

Exercise B (suggested answer)

Mon oncle est de taille moyenne, mais il a un gros ventre parce qu'il boit trop de bière. Il a les cheveux bruns et raides. Il porte une moustache. Il a les yeux bleus et le nez long. Il se fâche souvent et se dispute toujours avec sa femme. Il lui dit: «Tais-toi, tu es stupide!». A chaque fois que je le vois, il est de mauvaise humeur.

Exercise C

—Paul, réveille-toi.

—Leve-toi et viens vite!

—C'est une surprise, mais dépêche-toi.

—Ne fais pas de bruit.

—Tais-toi, assieds-toi à côté de moi et regarde.

—Ne te fâche pas et sois patient.

Exercise D (suggested answer)

Epluchez et lavez les champignons puis coupez-les en morceaux.

Faites chauffer un peu de beurre dans une poêle et faites-les cuire.

Laissez-les refroidir.

Cassez les œufs dans une terrine. Ajoutez du sel, du poivre et un peu de lait.

Battez avec une fourchette et ajoutez les champignons.

Refaites chauffer un peu de beurre dans la poêle et versez-y les œufs battus.

Quand l'omelette est cuite, pliez-la en deux et faites-la glisser sur un plat.

Servez très chaud.

Reading comprehension

1 To the ice rink.
2 The younger one is, the easier it is.
3 No, they hire some.
4 No, he does not hesitate to get onto the ice.
5 No, she refuses to go because she is petrified.
6 Over 10 years.
7 She holds on to the railing.
8 She encourages her verbally.
9 Because he is managing very well.
10 She starts to cry.
11 She tries to slap him.
12 No, because she loses her balance and falls on her bottom.
13 He rushes to help her up.
14 No. Paul comforts his sister who dries her tears, and Claire rubs her bruises.
15 Paul will carry on with ice skating, but Elisabeth will start ballet classes and Claire will join a table tennis club.

Vingt et unième unité

Avez-vous compris? (p. 170)

1 Elles veulent aller en vacances ensemble.
2 Parce qu'elles n'ont pas beaucoup d'argent.
3 Non. Christiane veut aller dans le Midi mais Pascale préfère visiter différentes régions.
4 Parce que le train coûte cher et qu'elles n'ont pas de voiture.
5 Elle trouve que c'est trop dangereux.
6 Parce qu'il y a trop de monde.

Avez-vous compris? (p. 171)

1 Ils doivent acheter un billet de la Loterie Nationale.
2 Ils veulent gagner de l'argent.
3 Ils ne peuvent pas travailler.
4 Parce que c'est trop fatigant.

Avez-vous compris? (p. 171)

1 Elle doit faire un régime pour maigrir.
2 Parce qu'elle mange beaucoup de gâteaux.
3 Elle doit manger des gâteaux parce que son mari est boulanger-pâtissier.

Avez-vous compris? (p. 173)

1 Faux
2 Vrai
3 Vrai

4 Faux
5 Vrai
6 Vrai

Avez-vous compris? (p. 174)

Chantal goes to an evening class to learn English. She has a boyfriend called Laurent who works in a bank. She has been going out with him for about 3 months. They want to go on holiday together, somewhere in France, but they have not decided where to go yet.

Exercises

Exercise A

1 Je travaille parce que je *veux* réussir à mon examen.
2 Nous faisons un régime parce que nous *voulons* maigrir.
3 Elle achète des pommes parce qu'elle *veut* faire une tarte.
4 Vous allez à la banque parce que vous *voulez* changer de l'argent.
5 Tu fais des économies parce que tu *veux* acheter une voiture.
6 Ils achètent un billet de loterie parce qu'ils ne *veulent* pas travailler.

Exercise B

1 Vous *devez* prendre votre parapluie.
2 Elle *peut* acheter beaucoup de robes.
3 Vous *devez* boire de l'eau.
4 Je *dois* travailler.
5 Nous *devons* aller à pied.
6 Vous *pouvez* écouter de la musique.

Exercise C

1 c, 2 d, 3 h, 4 b, 5 i, 6 e, 7 j, 8 a, 9 f, 10 g.

Exercise D

1 Elle ne sait pas jouer au tennis.
2 L'autruche ne peut pas voler.
3 Il ne sait pas nager.
4 Le chien ne peut pas mordre.
5 Le bébé ne veut pas manger.
6 Il ne sait pas danser.
7 L'âne ne veut pas avancer.
8 Elles ne peuvent pas parler.
9 Ils ne veulent pas travailler.

Exercise E

—Jacques et Josette veulent aller en va-cances en Angleterre, car c'est un pays qu'ils ne *connaissent* pas du tout.
—Moi, je *connais* bien l'Angleterre. J'ai de la famille là-bas. *Sais*-tu quand ils vont y aller?
—Je ne *sais* pas exactement, mais probablement cet été.
—Est-ce qu'ils *connaissent* des gens en Angleterre?
—Je ne crois pas.
—S'ils ne *savent* pas quoi faire, ni où aller, je peux les aider.

Exercise F (suggested answer)

—Je voudrais aller à l'étranger mais je dois rester en France parce que je n'ai pas assez d'argent. Et toi?
—Moi je ne veux pas aller à l'étranger. Je ne connais pas toutes les régions de France. Sais-tu quand tu vas être en vacances?
—Au mois de juin ou au mois de juillet.
—Je ne veux pas aller en vacances en juillet, il y a trop de monde.
—Alors nous pouvons partir en juin.
—Dans quelle région veux-tu aller?
—Je dois aller où il y a du soleil. J'ai besoin de soleil.
—Moi aussi. Alors veux-tu aller dans le Midi?
—Excellente idée! Peux-tu réserver les chambres d'hôtel? Moi je vais prendre les billets de train.

Picture comprehension

1 c, 2 a, 3 d, 4 c, 5 c, 6 d, 7 b, 8 c, 9 a, 10 c, 11 d, 12 a.

Dictation

Sébastien, / le petit-fils d'une vieille actrice / très célèbre mais avare, / veut acheter un beau train électrique / qui coûte deux cent cinquante francs. / Malheureusement il n'a pas d'argent. / Il écrit donc à sa grand-mère / pour lui en demander. / Elle lui répond / qu'il doit apprendre / la valeur des choses, / et qu'il ne faut pas gaspiller l'argent / pour des futilités / comme les jouets ou les bonbons. / Quelques jours plus tard, / Sébastien, tout heureux, / lui téléphone pour la remercier. / Il explique qu'il connaît maintenant / la valeur des choses / et qu'il peut enfin / s'acheter le train électrique / parce qu'il vient de vendre sa lettre / pour cinq cents francs.

Note: You might like to give the students the vocabulary they have not come across before, i.e. *avare*, *valeur* and *gaspiller*.

Faites le point! (unités 19–21)

1 a Les cheveux, **b** les yeux, **c** un œil, **d** une oreille, **e** le nez, **f** la bouche, **g** les dents, **h** le menton, **i** le cou, **j** la tête.

2 a Une épaule, **b** un bras, **c** une main, **d** les doigts, **e** le dos, **f** le ventre, **g** la taille, **h** les genoux, **i** une jambe, **j** un pied.

3 a Ne touche pas! **b** Ne travaillons pas! **c** Ne ralentissez pas! **d** Ne te plains pas! **e** Ne vous levez pas! **f** Ne nous lavons pas! **g** Dépêchons-nous! **h** Arrête-toi! **i** Vas-y! **j** Parlons-en! **k** Appelez-les! **l** Dites-moi . . .

4 a C, **b** E, **c** D, **d** B, **e** A.

5 a Ralentis! **b** Ne vous disputez pas! **c** Partons à la mer! **d** Tais-toi! **e** Ne te lève pas!

6 *Suggested answers:*
Une nappe, une assiette, un verre, une bouteille, un couteau, une fourchette, une cuillère, une serviette, etc.

7 a Vous *devez* avoir un permis de conduire . . .
b On *doit* avoir un passeport . . .
c Tu *dois* rester au lit . . .
d Elle ne *veut* pas se marier . . .
e Nous ne *voulons* pas visiter Paris . . .
f Je *dois* acheter du pain . . .
g Les vieilles dames ne *veulent* pas aller au cinéma . . .
h Le petit garçon ne *peut* pas marcher . . .

8 —Bonjour madame Cancan, comment allez-vous?
—Comme ci comme ça, je ne suis pas si jeune maintenant vous *savez*.
—A propos des jeunes, vous *connaissez* mes jeunes gens du sixième?
—Non, je ne les *connais* pas.
—Si, vous les *connaissez*, ils font toujours du bruit le soir.
—Ah oui, je *sais* maintenant. L'homme joue de la clarinette.
—Oui, c'est lui, mais à mon avis il ne *sait* pas jouer et en plus . . .
—Quoi donc?

—Je ne peux rien dire, car je *connais* son père!
—Vous *connaissez* son père, quelle coïncidence!
—Oui, c'est un ancien petit ami!

General revision test

1 C'est un homme.
2 Il s'appelle Henri Boivin.
3 Oui, il est bourguignon.
4 Non, il n'est pas professeur, il est pharmacien.
5 Il est français. / Il est de nationalité française.
6 —Comment *vous appelez-vous* Monsieur?
—*Je m'appelle* Henri Boivin.
7 —*Etes-vous* marié?
—Non, *je ne suis pas* marié, je *suis* divorcé depuis 5 ans.
8 —Que *faites-vous* en Angleterre? *Avez-vous* des amis ici?
—Non, mais *j'ai* des cousins à Hastings.
9 —Ah! Vos cousins *sont* normands peut-être?
—Non, nous *sommes* tous de Bourgogne.
10 —Ah! Vous avez *du* vin et *des* cigarettes dans votre valise?
—Non, je n'ai pas *de* vin ni *de* cigarettes. J'ai *de la* bière et *du* chocolat dans mon sac, c'est tout.
11 —Ah! Voilà une bouteille *de* cognac, une autre *de* champagne, *de* l'eau de toilette,
12 mais pas *de* cigarettes et pas *de* vin.
13 Mais qu'est-ce que c'est, Monsieur? Vous avez *des* robes, *des* jupes, *des* corsages et *des* chaussures de femme dans votre valise!
14 Des chaussures *noires*, une jupe *longue*, une robe *verte*, une robe *blanche*.
15 Des foulards en *pure* soie, des chemisiers *élégants*, du cognac *français*, de l'eau de toilette *fraîche*.
16 Il y a une souris dans ma chambre, j'ai peur.
Je mange très peu le matin et maintenant j'ai faim.
Il neige et il fait mauvais temps, j'ai froid.
17 A huit heures je me lève. Il fait beau/du soleil et je suis très content.

18 Pendant l'hiver il neige souvent et quelquefois il fait du vent.

19 Aujourd'hui, 10 mai, il fait beau et j'ai de la chance,

20 car c'est l'anniversaire de ma mère, et tous les ans nous allons à la campagne.

21 Le soir nous allons au cinéma pour voir un film.

22 a derrière le rideau, b au plafond.

23 c sur la table, d dans le lit.

24 e devant le tableau, f près de l'homme.

25 g sur la tête de l'homme, h dans son oreille.

26 i sur son bras, j sous son pied.

27 Nous *aimons* surtout passer nos vacances à la campagne. Nous *nous levons* de bonne heure et nous *sortons* après le petit déjeuner.

28 Quelquefois nous *nous promenons* dans les bois,

29 ou nous *faisons* des randonnées à cheval. A midi nous *prenons* notre repas dans un restaurant, ou nous *mangeons* un sandwich en plein air.

30 L'après-midi mon mari *aime* aller à la pêche, mais moi je *préfère* rester sous un arbre où je *dors*, ou bien je *lis* un magazine.

31 J'*adore* le soleil et la plage, donc je *pars* pour la côte le plus souvent possible. Je *mets* mon maillot de bain et je *plonge* dans l'eau.

32 Le soir, si je ne *suis* pas trop fatiguée, je *sors* avec des amis. Nous *choisissons* un café sympa où nous *buvons* un apéritif.

33 Mes clefs, tes clefs.

34 Ton sac, ta serviette.

35 Ta poche, notre salle.

36 Vos clefs, mes clefs.

37 Il n'a pas assez d'argent.
J'ai beaucoup de cousins.
Il y a trop de tomates pour lui seul.

38 Travaille-t-il?
Il travaille

39 Apprenez-vous?
Je l'apprends

40 a Ils viennent de manger.
b Ils viennent de boire.
c Elle vient de fumer.

41 a Elle va repasser.
b Ils vont faire du ski.
c Ils viennent de fumer.

42 b Allez-vous-en! c Ne t'inquiète pas!

43 d Tais-toi! c Allons-nous-en!

44 Depuis quand *connaissez*-vous mon père?
Nous nous *connaissons* depuis 20 ans.

45 *Savez*-vous pourquoi elles sont en retard?
Marcel, tu *sais* que nos amis sont déjà là?

46 Il *connaît* bien Paris, car ses parents y habitent. *Savent*-ils parler français?

47 Je *veux* réussir mon examen, alors je *dois* travailler dur.

48 Ils ont de la chance, ils *peuvent* aller en vacances où ils *veulent*.

49 Nous *devons* acheter un billet de train, mais nous ne *pouvons* pas, car nous n'avons pas assez d'argent.

50 Vous *devez* avoir un permis de conduire avant de conduire une auto.
On *doit* avoir un passeport avant de voyager à l'étranger.